Johannes v. Buttlar

Adams Planet

Das Paradies lag auf Phaeton

Johannes Freiherr v. Buttlar-Brandenfels wurde in Berlin geboren und ist in Australien aufgewachsen. Er studierte Psychologie und Philosophie, Astronomie, Physik und Mathematik und arbeitete am renommierten Institut für wissenschaftliche Informationen in Philadelphia. In seinen Werken befaßt er sich u. a. mit der Möglichkeit, das menschliche Leben zu verlängern, mit der Lichtgeschwindigkeit, der Quantentheorie, mit PSI-Phänomenen und psychologischen Phänomenen in der Beziehung der Menschen zueinander. Mit einer Gesamtauflage von bisher 18 Millionen Exemplaren gehört er zu den fünf erfolgreichsten Sachbuchautoren der Welt.

Johannes von Buttlar lebt heute als freier Autor auf einem kleinen Schloß in Laudenbach bei Weikersheim.

Von Johannes von Buttlar sind außerdem erschienen:

Unsichtbare Kräfte (Band 3828)
Sie kommen von fremden Sternen (Band 3889)
Leben auf dem Mars (Band 3930)
Supernova (Band 3984)
Drachenwege (Band 4847)

Bildnachweis:
Archiv Autor: 27; Fotohaus Seibert-Daiker, Bad Mergentheim: 15;
Michael Hesemann: 1, 3, 4, 5, 6, 7, 8, 9, 10, 11, 12, 13, 16, 26;
Archiv »Magazin 2000«: 2, 14, 19, 20, 21, 22, 23, 24, 25;
Petratu/Rodinger: 17, 18.

Dieses Buch wurde auf chlor- und säurefreiem Papier gedruckt.

Vollständige Taschenbuchausgabe Januar 1994
Droemersche Verlagsanstalt Th. Knaur Nachf., München
© 1991 F. A. Herbig Verlagsbuchhandlung GmbH, München
Umschlaggestaltung Adolf Bachmann, Reischach
Umschlagabbildung Orion Press/Zefa, Düsseldorf
Druck und Bindung Ebner Ulm
Printed in Germany
ISBN 3-426-77034-2

2   4   5   3   1

Inhalt

*Ich widme
dieses Buch Adam
und seinen Nachkommen,
in der Hoffnung,
daß die Menschheit
überleben wird!*

Dank

all denen, die zum Gelingen dieses Buches beigetragen
haben. Meinem Verleger Dr. Herbert Fleissner, Frau Dr.
Brigitte Sinhuber, meinem Lektor Hermann Hemminger.
Nicht zu vergessen Michael Hesemann, der insbesondere
vorzügliches Bildmaterial beigetragen hat, und meiner
Nichte Jutta Sack, die sich trotz ihrer von Windpocken
befallenen Kinder nicht von der Schreibmaschine verjagen
ließ.
Vor allem aber meiner Frau Elis, die wie bei allen meinen
Büchern eine unschätzbare Hilfe war.

Johannes v. Buttlar

Prolog

Schon seit langem sind einige Wissenschaftler der Ansicht, daß es sich bei den zahllosen großen und kleinen Gesteinsbrocken zwischen Mars und Jupiter – dem Asteroidengürtel – um die Bruchstücke einer untergegangenen Welt, um einen zehnten Planeten in unserem Sonnensystem handelt. Der russische Astronom Professor S. V. Orlow taufte ihn bereits 1950 auf den Namen Phaethon. Seither ranken sich mehr oder weniger fundierte Spekulationen um diese geheimnisvolle, untergegangene Welt. Vor allem auch, weil eine neuerliche Übersetzung uralter Aufzeichnungen eindeutig auf einen Planeten in der Mitte unseres Sonnensystems hinweist, auf dem vor langer, langer Zeit eine blühende Zivilisation beheimatet war. Von dort, so berichten prähistorische Keilschriften, sollen die Anunnaki zur Erde gekommen sein und die ersten Menschen geschaffen haben.

Diese unglaublichen Überlieferungen stehen natürlich in krassem Widerspruch zur allgemein akzeptierten Theorie über frühgeschichtliche Kulturen und den Ursprung des Menschen. Paläontologen und Anthropologen versuchen in zahllosen Abhandlungen, den Aufstieg vom äffischen Wesen zum modernen Menschen, vom Speer zur Atombombe, von den Höhlenbildern bis zum Fernsehen in anscheinend unwiderlegbarer Logik zu suggerieren – obwohl die Frühgeschichte gerade in dieser Hinsicht gravierende Lücken und Widersprüche aufweist. Auf der ganzen Erde stoßen wir auf die Hinterlassenschaften untergegangener Hochkulturen, deren enorme Leistungen auf den verschiedensten Gebieten für eine damals fortgeschrittene Wissenschaft und Technologie sprechen.

»Nur wer die typischen Denkformen der alten Völker erfaßt hat, kann es wagen, Schlüsse aus den interessantesten Quellen zu ziehen, die der Vorgeschichtsforschung zur Verfügung stehen, aus den vieltausendjährigen Zeichnungen, Schöpfungsmythen, Sagen und Märchen. Dabei wird er nicht nur eine Menge überraschender Neuigkeiten aus seiner eigenen Vergangenheit erfahren, sondern auch mit zunehmender Bescheidenheit erkennen müssen, daß vergangene Kenntnisse und Fähigkeiten nicht immer geringer waren als die heutigen, daß sie oft zu unserem Schaden vergessen wurden und daß es manchmal lohnt, sie zurückzuerobern«, schreibt Dr. Irene Sänger-Bredt in »Spuren unserer dunklen Brüder«.

So ist den Rollsiegeln und Keilschrifttafeln der Frühkultur im Zweistromland ebenso wie den gravierten Steinen des präinkaischen Perus zu entnehmen, daß die Sagen um Atlantis, um versunkene Kontinente und verlorengegangene Urzeitreiche auf Tatsachen beruhen müssen. Die Kette von Aufstieg und Untergang des Menschengeschlechts hat ihren Ursprung allerdings auf einem anderen Planeten. Es begann auf Phaethon, dem sagenhaften, verlorenen Paradies. Sein Echo läßt unser Herz immer noch schneller schlagen, und seine Vision taucht hin und wieder als wehmütige Erinnerung aus dem Dunkel der Zeiten vor unserem geistigen Auge auf...

1

Das Geheimnis des zehnten Planeten

Liegt der Ursprung des Menschen in den Tiefen des Alls? Kam Adam, wie der Koran andeutet, von einem anderen Planeten? Lag das biblische Paradies auf Phaethon, dem geheimnisvollen zehnten Planeten des Sonnensystems, der einst zwischen Mars und Jupiter die Sonne umkreiste?

Laut sumerischen Berichten sollen die Anunnaki mit ihren hochentwickelten wissenschaftlichen und technologischen Kenntnissen von dort zur Erde gekommen sein. Danach muß es einen großen Teil der wissenschaftlichen Errungenschaften unserer Tage schon irgendwann einmal in ferner Vergangenheit gegeben haben. Sie verschwanden mit ihren Urhebern im Dunkel der Zeiten. Erst seit den letzten zwei Jahrhunderten tauchen diese Kenntnisse langsam wieder auf. So mahnen prähistorische Zivilisationen mit gewaltigen, über den ganzen Erdball verbreiteten Bauwerken, Mauerresten, Monolithen und im Meer versunkenen Ruinen an eine glorreiche Vergangenheit.

All diese mit unvorstellbarer Fertigkeit und technologischem Wissen errichteten Konstruktionen stellen eine Botschaft über die Zeitläufte dar. Steine legen Zeugnis davon ab, daß unsere Zivilisation nicht die erste ist. Denn lange vor uns gab es andere, der Astronomie, Mathematik und Physik mächtige, die unter anderem bereits Elektrizität, Teleskope, Computer und Flugmaschinen kannten. Sie hatten unsere Welt schon kartographiert, bevor wir sie wiederentdeckt haben. Die von Meteoriteneinschlägen, Sintfluten,

Eiszeiten, Schwankungen der Erdachse und anderen Kata-
strophen verschonten Reste dieser Zivilisationen stellen
sich unseren Augen in gewaltigen steinernen Monumenten
dar, vor allem aber in den Pyramiden überall auf der Erde –
ob in Afrika, Asien, Ägypten oder auf dem amerikanischen
Kontinent, ob in Australien oder Europa.
Der Drang zum Pyramidenbau ist ebenso rätselhaft wie die
Pyramiden selbst. Dabei sind die Übereinstimmungen der
geophysikalischen und astronomischen Kriterien in der
Formgebung und Ausrichtung verblüffend. Kann es zudem
Zufall sein, daß der Pyramidenplatz von Tiahuanaco in
Peru von den Eingeborenen seit Menschengedenken Chu-
cara genannt wird, der älteste Pyramidenplatz Ägyptens
den ähnlich klingenden Namen Sakkara trägt und die baby-
lonischen Tempelpyramiden Zikkurat heißen?

In der vorderasiatischen Abteilung des Pergamon-Museums in Berlin fristet die älteste Sternkarte der Menschheit unter der Katalognummer VA/243 unbeachtet ihr Dasein. Schon 4000 Jahre vor Nikolaus Kopernikus war ein unbekannter Astronom in der Lage, das uns vertraute Sonnensystem astronomisch korrekt und maßstabsgetreu für die Nachwelt auf einem akkadischen Rollsiegel festzuhalten. In der richtigen Reihenfolge gezeichnet: der kleine Merkur, gleich groß Venus und Erde, der Mond, Mars, die Riesen Jupiter und Saturn, die »Zwillingsplaneten« Uranus und Neptun, zuletzt der »Zwerg« Pluto. Neben diesen erstaunlichen Einzelheiten sind auf dem Rollsiegel auch noch zwei Priester erkennbar, die – gewissermaßen als Zeugen ihrer Zeit – dem Himmelsgott Enlil zwei Ziegen zum Opfer bringen. Wie ist es möglich, daß die astronomischen Kenntnisse jener sumerischen Priester durchaus mit denen der Neuzeit Schritt halten können? Welches Geheimnis verbirgt sich dahinter?

Erinnern wir uns: den Menschen der Antike, des Mittelalters, ja selbst noch der Renaissance waren nur sechs Planeten bekannt. Uranus wurde erst 110 Jahre nach der Erfindung des Spiegelteleskops durch den Mathematiker und Physiker Isaak Newton im Jahr 1781 von Friedrich Wilhelm Herschel entdeckt. Johann Gottfried Galle spürte Neptun 1846 auf, und Clyde Tombaugh identifizierte 1930 Pluto, den letzten der uns heute bekannten Planeten. Aber auf dem akkadischen Rollsiegel sind nicht nur die neun Planeten verzeichnet, sondern auch noch ein weiterer, ein zehnter Planet zwischen Mars und Jupiter.

Bereits vor der Entdeckung von Uranus kamen die Astronomen Johann D. Titius und Johann Bode aufgrund ihrer Berechnungen zum Schluß, daß der Orbit der Planeten um die Sonne nach einem endgültigen Gesetz und einer vorgezeichneten Ordnung verläuft.

Nachdem Titius 1766 herausgefunden hatte, daß es für die Entfernung der Planeten untereinander eine mathematische Beziehung gibt, legte Bode 1772 diese Abstandsbeziehung nach genauer Untersuchung in der sogenannten Titius-Bodeschen Regel fest. In dem von ihm darüber veröffentlichten Abstandsgesetz heißt es: Wenn a = Durchschnittsentfernung von der Sonne ist, ergeben sich für die Entfernungen der Planeten die folgenden Werte: Eine astronomische Einheit (AE) = 149 598 000 km. $a = 0,4 + 3,0 \times 2^n$, wobei $n = \infty, 0, 1, 2, 3 \ldots$ ist. Ergebnis:

Planet	n	a (Gesetz nach Bode)	wirkliche Entfernung in AE
Merkur	∞	0,4	0,39
Venus	0	0,7	0,72
Erde	1	1,0	1,00
Mars	2	1,6	1,52
Phaethon	3	2,8	2,77
Jupiter	4	5,2	5,20
Saturn	5	10,0	9,54
Uranus	6	19,6	19,18
Neptun	7	38,8	30,06
Pluto	8	77,2	39,40

Doch so verblüffend die Bestätigung des Bodeschen Abstandsgesetzes auch sein mag, klafft doch zwischen Mars und Jupiter eine auffällige Lücke – ein Rätsel, das die Astronomen anspornte, jahrzehntelang nach dem fehlenden fünften Planeten zu suchen.

Am 1. Januar 1801, dem ersten Tag des neuen Jahrhunderts, war es dann soweit. In Palermo entdeckte Giuseppe Piazzi im fraglichen Gebiet einen winzigen Himmelskörper von 768 Kilometern Durchmesser, den er Ceres taufte. Bis 1807 gelang es anderen Astronomen, in der Mars-Jupiter-Lücke drei weitere Planetoiden zu entdecken. Inzwischen wurden etwa 3000 ermittelt, die im sogenannten Asteroiden- beziehungsweise Planetoidengürtel die Sonne umkreisen.

Bis heute ist eine Reihe von Astronomen und Geophysikern noch davon überzeugt, daß es sich bei diesem Ring von Gesteinsbrocken um die Überreste eines einstigen Planeten handelt. Dieser hypothetische Planet erhielt sogar einen Namen: Er wurde Phaethon genannt, wie der Sohn des Sonnengottes Helios in der griechischen Mythologie. Phaethon, der den Sonnenwagen lenken wollte, aber die Rösser nicht bändigen konnte, dabei der Erde zu nahe kam, breite Landstriche in Brand setzte und Katastrophen über die Erde brachte. Außer sich vor Zorn, schleuderte Zeus ihn in den Eridanos, den Fluß, der die Seelen der Toten in die Unterwelt führt.

Soll durch diesen Mythos ein wirkliches Geschehen symbolisiert werden, eine kosmische Katastrophe, von der auch die Erde in Mitleidenschaft gezogen wurde? Handelt es sich bei den geheimnisvollen Ringen um Saturn und Jupiter, den Anhäufungen von Kratern unter anderem auf dem Mars und unserem Mond, den sonderbar geformten Marsmonden Phobos und Deimos (»Angst« und »Schrecken«) neben

15

dem Asteroidengürtel um die Spuren und Relikte eines Planeten, der aus unbekannten Gründen zerbarst?

Anscheinend wird diese Hypothese durch die Sternkarte auf dem sumerischen Rollsiegel bestätigt. Danach kann sich der Untergang von Phaethon auch nicht in allzuferner Vergangenheit zugetragen haben.

Wer waren die Sumerer, jene Hochkultur, deren Kenntnisse des Sonnensystems bereits vor Jahrtausenden ungewöhnlich präzise waren? Den ersten Hinweis auf sie finden wir in der Bibel: »Und Kusch zeugte den Nimrod, dieser war der erste Gewaltherrscher auf Erden ... Der Anfang seiner Königsherrschaft war Babel, Erech, Akkad und Kalne im Lande Sinear.« (Gen 10,8–10.)

Doch wie ließ sich dieses einstige Königreich »im Lande Sinear« nachweisen, wo fanden sich verborgene Zeugnisse dafür? Jahrhundertelang berichteten Besucher des Zweistromlandes von sogenannten Tells – Hügeln – auf der zwischen Euphrat und Tigris gelegenen weiten Ebene, die, lokaler Legende zufolge, die Überreste einstmals mächtiger Städte sind.

1686 entdeckte der deutsche Arzt und Universalgelehrte Engelhart Kämpfer auf einer Forschungsreise in den heutigen Iran die Ruinen von Persepolis, der einstigen Königsstadt der Perser, die Alexander der Große zerstören ließ. Kämpfer beschrieb ihre alten Fresken, hielt auch einige in Zeichnungen fest und erwähnte an ihrem Rand befindliche »cuneates« (»keilförmige Eindrücke«), die er für Ornamente hielt. Erst durch weitere Funde wurde Altertumsforschern klar, daß die »cuneates« ein Schriftbild darstellen. Doch seine Entzifferung erfolgte erst 1835 durch den britischen Offizier und Orientalisten Henry Rawlinson. Wie bei den ägyptischen Hieroglyphen war des Rätsels Lösung eine dreisprachige Inschrift, die sich auf König Darius I. bezog.

Sie war in der Nähe des persischen Dorfes Bisitun in eine Felswand eingemeißelt. Bei den drei Sprachen handelt es sich um Altpersisch, Elamitisch und Akkadisch. Die letztere gilt als die Wurzel aller semitischen Sprachen. Da Rawlinson des Hebräischen mächtig war, konnte er nun nicht nur die Schrift der alten Perser lesen, sondern auch die der vor ihnen im Zweistromland lebenden Völker.

Den ersten Ausgrabungsauftrag am Tigris erhielt der Engländer Henry Austen Layard 1840 vom Britischen Museum in London. Er setzte sich einen konischen Erdhügel zum Ziel, der von den Einheimischen »Birs Nimrud« genannt wurde. Verbarg sich darunter etwa das alttestamentliche Nimrod? Layard stieß tatsächlich auf die Überreste einer gewaltigen antiken Stadt. Später stellte sich heraus, daß hier dereinst das Militärzentrum der Assyrer, Kalku (Kalne), war. Bei einer zweiten Ausgrabung nahe Mossul legte Layard die Hauptstadt des assyrischen Reiches – Ninive – frei, die ihren Glanz König Sanherib zu verdanken hatte – jenem Herrscher, der, laut der Bibel, bei der Belagerung von Jerusalem durch einen Engel des Herrn in seine Heimat zurückbeordert wurde.

Zur selben Zeit legte der Franzose Paul Emile Botta bei Khorsabad den von einer fünfstöckigen Pyramide, einer sogenannten Zikkurat, beherrschten Palast des assyrischen Königs Sargon frei. Durch die Erfolge ermutigt, nahmen die Archäologen nun eine Ausgrabung nach der anderen vor.

In den Museen von Paris und London bieten sich dem Auge des staunenden Betrachters heute noch die eindrucksvollsten Fundstücke aus dieser Epoche. Doch für die Fachwelt war die Entdeckung der nur handtellergroßen, schlichten Tontafeln von weitaus größerer Bedeutung. Denn sie enthalten neben Informationen über die früheren Kulturen im Zweistromland auch Handelsverträge, höfische Anordnungen, Gesetze, Heirats- und Erbschaftsprotokolle, Kriegsberichte und medizinische Verordnungen. Auf ihnen sind Liebeslieder verewigt, philosophische und theologische Anschauungen, vor allem aber historische Abläufe. Sie berichten von der Geschichte der Königshäuser und des Landes, enthalten Mythen aus der Vorzeit und auch die Schöpfungsgeschichte.

Die Inschriften sind in akkadischer Sprache verfaßt. Ihr Inhalt bestätigt die Hinweise der Bibel, wonach es vor dem Assyrischen (950–609 v. Chr.) und dem Babylonischen Reich (1830–1050 v. Chr.) schon das Königreich Akkad gegeben hat, das um 2400 v. Chr. von Scharru-Kin beziehungsweise Sargon I. gegründet wurde. Inschriften berichten, Sargon von Akkad habe sein Reich dank der Gnade seines Gottes Enlil vom Persischen Golf bis zum Mittelmeer ausgedehnt. Es heißt, er habe »Uruk geschlagen und seine Mauern niedergerissen« und sei »aus dem Kampf mit den Bewohnern von Ur siegreich hervorgegangen«. Er nennt sich »König von Akkad, König von Kisch«.

Wenn das biblische Erek mit Uruk gleichzusetzen ist, muß Sargon I. der biblische Nimrod gewesen sein – der König von Babel, Erech, Akkad und Kalne im Lande Sinear, der »erste Gewaltherrscher auf Erden«, wie es heißt. In den Inschriften des Sargon von Akkad ist ein weiterer biblischer Name aufgeführt: Abram, der 400 Jahre später aus der von ihnen eroberten Stadt Ur in jenes Land zog, das ihm sein Gott versprochen hatte.

Nacheinander gruben Archäologen alle Städte des biblischen Königs aus: südöstlich von Babylon fanden sie Akkad und weiter südöstlich davon Kisch. Je weiter sie in den Südosten vorstießen, um so älter wurden zu ihrer Verwunderung die Städte, deren Mauern aus Lehmziegeln sie inmitten der gewaltigen Schutthügel entdeckten. In Warka fand sich Uruk, die später von Sargon I. niedergebrannte Stadt, deren älteste Mauerreste aus 5000jähriger Vergangenheit stammen. Sie sind also älter als ägyptische Funde frühesten Datums, wie z. B. eine gewaltige Tempelpyramide aus Lehmziegeln. Von besonderer Bedeutung haben sich die ältesten Schriftzeugnisse der Menschheit erwiesen. Inschriften und Rollzylinder, die beim Abrollen auf einer feuchten Lehmscheibe einen dauerhaften Abdruck hinterlassen, der hundertfach reproduziert werden kann – der Vorläufer der Druckerpresse.

Ur wurde noch weiter südlich gefunden, dort, wo ehemals die Küste des persischen Golfs verlief. Übrigens wurde auch die Stadt Abrams beziehungsweise Abrahams von einer gewaltigen Tempelpyramide – einer Zikkurat – überragt. Ist etwa der Ursprung der Legende vom »Turmbau zu Babel« im Land Sinear zu suchen?

Die von Layard in Ninive entdeckte Bibliothek des Assurbanipal trug mit ihren 25 000 Tontafeln dazu bei, das Rätsel dieser Ruinen zu lösen. Assurbanipal, ein hochgebildeter Herrscher des 7. vorchristlichen Jahrhunderts und Nachfolger des Sanheribs, hatte seine Schriftgelehrten beauftragt, alle überlieferten Texte zusammenzutragen, zu übersetzen und zu kopieren. Viele Tafeln dieser Bibliothek tragen den Vermerk »übersetzt aus ...«; bei einigen heißt es: »... aus der Sprache von Schumer«. Eine persönliche Inschrift des Assurbanipal lautet: »Der Gott der Schriftgelehrten hat mir die Gabe verliehen, mich auf meine Kunst zu verstehen. Ich bin in die Geheimnisse des Schreibens eingeweiht worden. Ich kann sogar die schwierigen Tafeln auf schumerisch lesen. Ich verstehe die rätselhaften, in Stein gemeißelten Wörter aus den Tagen vor der Flut.«

Im Jahr 1853 unterrichtete der Entzifferer der Keilschrift,

Henry Rawlinson, die Asiatische Gesellschaft darüber, daß der Akkadischen Sprache noch eine ältere vorangegangen sein müsse, aus der sie ihr wesensfremde wissenschaftliche und religiöse Begriffe übernommen habe.

Das Akkadische, so wies Rawlinson nach, war eine Silbenschrift: Jedes Zeichen stand für eine Silbe (z. B. »ab«, »ba«, »bat« usw.). Aber es gab auch Zeichen, die für gewisse Worte standen, wie für »Gott«, »Stadt«, »Land«, »Leben«, »erhaben«. Rawlinson schloß daraus, daß diese Zeichen Überbleibsel aus einer noch älteren Sprache seien. Das galt insbesondere für religiöse, technische und wissenschaftliche Begriffe. Ein Hinweis darauf, daß die frühere Kultur die überlegene war. 1869 verkündete der Orientalist Julius Oppert vor der Französischen Gesellschaft der Numismatiker und Archäologen, er habe das Rätsel gelöst. In der Bibliothek Assurbanipals habe er auf den Kopien alter Tafeln zwei Hauptsprachen festgestellt, von denen Akkadisch die jüngere sei. Und da sich die frühen Herrscher Mesopotamiens »König von Sumer und Akkad« nannten, folgerte Oppert, mußte dieses Volk den Namen »Sumer« geführt und Assurbanipal sich mit seiner Bemerkung über die »schwierigen Tafeln« auf die »Sumerer« bezogen haben. Abgesehen von der sich einbürgernden falschen Aussprache – »korrekt wäre »Schumer« –, hatte Oppert recht. Sumer war kein geheimnisvolles, vorsintflutliches Land, sondern der einstige Name Südbabyloniens, das in der Bibel erwähnte »Land Sinear« (hebräisch: Shin'ar). Der Name Schumer bedeutet »Land der Wächter«. »Ta Neter«, »Land der Wächter«, nannten die Ägypter die irdische Heimat ihrer Götter. Stand die Wiege der Menschheit in Sumer? Hat dort alles angefangen?

Opperts Hinweis öffnete die Tore zu einem der größten archäologischen Abenteuer unserer Zeit. Bald fanden die

Gelehrten heraus, daß die Tafeln mit langen Wörterspalten akkadisch-sumerische Wörterbücher darstellten, die den Assyrern und Babyloniern das Studium der »rätselhaften Tafeln aus den Tagen vor der Flut« ermöglichte. Dank dieser uralten Wörterbücher war es auch ihnen jetzt möglich, die Sprache der Sumerer zu entschlüsseln. Dabei entdeckten sie, daß die Keilschrift der Babylonier nur die ursprünglich aus Piktogrammen bestehende sumerische Schrift stilisierte, vereinfachte. Die Entschlüsselung ihrer Schrift machte es uns erstmals möglich, ein Bild dieser Kultur am Anfang der Geschichte zu gewinnen.

Als der Sumerologe Samuel N. Kramer 1956 eine Bestandsaufnahme des literarischen Erbes der Sumerer vollzog, kam er aus dem Staunen nicht mehr heraus. In jedem der 25 Kapitel seines Buches »From the Tablets of Sumer« behandelt er einen anderen »Erstling«: die ersten Schulen und Universitäten, das erste Zweikammerparlament, den ersten Historiker, den ersten Pharmazeuten, den ersten »Bauernkalender«, die erste Kosmogonie, die ersten Sprichwörter und Redensarten, die erste Liebesgeschichte, die ersten literarischen Debatten, den ersten Bibliothekskatalog, die ersten Gesetze und Sozialreformen, die erste Medizin, die erste Chirurgie, die ersten Agrarwissenschaften und die erste Suche des Menschen nach Weltfrieden, Eintracht und dem Menschheitstraum Unsterblichkeit. Banale Beispiele wären der erste Lieferschein oder die erste Steuerquittung.

Innovationen als Zeugnis einer blühenden Kultur, oder besser gesagt, der Mutter aller Kulturen. Einer Kultur, die aus dem Nichts entstand. Denn niemand weiß genau, woher die Sumerer kamen. Plötzlich waren sie da. Gegen 3800 v. Chr. besiedelten sie das Zweistromland zwischen Euphrat und Tigris im heutigen Irak. Durch ein ausgeklügeltes System künstlicher Kanäle zwischen den Flüssen bewässerten sie die Wüstengebiete und machten sie fruchtbar. Sie erfanden die Schiffahrt, hatten Boote für den Überlandtransport auf den Kanälen und hochseetüchtige Schiffe, die den gesamten Indischen Ozean befuhren. Die Sumerer kannten allein 105 Begriffe für verschiedene Schiffstypen, ein Zeugnis für ihre hochentwickelte Seefahrerkultur. Sie waren Meister des Ackerbaus und der Architektur. Sie erfanden den Brennofen und errichteten aus gebrannten Ziegeln mächtige Mauern, Häuser, Städte.

Wie blühend ihre Städte waren, beweist der 1889 in Nippur entdeckte älteste Stadtplan der Welt: Neben zwei Kanälen – dem »Stadtrandkanal« und dem »Stadtmittekanal«, die die Wasserversorgung der Stadt garantierten – zeigt er auch einen Vorläufer des »Central Parks«, den »kirischauru«, wörtlich »Park im Zentrum der Stadt«. Nippur hatte alles, was eine Großstadt ausmacht: Schulen und Bibliotheken, ein zentrales Krankenhaus, öffentliche Bäder. Gepflegte Ladenstraßen luden zum Einkaufen und am Abend in die Schanklokale ein, in denen 60 verschiedene Biersorten zur Auswahl standen. Im Zentrum erhob sich die Zikkurat – das erste Hochhaus der Welt, der gewaltige, siebenstöckige Tempelturm, das in den Himmel strebende, weithin sichtbare Wahrzeichen der Stadt. Die Zikkurat war Tempel und Observatorium der Priester und Astronomen. Einem Penthouse gleich, befand sich hoch oben das »Haus der Götter«, der Stadtgottheit. Es war jederzeit für den Besuch des Gottes oder der Göttin vorbereitet. Der griechische Historiker Herodot (500–424 v. Chr.) beschreibt die 91 Meter hohe Zikkurat von Babylon wie folgt:

»Oben auf dem höchsten Turm steht ein großes Tempelhaus, und in dem Tempelhaus steht ein großes Bett, mit schönen Decken belegt, und davor ein goldener Tisch. Aber kein Götterbild ist darin aufgestellt. Nachts darf dort kein

Mensch verweilen, außer einem Weib, das sich der Gott aus allen Weibern des Landes auserlesen hat. So sagen die Chaldäer, die Priester dieses Gottes sind. Diese Priester erzählen auch, ... der Gott käme selber jeweils in den Tempel und schlafe auf dem Ruhebett.«

Im Umfeld der Götter blühte die Wissenschaft. Die Tempeltürme waren umgeben von den Gebäuden der Priesteruniversitäten, den ersten Hochschulen der Menschheit. Auf ihrem Lehrplan standen Geographie und Botanik, Zoologie und Mineralogie, Architektur und Mathematik, Astronomie und Astrologie, Theologie und Recht, Literaturwissenschaften und Politologie. Die sumerische Universität »vertritt bereits ein ähnliches Lehr- und Forschungsprogramm wie die modernen Hochschulen«, behauptet der Sumerologe Helmut Uhlig.

In den Trümmern ihrer medizinischen Fakultäten und »Uni-Kliniken« fanden die Archäologen Tonmodelle der Organe mit Hinweisen auf ihre Funktion und Behandlung. Die Sumerer hatten eine ausgeklügelte Medizin, die aus drei Gattungen bestand: »bultitu« (Therapie), »schipir bel imti« (Chirurgie) und »urti maschmaschsche« (Gebote und Affirmationen). Durch frühe Gesetze wurden die Honorare für die Ärzte und die Strafe für das Mißlingen einer Behandlung geregelt. Zudem überliefern sie uns, über welche Fähigkeiten die sumerischen Ärzte verfügten. Einem Chirurgen, der beim Durchbohren der Schläfe seines Patienten dessen Auge verletzte, wurde die Hand abgehackt. Einige in sumerischen Gräbern gefundene Skelette weisen eindeutige Anzeichen von Gehirnoperationen auf. Aus einem medizinischen Bericht geht hervor, daß »der Schatten, der eines Mannes Auge bedeckte« (ein Tumor also), entfernt wurde. Medikamente wurden aus Pflanzen und wasserlöslichen Mineralstoffen gewonnen. Der Patient hatte die Wahl zwischen einem A.ZU (»Wasserarzt«) und einem IA.ZU (»Ölarzt«). Sumerische Ärzte verschrieben Sauberkeit und Waschungen, heiße Bäder in wasserlöslichen Mineralstoffen und Pulver, die mit Wein, Bier und Honig gemischt wurden. Die Sumerer desinfizierten mit Alkohol, den sie »kuhlu« nannten. Im Arabischen wurde daraus das Wort »al kohl«, woraus das Lehnwort »Alkohol« entstand.

Auch in der Mathematik leisteten die Sumerer Pionierarbeit. Sie beherrschten Multiplikation und Division, die Berechnung von Quadratzahlen und Quadratwurzeln sowie von Kubikzahlen und Kubikwurzeln, von reziproken Werten und Exponentialfunktionen sowie die Summierung von Flächen- und Rauminhalten, die für die Lösung kubischer Gleichungen benötigt wurden. Ihre Mathematik basierte auf einem Sexagesimalsystem mit der Grundzahl 60, der Verbindung der »göttlichen« Sechs mit der »weltlichen« Zehn. Sie teilten den Kreis in 360 Grad, den Tag in 2 mal 12 = 24 Stunden, das Jahr in 365, 24 Tage oder 12 Monate, den Zodiak in 12 Tierkreiszeichen, denen sie die noch heute gebräuchlichen Namen gaben. Daß in unserer Zählweise trotz Dezimalsystems auf die Zehn die Elf und die Zwölf folgen statt der Einzehn und der Zweizehn, ist ein Erbe der Sumerer. Genau wie das griechische Wort »Gaia« (lateinisch »Gaea«) für die Göttin der Erde. Heute finden wir es in Begriffen wie Geo-graphie, Geo-metrie oder Geo-logie als Ableitung vom sumerischen KI oder GI (»Ort«, »Erde«). In der sumerischen Bilderschrift ist sein Zeichen ein horizontales, von acht vertikalen Linien durchkreuztes Oval, das unseren Meridianen ähnlich ist. Die Zählung der Jahre, der erste Kalender, stammt aus Nippur und wird von den Archäologen auf den Anfang des 4. vorchristlichen Jahrtausends datiert, und es ist anzunehmen, daß der »Beginn der Zählung der Jahre« im jüdischen Kalender – das Jahr 3761

v. Chr. – auf das »Jahr 0« des Kalenders von Nippur zurückgeht. Tatsächlich hat auch das lateinische Wort »annum«
(»Jahr«) seinen Ursprung im Sumerischen, wo AN »der
Himmlische« oder »der Himmel« bedeutet. Wenn die Juden also das Jahr 1991 n. Chr. als 5751 begehen, dann stehen sie damit in der ungebrochenen Tradition sumerischer
Priesterastronomen, die Abraham wahrscheinlich aus »Ur
in Chaldäa« mitbrachte. Tatsächlich war in der Antike der
Begriff »Chaldäer« – der damalige Name der Bewohner des
südlichen Zweitstromlandes – gleichbedeutend mit »Astronomen«. Durch Pythagoras, der in Babylon bei ihnen studierte, wurde ihr Wissen im 6. vorchristlichen Jahrhundert
nach Europa gebracht. Interessant ist, daß dieses Wissen
nicht aus einer allmählichen Entwicklung entstand und das
Ergebnis einer Reihe von Entdeckungen war, sondern als
»Erbe der Vorzeit« von Generation zu Generation übernommen und »bewahrt« wurde. Wie die Sumerer selbst,
scheint es aus dem Nichts aufgetaucht zu sein. Es wurde in
umfangreichen Tontafelbibliotheken überliefert und durch
die Siegelzylinder vermittelt, um dann in Form symbo-
lischer Graphiken in beliebiger Vervielfältigung – auf Ton
oder Wachs gerollt – an die Priesterschüler weitergegeben
zu werden. Eine dieser Lehrgraphiken ist die geheimnisvolle
Sternenkarte im Vorderasiatischen Museum in Berlin.
Die erstaunlichsten der umfangreichen Keilschrifttexte in
den jahrtausendealten Tontafelbibliotheken sind die sumerischen Himmelslisten. Auch dort wird wieder von zehn
Planeten, der Sonne und dem Mond berichtet, die ungewöhnlich genau beschrieben werden. Darüber zerbrachen
sich die Sumerologen natürlich den Kopf. Denn wie die
Völker der Antike überhaupt, hätten auch die Sumerer nur
sechs Planeten kennen »dürfen«. Also wurden die Texte als
»Himmelsmythen« gedeutet. Erst in den letzten Jahren

stellte sich heraus, daß es sich hier um präzise Beschreibungen unseres Planetensystems handelt und nicht um Mythen.

Die Sonne nannten die Sumerer APSU – »jene, die von Anfang an existierte«. Ihren ersten Satelliten, den kleinen Merkur, MUM.MU – »einer der geboren wurde«, Venus hieß LA.HA.MI – »Herrin der Schlachten«. Die Erde war KI oder GI – »trockenes Land« – oder »schibu« – »Siebter«. Offensichtlich ein Hinweis, daß die Sumerer die Planeten von außen nach innen zählten. Mars wurde LAH.MU – »Gott des Krieges« – beziehungsweise UTU.KA. GAB.A – »Licht an den Toren der Wasser« –, manchmal auch »Schelibbu« – »einer nahe der Mitte« des Sonnensystems – genannt. Jupiter hieß Barbaru – »Glänzender« – oder KI.SCHAR – »Größter des festen Landes«. Dagegen war Saturn AN.SCHAR – »Größter des Himmels«. Das ist eine astronomisch durchaus korrekte Bezeichnung, da Jupiter tatsächlich mit einem Durchmesser von 142 750 Kilometern der größte Planet unseres Sonnensystems ist. Mit 120 000 Kilometern Durchmesser ist Saturn wenig kleiner. Dagegen hat das Ringsystem – der »Himmel« des Saturns – einen Durchmesser von 272 000 Kilometern. Jupiter ist also wirklich der »Größte des festen Landes« und Saturn der »Größte des Himmels«.

Uranus hieß bei den Sumerern »Kakkab Schanamma«, der »Zwillingsplanet« oder EN.TI.MASCH.SIG, gleichbedeutend mit »Planet mit der Farbe des hellen grünlichen Lebens«. Sein Zwilling Neptun – sumerisch HUM.BA – wird mit der Farbe einer »Sumpflandvegetation« charakterisiert. Die anderen Planetennamen ergaben wenigstens astronomisch oder astrologisch einen Sinn. Aber das Geheimnis der letzten beiden Namen konnte erste gelüftet werden, nachdem es Nahaufnahmen von Uranus und Neptun durch unsere Weltraumsonden gab.

Im August 1977 startete die amerikanische Raumfahrtbehörde NASA von Cape Canaveral aus die Raumsonde »Voyager 2«. Ihre ursprüngliche Aufgabe war es, die Jupiter- und Saturn-Monde zu photographieren. Zum Glück gelang es dann NASA-Ingenieuren, die Sonde so am Gravitationsfeld von Saturn vorbei zu dirigieren, daß Uranus im Direktflug angesteuert werden konnte.

Am 25. Januar passierte die inzwischen über vier Jahre alte, »brave« Sonde den geheimnisvollen Planeten. Sie photographierte eine Welt, deren fast gleichmäßig grünlich-blaue Oberfläche die Wissenschaftler im »Jet Propulsion Laboratory« in Kalifornien beim Anblick der zuerst auf den dortigen Bildschirmen erscheinenden decodierten Aufnahmen in atemloses Staunen versetzte.

Nun hieß es für die Astronomen, umdenken zu lernen. Hatten sie Uranus zuvor noch als Gasplaneten eingestuft, ließ sich diese Ansicht nach den »Voyager 2«-Daten nicht mehr aufrechterhalten. Mit einer Dichte von 1,27 Gramm pro Kubikzentimeter dafür viel zu schwer, mußten die NASA-Experten nunmehr davon ausgehen, daß der Planet zumindest in seinem Inneren einen festen Kern aus Metall und Gestein birgt. Zudem scheinen viele Substanzen, wie Methan, Ammoniak oder Wasser, zu Wolken aus Eiskristallen gefroren zu sein. David Stevenson vom California Institute of Technology vermutet auf dem Uranus sogar einen Ozean aus Wasser, zumindest aber »eine Art dichter Flüssigkeit« – genauer gesagt: eine vom Planetenkern bei 217fachem Atmosphärendruck auf 370 Grad erhitzte Schicht aus superdichtem Wasserstoff und Ammoniak von 9000 Metern Tiefe.

Könnte eines Tages eine Sonde direkt in die Uranus-Atmosphäre eindringen, würde sie folgendes Szenario antreffen, resümiert Reiner Klingholz über die »Voyager«-Entdeckungsreise in seiner Arbeit »Marathon im All«: »Nach einer unsichtbaren, dünnen Hochatmosphäre aus Wasserstoff, Helium und Neon beginnen dichte, eisige Wolkenschichten aus Methan, Ammoniak und Ammoniumsulfid, in die noch sehr schwach das Sonnenlicht eindringt. Dann taucht die Kapsel in immer wärmere und dichtere Sphären. Bei irdischen Temperaturen hat der Druck bereits das Hundertfache des Erdluftdrucks auf Meereshöhe erreicht. Die Umgebung besteht im wesentlichen aus gasförmigem, geruchlosem und transparentem Wasserstoff, aber ›spürbar‹ sind jetzt Wolken aus Wasserdampf, vielleicht gar Regentropfen.«

Am 24. August 1989 passierte »Voyager 2« seine letzte Station in unserem Sonnensystem: Neptun, einen Planeten, der bis dahin in Astronomiebüchern nur als weißer Lichtpunkt abgebildet war. Sein Anblick übertraf alle Erwartungen, und bald war das Wort vom »blauen Gott der Meere« in aller Munde. Während Uranus in einem hellen Grünlich-Blau schimmerte, leuchtete Neptun in dunklerem Blaugrün auf. Aber für das Blaugrün des Neptun war nicht Wasser verantwortlich, sondern Wolken aus Methan-Eiskristallen.

»Auf den ersten Blick sind Uranus und Neptun kosmische Zwillinge«, schreibt Reiner Klingholz, mit dem Unterschied, daß Neptun eine deutlich höhere Dichte aufweist. Er strahlt doppelt soviel Energie ab, wie er von der Sonne erhält – ein Beweis dafür, daß auch er einen heißen Planetenkern besitzt und eine ähnliche Oberflächenstruktur wie Uranus hat.

Die in den 6000jährigen sumerischen Himmelslisten festgehaltenen Angaben wurden also durch die »Voyager 2«-Ergebnisse voll bestätigt. Und könnte es für die »Brühe« der Uranus-Atmosphäre eine bessere Bezeichnung geben als das Wort »Sumpflandvegetation«? Auch der von den Sumerern für Uranus und Neptun benutzte Name »Zwillingsplaneten« bestätigt sich in ihrer heutigen Bezeichnung »kosmische Zwillinge« – ein Begriff, der selbst in Einzelheiten zutreffend ist. Beide Planeten sind etwa gleich groß, weisen etwa dieselbe chemische Zusammensetzung und wäßriggelbe Farbe auf. Die Tage der beiden sind mit 16 bis 17 Stunden fast gleich lang, und obwohl Neptun Millionen Kilometer weiter von der Sonne entfernt ist, gleicht auch seine Oberflächentemperatur der von Uranus.

Aus welcher Quelle stammt dieses genaue astronomische Wissen der Sumerer? Wie konnte ein Volk der Vorzeit zu Erkenntnissen gelangen, die uns erst durch die Raumfahrt ermöglicht wurden? Woher wußten sie von allen Planeten unseres Sonnensystems, einschließlich dem Pluto, den sie als äußersten Planeten des Sonnensystems SCHU.PA – »Bewacher des Himmels« – nannten?

Ihren eigenen sumerischen Überlieferungen zufolge hatten die Anunnaki ihre Kultur begründet, ihre Städte erbaut und sie in die »Geheimnisse des Himmels« eingewiesen. AN.UN.NA.KI heißt in wörtlicher Übersetzung: »Jene, die vom Himmel auf die Erde gekommen sind.« Sie landeten auf dem Oberen Meer, dem Persischen Golf, und machten sich dann auf den Weg in das fruchtbare Mesopotamien. Am Rande der Sümpfe errichteten sie ihre erste Siedlung E.RI.DU – »fern erbautes Haus«. Ihr Anführer trug anfangs den Namen E.A. – »dessen Haus Wasser ist« –, dann EN.KI. – »Herr des festen Bodens«.

In einer sumerischen Chronik heißt es:

»Als das himmlische Königtum vor der Flut auf die Erde kam,
entfaltete es sich zuerst in Eridu.
Der Herr der Wassertiefe, Enki, erbaute sein Haus,
in Eridu erbaute er das Haus der Erde im Wasser.
König Enki hat ein Haus gebaut:
Gleich einem Berg errichtete er Eridu am Boden;
an einem guten Ort hat er es gebaut.«

Es ist anzunehmen, daß Eridu die Erde auf ihren Namen getauft hat. Das Wort »Erde« hat seinen Ursprung im Semitischen. »Ereds« heißt es im Aramäischen, der Sprache Jesu, »Erd« oder »Ertz« auf Kurdisch, »Eretz« auf Hebräisch. Auch das Erythräische Meer – so hieß der Golf im Altertum – ist nach Eridu benannt. Das Land aber nannte Enki E.DIN – »Heim der Gerechten«: Es war der Garten Eden, das Heim der Götter. Übrigens nennt die Bibel Euphrat und Tigris als Ströme, die den »Garten Eden« durchfließen.

Die Anunnaki kamen zur Erde, um Bergbau zu betreiben, um Gold zu fördern, das »Metall der Götter«. Nicht wegen seiner Schönheit, sondern weil sie es zum Schutz ihrer Welt brauchten. Zur Abwehr kosmischer Strahlung, nachdem sie die Ozonschicht ihrer Atmosphäre zerstört hatten? Auch heute wird von der Raumfahrt Gold zum Schutz benutzt: Die Sichtfenster der Raumkapseln sind mit einer hauchdünnen Goldschicht überzogen, um die Astronauten vor der kosmischen Strahlung zu schützen.

Die erste Anunnakigruppe bestand aus 50 Personen, die zweite aus 600. Generalstabmäßig besiedelten sie das Land. Die »Vogelstadt« Sippar diente ihnen als Raumfahrtzentrum. Bad Tibira – »der helle Ort« – war das Industriezentrum, in dem die Erze verarbeitet wurden. Mit LA.RA.AK –

»den glänzenden Schein sehen« – verband sich ihr Leucht-feuer zur Orientierung einfliegender Raumschiffe. SCHU.-RUP.PAK – »der Ort des höchsten Wohlbefindens« – wurde ihr medizinisches Versorgungszentrum. Zum ständi-gen Befehlshaber der Erdenmission wurde EN.LIL – »Herr über das Wort« – ernannt. Er war der Sohn von AN, dessen Name »der des Himmels« bedeutet und als Stern-Glyphe geschrieben wurde. In der Mitte der Städte errichtete Enlil das Kontrollzentrum NIBRU.KI – »Schnittpunkt auf Er-den« –, das spätere Nippur. Seine Zikkurat trug auf der Spitze eine DIR.GA – »dunkle, glühende Kammer« –, in der die Sternenkarten – »Embleme der Sterne« – aufbewahrt wurden und wo man die DUR.AN.KI – »Verbindung Him-mel-Erde« – aufrechterhielt. Zur Verrichtung grober Arbei-ten erschufen die Anunnaki den »Lulu« – einen »primitiven Arbeiter« und Vorläufer des Menschen – als prähistorisches Retortenkind. In den sumerischen Texten heißt es, daß die Anunnaki von NI.BI.RU stammen, dem »Planeten, der am Himmel glänzt und die Mittelstellung einnimmt«. Da das Sonnensystem in sumerischer Reihenfolge aus den Planeten Merkur, Venus, Mond, Erde, Mars, Nibiru (Phaethon), Jupiter, Saturn, Uranus, Neptun und Pluto besteht, ist die Mittelstellung also gleichbedeutend mit Nibiru, dem ge-heimnisvollen fünften Planeten – mit der Heimat der Göt-ter, von den Sumerern auch »Tiamat« – »Jungfrau, die Leben gab« – genannt, also der Urheimat der Menschen.

2

Adam kam von
Phaethon

Nach Ansicht der Evolutionsbiologen tauchte der älteste Vorfahre der Homo-Familie – der Ramapithecus – vor etwa 20 Millionen Jahren auf. Im Lauf von Jahrmillionen seien aus ihm die Menschenaffen und die Menschenartigen – die Hominiden – entstanden. Die Weiterentwicklung zu den Zweibeinern liegt allerdings bis heute noch im Dunkel der Vorzeit, da keine Knochenfunde darüber Aufschluß geben. Wissenschaftler setzen dennoch den Beginn dieser Übergangs- beziehungsweise Entwicklungsphase vor zehn Millionen Jahren und deren Ende vor drei Millionen Jahren an. Unter den Hominiden, die gleich danach vor etwa drei Millionen Jahren auftauchten, soll sich auch der Homo habilis befunden haben, der Schlagsteine als Werkzeug benutzte. Vor knapp zwei Millionen Jahren soll es dann dem Homo erectus – dem aufrechtgehenden Menschen – gelungen sein, das erste Feuer zu entfachen. Von ihm soll sich dann der Stammbaum bis zum Homo sapiens sapiens – dem »weisen« Menschen – fortgesetzt haben.

Einigen Anthropologen zufolge soll die Verwandlung einer affenähnlichen Hordenkreatur zum relativ kultivierten Wesen vor allem auf das Teilnehmenlassen, das heißt auf die sozialen Bindungen, auf die Abhängigkeit und Fürsorge in Mutter-Kind- und Partnerbeziehungen zurückzuführen sein.

Es läßt sich einfach nicht bestreiten, daß die gängige Evolutionstheorie voller Widersprüche steckt. Das betrifft nicht nur die Entstehung des Lebens auf der Erde, sondern vor allem die Herkunft des Menschen, deren Theorie sich lediglich auf wenige Knochenfragmente stützt. Der »Darwinismus ist daher eine Weltanschauung, eine Ideologie und nicht eine wissenschaftlich bewiesene Theorie... Ich halte daher den Darwinismus für einen verhängnisvollen Irrtum, der seinen beispiellosen Erfolg letztlich wieder einem anthropozentrischen Wunschdenken verdankt«, stellt der Molekularwissenschaftler Dr. Bruno Vollmert fest.

Die verblüffende Lösung des Rätsels über die Herkunft des Menschen ist in den Keilschriftaufzeichnungen der Sumerer festgehalten...

Glauben wir dem Koran, lag das Paradies auf einem anderen Planeten. Das jedenfalls ist der siebten Sure des heiligen Buches der Moslems zu entnehmen. Sie trägt bezeichnenderweise den Titel »Al-Araf« – »Die Zwischenmauer«. Gemeint ist die Mauer zwischen Himmel und Hölle, die das Universum des Islam in der Mitte durchzieht. »Wir haben euch geschaffen, dann euch gestaltet und darauf zu den Engeln gesagt: ›Verehrt den Adam‹«, heißt es darin. »Und sie taten also, mit Ausnahme des Iblis, des Satans, der nicht mit den Verehrenden sein wollte.« Ein wahrhaft teuflisches Komplott zur Verführung des Menschen inszenierte den Sündenfall. Nachdem Adam und Eva die verbotene Frucht gegessen hatten, »wurde ihnen ihre Nacktheit offenbar, und sie verwoben Blätter des Paradieses, um sich damit zu bedecken. Da rief der Herr ihnen zu: ›Habe ich euch nicht diesen Baum verboten? Und hatte ich euch nicht gesagt, daß der Satan euer offener Feind sei?‹ Darauf antworteten sie: ›O Herr, wir haben unsere Seelen versündigt, und wenn du uns nicht verzeihst und dich unserer nicht erbarmst, so gehören wir zu denen, die da verloren sind.‹ Allah aber sprach: ›Hinab mit euch! Einer sei des anderen Feind. *Auf der Erde sei von nun an eure Wohnung* und Nahrung auf unbestimmte Zeit. Auf ihr sollt ihr leben und auf ihr sterben und einst aus ihr wieder hervorgehen.‹«

Eine arabische Legende berichtet, daß der Hadschar al

Aswad, der in der Südostecke der Kaaba in Mekka einge-
mauerte »Schwarze Stein« – das höchste Heiligtum der
Moslems –, in Urzeiten zusammen mit Adam auf die Erde
herabgefallen sei. Bei dem »Schwarzen Stein« soll es sich um
einen Meteoriten handeln – vielleicht aber auch um einen
sogenannten »Flüsternden Stein« (sumerisch NA.BA.(R) –
»glänzend heller Stein«), wie ihn die Anunnaki zur Über-
mittlung von Nachrichten allerorts auf der Erde und zum
Himmel benutzten. Übrigens soll der »Schwarze Stein« in
der Kaaba einstmals weißglänzend gewesen sein. Sollte es
sich jedoch tatsächlich um einen Meteoriten in der Kaaba
handeln: Fiel er dann als Teil des durch die Explosion von
Phaethon – Nibiru – verursachten Meteoritenhagels zur
Erde?

In den Mythen und Legenden der Völker finden sich zahlreiche Hinweise auf einen außerirdischen Ursprung der
Menschheit. Die präziseste und wahrscheinlich auch älteste
Anthropogenese finden wir im »Buch des Dzyan«, jener
uralten Sanskrit-Schrift, in der es heißt:

»Die Erde sprach: ›Herr des strahlenden Angesichtes, mein
Haus ist leer... Sende deine Söhne, um dieses Rad zu
bevölkern.‹ Da sprach der Herr des strahlenden Angesichtes: ›Ich werde dir ein Feuer senden, wenn dein Werk
begonnen ist.‹ ... Sie lag auf ihrem Rücken, auf ihrer Seite.
Sie wollte keine Söhne des Himmels rufen, sie wollte keine
Söhne der Weisheit verlangen. Sie schuf aus ihrem eigenen
Schoße. Sie brachte Wassermenschen hervor, schrecklich
und böse... Die Flammen kamen. Die Feuer mit den Funken, die Nachtfeuer und die Tagfeuer. Sie trockneten aus die
trüben, dunklen Gewässer... Als sie zerstört waren, verblieb Mutter Erde bloß. Sie verlangte getrocknet zu werden... Der Herr der Herren kam. Von ihrem Körper
trennte er die Wasser, und dies war der Himmel oben, der

erste Himmel. Der Atem brauchte eine Form; die Väter gaben sie. Der Atem (Geist) brauchte einen groben Körper; die Erde formte ihn... So haben die Knochenlosen Leben gegeben jenen, welche Menschen mit Knochen wurden in der Dritten (Rasse). Die Ersten waren die Söhne des Yoga,... die zweite Rasse war die der Geschlechtslosen,... die Eingeborenen die Dritte. Die Söhne der Weisheit, die Söhne der Nacht (des Weltalls), bereit zur Wiedergeburt, kamen herab. Sie sahen die schlechten Formen der Ersten Dritten (Rasse)... So brachte, zwei um zwei, in den sieben Zonen, die Dritte Rasse die Vierte hervor... Die Erste in jeder Zone war mondfarben; die Zweite gelb wie Gold; die Dritte rot; die Vierte braun, welches schwarz wurde... Da wuchsen die Dritte und die Vierte voll Stolz in die Höhe. ›Wir sind die Könige, wir sind die Götter.‹ Sie nahmen Weiber, die schön anzusehen waren, Weiber von den Gemütlosen, den Schwachköpfigen. Sie brachten Ungetüme hervor...«

Oder, mit den Worten der Bibel: »Es begab sich, daß die Menschen auf Erden sich zu vermehren begannen und ihnen auch Töchter geboren wurden. Da sahen die Söhne der Götter (›bere elohim‹), daß die Töchter der Menschen schön waren, und sie nahmen sie zu Frauen, welche sie nur mochten. Zu jenen Zeiten waren die Nefilim auf Erden, auch nachher noch, als die Göttersöhne (›bene elohim‹) mit den Töchtern der Menschen verkehrten und diese ihnen gebaren; das sind die Mächtigen der Vorzeit, das Volk des schem.« (Gen 6, 1–4.) Martin Luther übersetzte »Nefilim« mit »Riesen«, »schem« mit »Namen«. Aber das semitische Wort »schem« hat zwei Bedeutungen. Als »schu-mu« kann es »das, wodurch man im Gedächtnis bleibt« heißen, aber auch »das, was ein mu ist«. Beide Begriffe kennzeichnen einen konischen Gegenstand, entweder Eigentum und Fluggerät der Götter oder Gedenkstein, Stele, die am Ort ihres Erscheinens errichtet wurde. Das »mu« ist ebenso Vorläufer des »omphalos« – des »Nabels« der griechischen Kultzentren – wie des Obelisken oder der Siegessäule. Auf einer antiken Münze, die in Byblos im heutigen Libanon an der Mittelmeerküste gefunden wurde, ist der große Tempel der Göttin Ishtar abgebildet, wie er im ersten Jahrtausend v. Chr. ausgesehen haben mag. Im Zentrum eines Innenhofes, des »heiligen Areals«, das sich nur über eine besondere Treppe erreichen ließ, stand auf einer Plattform ein solches »mu«, stolz aufragend in den Himmel.

Wie die meisten einsilbigen sumerischen Wörter hat »mu« eine ursprüngliche Bedeutung, nämlich »das, was sich kerzengerade erhebt«. Seine mehr als 30 Nuancen, so wies der amerikanische Sumerologe Zecharia Sitchin nach, umfaßten »Höhe«, »Feuer«, »Befehl« und »Zeitabschnitt«. Wenn man das Schriftzeichen für »mu« von der stilisierten und jüngeren assyrischen und babylonischen Keilschrift bis zu seinen Ursprüngen in der sumerischen Schrift zurückverfolgt, ergibt sich folgende Form: Unwillkürlich kommt einem eine Rakete in den Sinn. Diese Annahme wird durch die Anwendung des Wortes »mu« in sumerischen Hymnen unterstützt, wie in einer Ode an die Göttin Ishtar/Inanna:

»Herrin des Himmels:
Sie legt das Himmelsgewand an,
steigt kühn zum Himmel auf;
über alle bevölkerten Länder
fliegt sie in ihrem MU.
Herrin, die du in deinem MU
fröhlich dich schwingst in den Himmelshöhn,
über alle die ruhenden Orte
fliegt sie in ihrem MU.«

Tatsächlich zeigen auch sumerische Rollsiegel am Himmel entlanggleitende, raketenförmige Objekte. Waren also die Nefilim, das Volk mit den Raketen, prähistorische Besucher aus dem Weltraum?

Halten wir uns vor Augen: Eine konventionelle Rakete ist für den interstellaren Raumflug ungeeignet, da sie zuviel Treibstoff verbraucht und unbefriedigende Geschwindigkeiten erreicht. Das heißt: Ein Volk, das Raketen benutzte, kann nicht aus den Tiefen des Alls zur Erde gekommen sein. Es war also keine technische Superzivilisation, sondern eine außerirdische, die aus unserem Sonnensystem stammte. Russen und Amerikaner sind längst mit bemannten und unbemannten Raumfahrzeugen auf Mond und Mars gelandet, die »Voyager«-Sonde drang in zwölfjähriger Flugzeit bis zum Rand unseres Sonnensystems vor. Eine Zivilisation, die sich der Raketentechnik bedient, kann durchaus Operationen innerhalb des eigenen Solarsystems durchführen. Woher kamen also die Nefilim? Ihr Name ist vom semitischen NFL – »hinabgeworfen sein« – abgeleitet und bedeutet wörtlich: »die auf die Erde hinuntergeworfen sind«. Ganz offensichtlich sind sie mit den Anunnaki identisch, den Kolonisatoren, die von Nibiru, dem fünften Planeten, zur Erde kamen.

Wie aus der Genesis des »Buches des Dzyan« hervorgeht, war die Erde vor dem Herabkommen der »Söhne der Weisheit« in einer kosmischen Katastrophe verwüstet worden. Aus verschiedenen Zweigen der Evolution begann sich hominides Leben zu entwickeln. Aber der entscheidende evolutionäre Funke war bisher ausgeblieben.

Im Weltbild des »Buches des Dzyan« ist Evolution ein von der »Drachenkraft« Fohat intelligent gesteuerter Vorgang. Nach Annahme der alten Tibeter hat jeder geeignete Planet die Bestimmung, Leben hervorzubringen, zum Schauplatz einer Evolution zu werden. »Kosmische Söhne«, so das »Buch des Dzyan«, besiedeln jungfräuliche Planeten, um deren Schicksal zu erfüllen. Der »Fall in die Materie«, also die Inkarnation, bringt zwangsläufig eine Rückentwicklung mit sich. So wurde auch Adam von »den elohim«, »den Göttern« (in der Urschrift ist es ein Plural!) nach einem Sündenfall vom Paradies auf die Erde versetzt. So vermischten sich die Töchter der Menschen mit den Neuankömmlingen von Nibiru.

Wie Madame Helena Blavatsky in ihrem Hauptwerk »Die Geheimlehre« ausführt, gab es in der okkulten jüdischen Tradition, der Kabbala, zwei Adams – den »himmlischen Adam«, der zur Erde hinabstieg, und den »irdischen Adam«, den Tiermenschen, der sich auf der Erde entwickelt hat. Im Gilgamesch-Epos – der Geschichte des Gottmenschen Gilgamesch auf der Suche nach Unsterblichkeit – wird solch ein Tiermensch (vielleicht ein Neanderthaler?) beschrieben. Er heißt »Enkidu« – »der in der Steppe geborene«:

»Zottig behaart ist sein ganzer Leib,
ausgestattet mit Haupthaaren wie eine Frau,
er kennt weder Familie noch Heimat;
nährt sich mit den Gazellen von Gras;
mit den wilden Tieren ringt er
an den Wasserstellen;
an den wimmelnden Geschöpfen im Wasser
erfreut sich sein Herz.«

»Der Mensch entstand als Sklave der Götter«, sagten die Sumerer. Als den Anunnaki »die Mühe zu groß und die Arbeit zu schwer« wurde, kam es zum ersten Streik der Geschichte. Die Untergötter meuterten: »Jeder von uns hat den Krieg erklärt. Die anstrengende Arbeit bringt uns um. Ihre Klagen waren im Himmel zu hören.« Die Bibel gibt dem Anführer der »gefallenen Engel« später einen Namen: Luzifer. Enlil will ihn hinrichten lassen, doch Anu und dessen Sohn Enki haben eine bessere Idee: Ein »lulu« muß erschaffen werden, ein »niederer Primitiver«. Mensch sei sein Name! Ich will einen primitiven Arbeiter erschaffen. Er soll im Dienst der Götter stehen, auf daß sie es leichter haben.«

Dieser Vorschlag wird von den Anunnaki begrüßt. Die »Götter« haben entschieden: »Lasset uns Menschen machen nach unserem Ebenbilde« (Gen 1,26):

»Sie riefen die Göttin, die Hebamme der Götter,
die weise Mammi baten sie:
»Du, Göttin der Geburt, schaffe Arbeiter!
Schaffe einen einfachen Arbeiter,
der das Joch tragen soll!
Laß den Arbeiter das Joch der Götter tragen!«

Mammi, die Mutter der Götter, schuf den Menschen aus Lehm beziehungsweise aus TI.IT. Im Sumerischen bedeutet es »Lehm«, aber gleichzeitig auch »das, was Leben ist«, und »shiru« »Fleisch« oder »Samen«. Denn »lulu« heißt nicht nur »der Primitive«, sondern auch »der Gemischte«. Dann sprach die Göttin zu den Anunnaki:

»Ihr übertruget mir eine Aufgabe,
ich habe sie vollendet ...
Ich nehme euch die schwere Arbeit
und auferlege sie dem Arbeiter, dem Menschen.
Ich habe euch das Joch genommen,
ich habe euch die Freiheit gegeben.«

Nach dem sumerischen Schöpfungsepos wurde der Mensch »oberhalb des Landes AB.ZU – »tiefe Lagerstätte« erschaffen. AB.ZU war Südost-Afrika, das Land, in dem sich die Minen der Anunnaki befanden – AB.ZU, nach dem das Gold benannt wurde. In allen semitischen Sprachen heißt es ZA.AB. Sein »Himmelshafen« lag im Zweistromland. Dort wurde es in BAD.TIBIRA – dem »hellen Ort, an dem die Erze verarbeitet wurden« – aufbereitet, nachdem es die MA.GUR UR.NU AB.ZU – die »Schiffe für Mineralien aus Abzu« – nach Eridu gebracht hatten.

Archäologen gelang es, diese Minen zu identifizieren. Denn im Süden Zimbabwes und in Swaziland befinden sich noch heute bis zu 20 Meter tiefe Goldminen, die nach wissenschaftlichen Analysen vor 80 000 bis 115 000 Jahren ausgebeutet wurden. In den ältesten, den Goldminen von Monotopa in Süd-Zimbabwe, sollen – alten Zulu-Legenden zufolge – »Sklaven gearbeitet haben, die vom Ersten Volk künstlich aus Fleisch und Blut erschaffen wurden«. Diese Sklaven – so erzählt der Zulu-Medizinmann Credo Vusamazulu Mutwa in seinem Buch »Indaba. Meine Kinder« – kämpften gegen die Affen-Menschen«, als »der große Stern am Himmel erschien«.

Heute sind sich die meisten Wissenschaftler darüber einig, daß der Mensch tatsächlich »oberhalb von Abzu« entstand, in Tansania und Kenia. So heißt es in einem Editorial der Zeitschrift »Science« vom 11. September 1987: »Afrika war die Wiege des Menschen. Der Geschichte der Molekularbiologie zufolge hat sich der heutige Mensch vor etwa 200 000 Jahren in Afrika entwickelt, höchstwahrscheinlich aber schon wesentlich früher.

»Die Frage nach unserer Herkunft ist jetzt geklärt – wir stammen aus Südost-Afrika«, bestätigte das Fachjournal »National Geographic« in seiner Oktober-Ausgabe 1988.

Zur selben Schlußfolgerung waren internationale Wissenschaftler gekommen, die ihre neuesten Forschungsergebnisse im Mai 1987, im Verlauf einer von den britischen Anthropologen Christopher Stringer und Paul Mellars vom Britischen Museum in London organisierten Konferenz, zu Gehör brachten. Ihr Thema: »Der Ursprung und die Verbreitung des Menschen.« Hier ging es um die Zusammenfassung einer fast 70jährigen Forschung. Sie begann mit der Entdeckung der Fossilien der Primaten Proconsul und Ramapithecus am Viktoria-See durch das Paläontologen-Ehepaar Louis und Mary Leakey in den zwanziger Jahren. In jenem geologischen Grabensystem, das sich von Tanzania über das Rote Meer bis zum Toten Meer ausdehnt, häuften sich seitdem die Funde. Dabei erwiesen sich Olduvai Gorge in Tansania, der Rudolf-See in Kenia (heute Turkana-See genannt), und die Provinz Afar in Äthiopien als die ergiebigsten Fundstellen. Übrigens wird der Proconsul auf ein Alter von 25−30 Millionen Jahre geschätzt und der Ramapithecus auf 14 Millionen Jahre.

Die wichtigsten Entdecker waren der Leakey-Sohn Richard (Kurator des Nationalmuseums von Kenia), Donald C. Johanson (Kurator des Museums für Naturgeschichte in Cleveland), Tim White und Desmond Clark von der Universität Kalifornien in Berkeley, Alan Walker von der Johns Hopkins-Universität, Andrew Hill und David Pilbeam von der Universität Harvard sowie die Südafrikaner Raymond Dart und Phillip Tobias. Ihre Entdeckungen gaben den Anlaß, den Stammbaum des Menschen wieder einmal zu rekonstruieren:

Nach dem Ramapithecus bildete sich der Australopithecus heraus – der erste Primat mit hominiden Zügen. Er lebte vor fünf Millionen Jahren in Ostafrika. Der aufgefundene weibliche Hominidenschädel, von den Paläoanthropologen mit

dem Spitznamen Lucy versehen, wird als eine Übergangs-
phase charakterisiert. Die hominide Primatin Lucy lebte vor
3,5 Millionen Jahren. Der 2 Millionen Jahre alte »Schädel
1470« erhielt bereits die Bezeichnung Homo habilis (»geschickter Mensch«), dem der Homo erectus vor 1,5 Millionen Jahren folgte – also der sogenannte »aufrechtgehende
Mensch«, der erste, der seinen Namen verdientermaßen
erhielt. Er benutzte bereits Steinwerkzeuge und wanderte
über die Halbinsel Sinai nach Süd-Ostasien und Europa.
Doch dann verliert sich seine Spur. Erst vor 300 000 Jahren
tauchte eine neue Spezies auf, der Homo sapiens (der »den-
kende Mensch«). Damit vollzog sich ein großer Sprung in
der Evolution, zu dem bis heute jedes Bindeglied – »missing
link« – fehlt. Die ursprünglich vertretene These, daß der
nach seiner ersten Fundstelle im Neandertal nahe Düsseldorf benannte Homo neanderthaliensis das Verbindungs-
glied sei, wird heute von den Anthropologen zurückgewiesen. Er lebte vor etwa 125 000 Jahren, tauchte also nach
dem Erscheinen des Homo sapiens auf der Bildfläche auf.
Zudem ist er weder der Vorfahre des »Cromagnon«-Men-
schen noch des Homo sapiens – also des heutigen Menschen. Der Beweis dafür wurde in den sechziger Jahren
durch die Funde eines israelisch-französischen Wissen-
schaftlerteams in der Höhle von Oafzeh nahe Nazareth
geliefert. Sie entdeckten nämlich gleichzeitig Schädel des
Cromagnon-Menschen sowie des Neanderthalers. Die Cro-
magnon-Schädel waren 70 000 Jahre alt – doppelt so alt wie
der bisher älteste Fund aus dem südwestfranzösischen Cro-
magnon-Gebiet, nach dem er benannt worden war. Außerdem war die Bodenschicht, aus der sie geborgen wurden,
älteren Datums als jene mit den Neanderthaler-Knochen-
funden.

Wenn wir das Gilgamesch-Epos richtig deuten, müßten also der Homo sapiens und der Neanderthaler einmal Zeitgenossen gewesen sein. Der Neanderthaler war aber niemals das »missing link«. Jüngste Forschungergebnisse in Oafzeh und Kebara, einer Höhle im biblischen Berg Karmel, erbrachten sogar noch ältere Daten. Die Leiterin der französischen Expedition, Hélène Vallades vom Nationalen Forschungszentrum in Gif-sur-Yvette, berichtete darüber in der Zeitschrift »Nature«: Neue Datierungen mit modernen Methoden, einschließlich der Thermolumineszens, hätten ergeben, daß Neanderthaler und Cromagnon-Menschen vor 92000 Jahren das Heilige Land bewohnten. Wie Christopher Stringer vom Britischen Museum im Leitartikel von »Nature« erklärte, stehe damit fest, daß beide, Neanderthaler und Cromagnon-Menschen, von Süden kommend, vor etwa 120000 Jahren im Jordantal einwanderten. Ihr Ursprung lag in Ostafrika. Der Fund eines etwa 80000 Jahre alten Neanderthaler-Schädels in Ägypten durch Fred Wendorf von der Methodist Southern-Universität in Dallas untermauert die Theorie über die afrikanische Herkunft. Dabei kann der Neanderthaler nicht unbedingt als stupider Menschenaffe bezeichnet werden. Er war mit einem größeren Gehirn als der heutige Mensch ausgestattet und hatte ein gut entwickeltes Sprachzentrum.

Gräberfunde beweisen, daß er seine Toten begrub, und Grabbeigaben, darunter auch Blumen, lassen auf einen Jenseitsglauben schließen. Das ist »zumindest eine Art spirituell motiviertes Verhalten, das ihn mit dem heutigen Menschen verbindet«, äußerte sich Jared M. Diamond von der Medizinischen Fakultät der Universität von Kalifornien in Los Angeles in diesem Zusammenhang. Der Entdecker der Neanderthaler-Knochenfunde in der Shanidar-Höhle, Ralph S. Solecki von der Columbia-Universität, glaubt sogar, daß die Neanderthaler schon vor 60 000 Jahren Heilkräuter kannten und anwendeten.

Durch die neue Wissenschaft der Molekulargenetik wird die These vom afrikanischen Ursprung des Menschen bestätigt. Wie Allan C. Wilson und Vincent M. Sarich von der Universität Kalifornien in Berkeley während der Cambridge-Konferenz ausführten, erschließt die Methode, DNA-»Sätze« zu vergleichen, neue Dimensionen in der Rekonstruktion menschlicher Stammbäume. Bei Vaterschaftsprozessen bereits erfolgreich angewandt, gehen die Biochemiker davon aus, daß die DNA – der sogenannte »genetische Fingerabdruck« jedes Menschen – die Gene vorheriger Generationen beinhaltet. Der Vergleich der DNA im Zellkern (die halb vom Vater, halb von der Mutter stammt) ist nur über eine bestimmte Reihe von Generationen hinweg möglich. Es wurde jedoch entdeckt, daß neben der im Zellkern befindlichen DNA auch noch in der Mutterzelle – außerhalb des Zellkerns – DNA existiert, nämlich in den sogenannten Mitochondrien. Diese DNA vermischt sich nicht mit der DNA des Vaters, sondern wird über Generationen von der Mutter auf die Tochter übertragen.

Douglas Wallace von der Emory-Universität, dem diese Entdeckung 1984 gelang, wurde dadurch angeregt, diese »mtDNA« von über 800 Frauen miteinander zu vergleichen. Im Juli 1986 gab Wallace das überraschende Ergebnis auf einer Konferenz bekannt: Die mtDNA der 800 Frauen ähnelte einander auf so frappierende Weise, daß es den Anschein hatte, als stammten sie alle von einer einzigen Vorfahrin ab. Dieses Forschungsergebnis griff Wesley Brown von der Universität Michigan auf, um aufgrund der natürlichen Mutationsdauer von mtDNA zu errechnen, wann diese hypothetische »mitochondrische Eva« gelebt haben könnte. Er verglich die mtDNA von 21 Frauen der verschiedensten Rassen aus unterschiedlichen geographischen Regionen und kam zu der Schlußfolgerung, daß »Eva« vor 300000 bis 180000 Jahren in Afrika gelebt hat.

Daraufhin startete Rebecca Cann von der Universität von Kalifornien in Berkeley eine ähnliche Untersuchung mit der Plazenta von 147 Frauen verschiedenster Rassen und Herkunftsländer, die in Krankenhäusern von San Francisco Kinder zur Welt brachten. Ausgehend von einer Mutationsrate von 2 oder 4 Prozent in einer Million Jahren kam sie auf 150000 oder 300000 Jahre. »Wir nehmen an, die »mt-Eva« lebte vor 250000 Jahren«, resümierte Rebecca Cann. Unter dem Projektnamen »Die Eva-Hypothese« untersuchte sie mit ihren Kollegen Wilson und Stoneking die Plazenta von weiteren 150 Frauen in Amerika. Ihre Vorfahren stammten aus Europa, Afrika, dem Nahen Osten und Asien. Außerdem wurden Eingeborenen-Frauen aus Australien und Neu-Guinea untersucht, bei denen eine »Fremdberührung« ausgeschlossen war. Das Ergebnis deutet darauf hin, daß die afrikanische »mtDNA« die älteste ist – und daß alle Frauen aus diesen Untersuchungen ganz offensichtlich von derselben weiblichen Vorfahrin abstammten, die irgendwann vor 290000 bis 140000 Jahren in Afrika gelebt haben muß.

Nach biblischer Darstellung wurde Eva – hebräisch »Cheva«, gleichbedeutend mit »die aus Leben« – aus einer Rippe Adams erschaffen. Ohne vorauszusetzen, daß die Bibel sumerischen Ursprungs ist, ergibt das keinen Sinn. Im Sumerischen aber bedeutet das Wort sowohl »Rippe« als auch »Lebenskraft«. »TI.TI« war der Bauch – »der, von dem die Lebenskraft gehalten wird«. SCHI.IM.TI heißt wörtlich »Atem-Wind-Leben«; »Bit Schimti« – »das Haus, in dem der Wind des Lebens eingeatmet wird«. In sumerischen Keilschrifttexten ist es das Haus, in das sich Enki und die Muttergöttin Mammi oder NIN.TI (»Schöpferin des Lebens«) begaben, um den »lulu« zu erschaffen und ihm, wie es in der Bibel heißt, »den Lebensodem in die Nase« zu blasen. Der Name Adam (wörtlich: »dunkelrote Erde«) hat drei Bedeutungen: »der Irdische«, »der aus dunkelroter Erde Gemachte« oder »der aus Blut Gemachte«.

Der amerikanische Orientalist Zecharia Sitchin sieht in diesen Beschreibungen die konkrete Überlieferung einer Retortenzeugung: Das Ei eines Primatenweibchens sei mit dem Sperma und den Genen eines Anunnaki-Gottes befruchtet worden, später einer Anunnaki-Frau implantiert und von ihr ausgetragen worden. Das würde die Mythen von den »zwei Adams« erklären: Der »irdische Adam« war das Produkt dieser Verbindung – so, wie der mythische Gilgamesch –: »zu zwei Dritteln Gott, zu einem Drittel Mensch«. Der »himmlische Adam« aber ist sein Vater – Enki. Ein Astronaut von Nibiru, jenem Planeten, den wir Phaethon nennen. Er ist das »missing link«, das fehlende Bindeglied, das zur Entstehung des Menschen führte.

»Darauf pflanzte Gott, der Herr, einen Garten in Eden gegen Osten und versetzte dorthin den Menschen, den er gebildet hatte... Gott, der Herr, nahm den Menschen und setzte ihn in den Garten Eden, damit er ihn bebaue und erhalte« (Gen 2,8–15), heißt es in der biblischen Schöpfungsgeschichte. Der Mensch kam nach Sumer, um den Göttern zu dienen. Nach seinem erfolgreichen Einsatz in den afrikanischen Minen sollte er auch in Sumer ihr Sklave sein.

In den sumerischen Schöpfungsmythen gibt es ein fast gleichlautendes Gegenstück zu dieser Bibelstelle. Es lautet:

»Nachdem Anu, Enlil, Enki und Sud
die Schwarzköpfe (Menschen) erschaffen haben,

vervielfältigten sie blühende Vegetation im ganzen Land,
kunstvoll erschufen sie vierbeinige Tiere;
In den E.DIN setzten sie sie.«

Es gibt genaue Hinweise, zu welcher Zeit das geschah. So
datierte der babylonische Geschichtsschreiber Berossus den
Beginn der »Herrschaft der Götter« über das Zweistromland – also die Ankunft der Außerirdischen in Eridu – auf
432 000 Jahre »vor der großen Flut«, also auf etwa 442 000
v. Chr. Das deckt sich mit den sumerischen Königslisten, in
denen es heißt:

»Als das Königtum vom Himmel kam,
war Eridu das erste Königtum.
A.LU.LIM wurde König in Eridu,
er herrschte 28 800 Jahre.
A.LAL.GAR herrschte 36 000 Jahre.
Diese zwei Könige herrschten 64 800 Jahre.
Eridus Königtum wurde auf Bad Tibira übertragen.
EN.MEN.LU.AN.NA herrschte in Bad Tibira
43 200 Jahre;
EN.NEN.GAL.AN.NA herrschte 28 000 Jahre.
Der göttliche Hirte DU.MU.ZI herrschte 36 000 Jahre.
Drei Könige herrschten 108 000 Jahre ...
Acht Könige herrschten 241 200 Jahre.
Dann kam die Flut.«

Immerhin sind das 414 000 Jahre »vor der Flut«.
144 000 Jahre oder 40 »schars«, das heißt Perioden zu je
3600 Jahren nach dem »Herabstieg« auf die Erde, »erdul-
deten« die Anunnaki »die Schwerarbeit« auf der Erde,
bevor sie revoltierten, heißt es im Schöpfungsepos der Sumerer. Legen wir 442 000 beziehungsweise 426 000 v. Chr.

als das Datum ihrer Ankunft auf der Erde fest, muß ihr Aufstand und damit die Erschaffung des Menschen vor rund 300 000 bis 280 000 Jahren stattgefunden haben – und das ist genau der Zeitpunkt, den die Paläoanthropologen und Biochemiker für das Entstehen des ersten Homo sapiens angesetzt haben.

Auch für den biblischen Sündenfall finden wir in den sumerischen Texten eine Bestätigung. Danach waren die ersten Menschen, wie alle Hybriden, noch zeugungsunfähig. Sie wurden von den Anunnaki »nach Bedarf« durch weitere künstliche Befruchtungen vervielfältigt. Es war der auf sumerischen Rollsiegeln als Schlangengott dargestellte Enki, der aus dem »lulu« eine intelligente und selbständige Erdbevölkerung erzeugen wollte, während es Enlil um die Kontrolle über den Planeten ging. Vielleicht – eine Katastrophe vorausahnend – wollte er hier einmal die Bevölkerung von Nibiru ansiedeln. Die leider nur fragmentarisch erhaltene »Geschichte von Adapa« scheint dafür die Erklärung zu liefern. Es heißt darin, daß Enki den Menschen mit Hilfe seines eigenen Samens zu einem neuen »Mustermenschen« fortentwickelte, den er Adapa nannte. Er war in allem den Göttern gleich, bis auf die Unsterblichkeit:

»Mit großem Verständnis vervollkommnete er ihn,
Weisheit (hatte er ihm verliehen) ...
Ihm hatte er Wissen gegeben,
ewiges Leben hatte er ihm nicht gegeben.«

War dies die »verbotene Frucht« vom »Baum der Erkenntnis«, die Adam und Eva von der so verständnisvollen Schlange angeboten wurde? Enlil, so heißt es im Adapa-Epos, geriet außer sich, als er von Enkis Versuch erfuhr. Er forderte die sofortige Vernichtung des »denkenden Menschen«. Anu, der von Adapas Intelligenz beeindruckte Herrscher der Anunnaki, sollte richten. Enlil mußte sich damit abfinden. Dennoch vertrieb er die Menschen aus seinem Herrschaftsgebiet, dem »Garten E.DIN«.

»Er vertrieb den Menschen, ließ ihn östlich vom Garten Eden wohnen«, heißt es in der Bibel (Gen 3, 24) – in den Berggebieten im östlichen Mesopotamien, dort, wo wissenschaftlichen Erkenntnissen zufolge die menschliche Kultur entstand.

Der Mensch war jetzt selbständig geworden und dabei, sich zu zivilisieren. Er hatte seine geschlechtliche Natur und seine Fortpflanzungsfähigkeit entdeckt, »erkannte« seine Nacktheit und daß er mit dem »Fluch« belegt war, fortan »unter Schmerzen Kinder zu gebären«. Adam und Eva zeugten Nachkommen. Die Bibel spricht von zehn Generationen vor der Sintflut. Es war die Zeit, in der die »Göttersöhne«, das »Volk des schem«, mit den Menschentöchtern verkehrten, die Zeit der Präsenz der »Götter« auf Erden. Sie endete abrupt, als »die Himmel erschüttert« wurden, der »Planet der Götter«, Nibiru oder Phaethon, explodierte.

3

Raumfahrt vor der Steinzeit

Durchforsten wir die ältesten Überlieferungen der Menschheit – die der Sumerer, Inder, Chinesen, Ägypter und vieler anderer –, fällt uns im Zusammenhang mit der Möglichkeit des Fliegens immer wieder eine mysteriöse Symbolik auf, nämlich metallisch glänzende Vögel, Drachen, fliegende Schilde, eiserne Schlangen, fliegende Wagen und Schiffe. Entstammen sie etwa nur einer dichterischen Phantasie oder handelt es sich vielmehr um symbolisierte Beschreibungen handfester Fluggeräte, die interplanetarische Reisen durchführten?

Als erste übertrug die Internationale Akademie für Sanskrit-Forschung in Mysore, Indien, den Sanskrit-Text von M. Bharadwaja, einem Seher der Frühzeit, in moderne Terminologie. Hier wird zum Beispiel in acht Kapiteln die Herstellung von verschiedenen Typen von Fluggeräten – sogenannter Vimanas – beschrieben, die nicht nur auf der Erde bequeme Flüge, sondern auch störungsfreie interplanetarische Reisen ermöglichten.

Der Sanskrit-Text berichtet unter anderem im einzelnen über das Geheimnis, unzerbrechliche Flugmaschinen zu bauen, die kein Feuer fangen können; diese stillstehen zu lassen, ja sogar unsichtbar zu machen; das Geheimnis, Gespräche und Geräusche in Apparaten des Feindes mitzuhören; das Geheimnis, das Innere von feindlichen Flugobjekten bildlich festzuhalten; die Richtung festzustellen, aus der sich feindliche Flugmaschinen nähern; ihre Besatzung zu betäuben, und das Geheimnis, feindliche Flugmaschinen zu zerstören. Showaka zufolge sind sechzehn verschiedene Metallsorten zum Bau von Flugmaschinen geeignet, die Licht und Hitze absorbieren. Von großen indischen Weisen wurde dafür sogar ausschließlich die Verwendung dieser Metalle empfohlen.

Wen diese – zugegebenermaßen – technisch einfache Beschreibung der prähistorischen Aeronautik nicht überzeugt, der sollte sich durch die sumerische Keilschrift-Überlieferung im Zusammenhang mit der Aero- und Astronautik eines Besseren belehren lassen. Denn hier ist ziemlich eindeutig die Rede von Flugzeugen, Raketen, Shuttles und Mutterschiffen. Nicht genug damit, werden Raum-Flughäfen, Kommunikationszentren, Sende- und Empfangsanlagen sowie wichtige Navigationspunkte beschrieben. Als Schöpfer dieser unglaublichen Technologie kommen immer wieder die Anunnaki zur Sprache.

Für George Smith vom Britischen Museum in London war es eine Herkulesarbeit, Zehntausende von Tontafeln und Tontafelfragmenten der in Ninive von Layard ausgegrabenen Bibliothek des Assurbanipal zu sortieren und zu katalogisieren. Peinlich genau ordnete und übersetzte er Tafel um Tafel. Er glaubte seinen Augen nicht zu trauen, als ihm eines Tages ein Fragment in die Hände fiel – ein Bericht über die Sintflut, der stilistisch und sprachlich um 2000 v. Chr. in Babylon verfaßt worden sein mußte. Vom Smithschen Enthusiasmus mitgerissen entschloß sich das Britische Museum, die Unkosten für eine Reise zur Ausgrabungsstätte zu tragen – eine Investition, die sich lohnte. Denn der Fund einer zufriedenstellenden Anzahl weiterer Tafeln und Fragmente ermöglichte es Smith, die Texte zu rekonstruieren und die Reihenfolge der Tafeln festzulegen. Als Smith das Ergebnis seiner mühsamen Arbeit 1876 veröffentlichte, konfrontierte er die Fachwelt mit einer Sensation: mit einer »chaldäischen Darstellung der Sintflut«, die mindestens 1500 Jahre älter war als die in der Bibel. Darin heißt es:

»Alle furchtbaren Stürme kamen zusammen,
die Sintflut, die vernichtende, raste mit ihnen.
Als sieben Tage, sieben Nächte
die Sturmflut im Lande gerast hatte,
die gewaltige Arche auf dem großen Wasser schwankte,

kam der Sonnengott hervor, Himmel und Erde erleuchtend.
Ziusudra öffnete eine Luke der gewaltigen Arche.
Das Licht des Helden Utu trat ein in die gewaltige Arche.
Ziusudra, der König,
warf sich nieder vor Utu.
Einen Ochsen schlachtete der König,
Schlachtopfer brachte er dar.«

ZIU.SUDRA, im Akkadischen Utanapishtim genannt – der
König von Schurrupak –, verkörperte den sumerischen
Noah. Ebenso wie dieser wurde er vor der Flut gewarnt, von
Gott aufgefordert, eine Arche zu bauen. Im ausführlicheren
sumerischen Bericht wird dagegen der Konflikt der Götter
beschrieben, die von dem drohenden Unheil wußten. Dar-
aus geht hervor, daß Enlil die Menschheit der Katastrophe
ausliefern wollte, weil ihm ihr rasches Anwachsen gegen
den Strich ging. Aber Enki setzte sich für ihre Rettung ein.
Er ermunterte Enlil, ein »Sulili« zu bauen, also ein ringsum
mit Teer versiegeltes, überdachtes Schiff: ein MA.GUR.-
GUR, das heißt ein »Schiff, das schlingern und (von den
Wellen) umhergeworfen werden kann«.
Utanapishtim wurde von Enki befohlen, »den Samen alles
Lebendigen« an Bord zu schaffen. Dann brach die Katastrophe herein:

»Der Mond verschwand...
Das Aussehen des Wetters änderte sich.
Der Regen röhrte in den Wolken...
Die Winde wurden wild...
Die Sintflut brach herein.«

Utanapishtim landete am Berg Ararat, so wie Noah. Da die
Anunnaki die Erde während der Katastrophe verlassen

hatten, sahen sie aus dem Orbit auf sie herunter und berieten sich:

»Der große Anunnaki, der das Schicksal bestimmt,
beriet sich mit ihnen über das Land.
Sie, welche die vier Bereiche geschaffen,
die Niederlassungen errichtet hatten und das Land überblickten,
sie waren zu hoch oben für das Menschengeschlecht.«

Sie entschieden, zwischen sich und den Menschen die Könige und Priester als Vermittler einzuschalten. »Das Königtum stieg vom Himmel herab« und beauftragte die Menschen, als erstes die von der Sintflut zerstörten Städte wieder aufzubauen: »Laßt die Ziegel aller Städte an den geweihten Plätzen liegen, laßt sie an heiligen Stätten ruhen.«
Das Land wurde in vier Gebiete aufgeteilt. Die Menschen erhielten Ägypten, das Zweistromland und das Industal. Aber das vierte Gebiet – TIL.MUN – war den Göttern vorbehalten. Es reichte von der Sinaihalbinsel bis zum Libanon und stellte das sogenannte »Heilige Land« in der Bibel dar, wie sich später herausstellen wird. Es sollte der Befehlsgewalt des Gottes Schamasch unterstellt werden. Und Utanapishtim wurde fortan die Gnade gewährt, im »Land der Götter« zu leben und – wie diese – Unsterblichkeit zu erlangen.
Als Smith die Übersetzung der Tontafeln und Tafelfragmente vollendete, wurde ihm bald klar, daß die Schilderung der Sintflut nur einen Teil *der Geschichte* behandelt, die sich als das älteste Epos der Weltliteratur herauskristallisieren sollte. Darin wird von einem König berichtet, der auf seiner Suche nach der Unsterblichkeit schließlich zu Utanapishtim in Tilmun kam.

Zuerst vermutete Smith hinter dem Helden des Epos Nimrod, »den ersten Gewaltherrscher auf Erden« (wie ihn die Bibel nennt), der sich mit dem »Turmbau zu Babel« einen »schem« errichten wollte. Daher nannte der Brite den Text das »Nimrod-Epos«. Heute wissen wir, daß der richtige Name des Helden Gilgamesch lautet, von dem es heißt:

»Geheime Dinge hat er gesehen,
was verborgen dem Menschen ist, kennt er.
Er hat sogar Nachrichten gebracht
von den Zeiten vor der Sintflut.
Er unternahm auch die Reise ins (Ferne)
beschwerlich und unter Schwierigkeiten.
Er kehrte zurück und schrieb all seine Mühsal
auf seine steinerne Säule.«

Der große kaukasische Eingeweihte Georg Iwanowitsch Gurdjieff schrieb in »Begegnungen mit bemerkenswerten Menschen«, sein Vater habe ihm Geschichten erzählt, die seit Urzeiten von Generation zu Generation überliefert worden seien und die sich als Nacherzählungen des Gilgamesch-Epos erwiesen hätten. Somit überdauerte das größte literarische Erbe des Zweistromlandes 5000 Jahre. Gilgamesch wurde also letztlich doch unsterblich.

Dem Heldenepos zufolge war Gilgamesch ein Abkömmling des großen Gottes Schamasch, der Sippar gründete. Nach der Flut hatte ihm eine Menschenfrau einen Sohn geboren, der später Hohepriester des Tempels von An wurde – bis er von seinem Vater den Auftrag erhielt, die Stadt Uruk zu gründen. Er regierte 324 Jahre und sein Sohn 420 Jahre. Als Gilgamesch – Sohn des Königs von Uruk und der Göttin NIN.SUN – den Thron bestieg, war er der fünfte Herrscher der Stadt. Er war »zu einem Drittel Mensch und zu zwei

Dritteln Gott«. Ebenso wie seine Vorfahren war er ein weiser Herrscher, König einer »parlamentarischen Monarchie«, damit Exekutive des Ältestenrats des Parlaments von Uruk. Demnach war er ein Heimatloser, ein Zwitter, der seinen Platz in der Welt von Göttern und Menschen zu finden suchte. Zu seiner Ablenkung kommt sein Antipode ins Spiel: ENKI.DU – »Enkis Geschöpf«. Halb Mensch, halb Tier ist er – nackt, struppig, am ganzen Körper behaart. Sie treffen aufeinander, es kommt zur Konfrontation, werden dann Freunde – Gegensätze vereinen sich, Stadt und Land, »Gottmensch und Tiermensch«.

Vorher war Enkidu einer Tempelprostituierten begegnet. Er liebt sie sechs Tage und sieben Nächte lang, bis er, von ihren Reizen gesättigt, zum Menschen wird. Er geht zu den Tieren, mit denen er vorher lebte, doch sie fliehen vor ihm. Der Naturmensch hat seine Unschuld verloren. Er hört von Gilgamesch, geht in die Stadt Uruk und trifft ihn dort. Der Prozeß der Zivilisation setzt ein, mit der Botschaft: Durch die Liebe unterscheidet sich der Mensch vom Tier. Kraft der Liebe überwindet Enkidu schließlich die Gegensätze bei der Konfrontation mit Gilgamesch.

Enkidu, dem Freund, offenbart Gilgamesch nun seine Angst vor dem Tod. Enkidus »Augen füllten sich mit Tränen, weh ward ihm ums Herz«. Dann rät er dem Freund, die Wohnung der Götter aufzusuchen. Dort müsse er das Ungeheuer Chumbaba töten, von dem sie bewacht werden. Der Gott Schamasch würde ihm dann einen den Göttern gleichen Rang verleihen: Unsterblichkeit – das Privileg der Götter.

»Als die Götter den Menschen erschufen,
teilten den Tod sie der Menschheit zu,
nahmen das Leben für sich in die Hand...«

So heißt es im Gilgamesch-Epos. Die darin wieder erwähnte, unbegreiflich lange Lebensspanne der »Gott«-Könige vor der Flut verleitet zu der Vermutung, daß zu jener Zeit Methoden der Lebensverlängerung bekannt waren. Gilgamesch muß sich also zur »Wohnung der Götter« begeben, die – wie Enkidu weiß – im Zederngebirge zu finden ist:

»Ich erfuhr es, mein Freund, im Steppenland,
da umher ich streifte mit den Tieren:
Auf sechzig Doppelstunden liegt unberührt der Wald –
Wer ist's, der hinab in sein Inneres steige?
Chumbaba – sein Brüllen ist wie eine Flut,
Feuer sein Rachen, sein Atem der Tod ...
Zu bewachen den Zedernwald hat Enlil ihn
als Schrecknis bestimmt für die Sterblichen!
Und wer hinab in den Wald steigt – Lähmung packt ihn!«

Allein die Tatsache, daß die Götterbasis im Zedernwald von Chumbaba vor den Sterblichen bewacht werden muß, weckt natürlich Gilgameschs Neugier und bestärkt ihn in seinem Vorsatz, zum »Himmelshafen« der Anunnaki vorzudringen:

»Wer, mein Freund, könnte zum Himmel aufsteigen?
Götter nur thronen ewig mit Schamasch;
Der Menschen Tage aber, sie sind gezählt,
was immer sie wirken, nur eitel Wind ...
So will ich denn ziehen, dir voran ...
meinen *schem* richte ich auf.«

Meinen »schem«? Was ist gemeint, ein »Raketenschiff« oder eine Stele (auch »konischer Gedenkstein«)? Das Wort läßt jedenfalls beide Deutungen zu. Trotz des Einspruchs der Ältesten von Uruk lassen sich Gilgamesch und sein Gefährte Enkidu nicht von ihrem Vorhaben abbringen. Sie machen sich auf den Weg, »nähern« sich dem Land des Zederngebirges, dem Libanon nach 150 Doppelstunden (1 Doppelstunde = rund 10,8 km). Gilgamesch fällt auf die Knie, betet zu seinem Gott:

»Laß mich gehen, Schamasch.
Meine Hände sind im Gebet erhoben ...
Zum Landeplatz, gib den Befehl!
Und nimm mich unter deinen Schutz.«

Der lange Marsch hat sie erschöpft. Nachdem sie ein Opfer dargebracht haben, legen sie sich zur Ruhe. Doch mitten in der Nacht schreckt Gilgamesch, am ganzen Leib zitternd, aus dem Schlaf auf. »Ging etwa ein Gott vorbei?« fragt er Enkidu schaudernd:

»Warum bin ich nur so entsetzt ...
Freund, das war, was ich sah, und es war entsetzlich:
Aufschrien die Himmel, das Erdreich dröhnte!
Der Tag erstarrte, die Finsternis kam heraus,
aufblitzte ein Blitz, Flammen schossen auf!
Dann verschwand die Glut, das Feuer erlosch.
Und alles Herniederfallende wurde zu Asche!«

Erlebte Gilgamesch von der »Wohnung der Götter« aus mit, wie ein »mu« – eine Rakete – startete? So furchterregend das Erlebnis auch gewesen sein mochte, schreckt es die Freunde dennoch nicht ab, ihren Plan auszuführen. Sie setzen ihren Weg abwärts fort, passieren »tödliche Waffenbäume«, erreichen endlich das von Enkidu erwähnte Tor:

»Sie staunen am Eingang des Waldes.
Wo Chumbaba zu gehen pflegte, war eine Fußspur,
ganz gerade verliefen die Spuren, ein Feuerkanal.
Sie sehen den Zedernberg, die Wohnstätte der Götter,
die Schneisen Ishtars.«

Sie warten auf das Ungeheuer Chumbaba.

»Mit seinen Fußsohlen stampft es auf die Erde,
erschüttert Hermon und Libanon.
Da wurde schwarz und weiß Gewölk,
der Tod regnet wie Nebel auf sie herab.«

An dieser Stelle sind die Tontafeln leider zu schlecht erhalten, um daraus entnehmen zu können, wie Gilgamesch sich des »Ungeheuers mit den tödlichen Strahlen« erwehrte. Es konnten nur einige rätselhafte Hinweise auf »Lichtglanzstrahlen« entziffert werden, die Chumbaba offenbar gegen Gilgamesch einsetzte. Giftgas? Tödliche Strahlung? Chumbaba war mit Sicherheit kein mythisches Ungeheuer, kein Urweltdrache, sondern aller Wahrscheinlichkeit nach ein maschineller »Roboter« zur Verteidigung. Diesen Kampf konnte Gilgamesch nur mit Hilfe eines »Wirbelwindes« gewinnen, den ihm der Gott Schamasch zur Rettung sandte:

»Erschlagen hatte er den Schurken des Waldes, . . .
jetzt öffnete er die verborgene Wohnung der Anunnaki.«

Tief befriedigt über den Sieg, wenn auch vom Kampf mitgenommen, legen die Gefährten eine Rast ein. Gilgamesch reinigt seine Waffen, wäscht sich und wechselt sein Gewand. Als er seinen Kopf mit der Königskappe bedeckt, zeigt sich ihm die Göttin Ishtar, deren »Schneisen« an diesem Ort verlaufen – Ishtar, die in ihrem MU umherfliegt. Und von der in Versform zu lesen ist:

»Herrin, die du in deinem MU
Fröhlich dich schwingst in Himmelshöhen.
Über alle die ruhenden Orte
fliegt sie in ihrem MU.«

In altsumerischen Darstellungen ist Ishtar in ihrem »Himmelsgewand« festgehalten, das verblüffende Ähnlichkeit mit einem Raumanzug aufweist.

Nichtsahnend haben Gilgamesch und Enkidu ihre Lagerstätte an der Einflugschneise von Ishtar errichtet, die zur »Wohnstätte der Götter« führt. Nun steht Ishtar plötzlich vor Gilgamesch – verliebt sich in ihn. Als sich der Held ihrem Werben widersetzt, verflucht ihn Ishtar. Sie bittet den Gott Anu, den »Himmelsstier« – GUD.AN.NA – auf Gilgamesch zu hetzen. Die beiden Freunde werfen ihre Pläne über den Haufen und flüchten umgehend. Doch kurz vor Uruk stößt der Stier, »Anus Angreifer« mit Namen, auf die beiden herab. In aller Eile trommelt Gilgamesch in der Stadt seine Krieger zusammen. Enkidu indes stellt sich dem Monster. Wutentbrannt wühlt es mit seinem Schnauben einen Krater ins Erdreich, wie ein Sturmwind bläst es Enkidu hinein. Doch diesem gelingt es, wieder herauszuklettern und den Himmelsstier zu töten.

Geht es hier um einen Mythos, eine uralte Götter- und Heldensage – oder beruht das Gilgamesch-Epos auf einem antiken, mythologisch aufgearbeiteten Tatsachenbericht? Festgelegt ist jedenfalls, daß Gilgamesch vor 4900 Jahren gelebt hat und daß sein Name als Herrscher von Uruk in den sumerischen Königslisten verzeichnet ist. Sollte sich also die Spekulation, daß es sich bei dem »Wohnsitz der Götter« um einen prähistorischen Raumflughafen handelte, als richtig erweisen, müßten darauf im Libanon noch Hinweise zu finden sein.

Am Ostrand der fruchtbaren Libanonsenke, in der Nähe der Quellen des Leontes (Nahr el-Litani) und des Orontes (Nahr el-Assi), befindet sich auf einer 1150 Meter über dem Meeresspiegel liegenden Anhöhe die größte Tempelruine der antiken Welt – der Tempel von Baalbek. Die Säulen seines 63 v. Chr. begonnenen Jupitertempels sind 20 Meter hoch. Sechs von ihnen stehen immer noch und sind heute das Wahrzeichen der Stadt Baalbek. Der Jupitertempel stellte das Zentrum einer quadratischen Tempelanlage von 850 Metern Seitenlänge dar. Und mit 300 Metern Länge war seine Grundfläche zwölfmal so groß wie die des Parthenon-Tempels der Akropolis von Athen. Nachdem Kaiser Wilhelm II. Baalbek 1897 besucht hatte, beauftragte er deutsche Archäologen mit der Ausgrabung und der Rekonstruktion der Anlage. Die Arbeiten auf der Tempelplattform wurden von 1900–1904 durchgeführt.
Dabei stellte sich heraus, daß es an dieser Stelle vor dem Jupitertempel schon andere, ältere Tempel gegeben hatte. Die Römer schleiften sie, um auf ihren Mauern Tempel für ihre eigenen Götter zu errichten. So verehrten die alten Griechen hier ihren Sonnengott Helios, der in einem Himmelswagen den Horizont überquerte und – ihren Erzählungen nach – hier heruntergekommen sei, um zu rasten. Baalbek wurde von ihnen umgetauft: So trug die Stadt während der gesamten römisch-griechischen Antike als Wallfahrtszentrum den Namen Heliopolis, die »Sonnenstadt«.
Der römische Schriftsteller Macrobius (um 400 v. Chr.) berichtet in seinen »Saturnalien« (I,23), schon die Assyrer hätten hier ihren Sonnengott namens Adad verehrt. Adad,

der Sohn des Enlil und Bruder der bereits erwähnten Liebes-
göttin Ishtar, wurde Herrscher der »Bergländer des Nor-
dens«. Aphrodite, der griechischen Göttin der Liebe und
Nachfolgerin der sumerischen Ishtar, wurde auf der Tempelplattform von Baalbek ein Rundtempel geweiht. Adad,
der himmlische Wagenlenker, trug bei den Sumerern den
Namen Schamasch. Hier schließt sich der Kreis, wir sind
wieder beim Gilgamesch-Epos angelangt: Könnte Baalbek
der Landeplatz der Anunnaki gewesen sein?

Die Plattform von Baalbek, auf der später die römischen
Tempel errichtet worden sind, besteht aus gewaltigen Monolithen. So sind die drei größten jeweils 20 Meter lang, vier
Meter hoch und drei Meter breit, zudem wiegt jeder einzelne weit über 1000(!) Tonnen. Im übrigen sind diese gigantischen Quadersteine nicht nur weit älteren Datums als
die übrigen der Tempelplattform, sondern auch doppelt so
schwer. Eine Informationsbroschüre des libanesischen
Fremdenverkehrsministeriums gibt darüber die Erklärung:
»Vor dem Transport der gewaltigen Saturn V-Rakete waren diese Steinquader das Schwerste, was je durch Menschen fortbewegt werden mußte. Aber jeglicher Hinweis auf
einen Transportweg zwischen dem Steinbruch und dem
Tempelgelände fehlt. Es ist bis heute ein Rätsel, auf welche
Weise die Monolithen hinbefördert wurden.«
Halb von Erdreich verdeckt, liegt etwas entfernt vom Tem-
pelgelände der berühmte »Hadjar el Gouble« – der 23 Me-
ter lange, fünf Meter hohe und vier Meter breite »Stein des
Südens«. Expertenschätzungen zufolge muß er zwischen
1200 und 2000 Tonnen wiegen. Diesen größten je auf der
Erde bearbeiteten Monolithen könnte *kein* Kran heben.
Dennoch liegt er da, als sei er beim Terrassenbau von
Baalbek nicht mehr gebraucht worden. Hier stellt sich

natürlich vor allem die Frage, wie er überhaupt dorthin gekommen ist?

Darüber hinaus gehört zur Tempelanlage auch noch ein kunstreich angelegtes Tunnelsystem, das unter der Plattform verläuft. Diese Anlage wurde bereits vor einem knappen Jahrhundert von den deutschen Archäologen Georg Ebers und Hermann Guthe in ihrem Buch »Palästina in Bild und Wort« beschrieben: »Die Araber betreten die Ruinen an der südöstlichen Ecke durch einen langen, gewölbten Gang, der wie ein Eisenbahntunnel unter der großen Plattform verläuft. Zwei Gänge verlaufen parallel von Osten nach Westen und sind mit einem dritten verbunden, der sie von Norden nach Süden im rechten Winkel schneidet.« Nur hin und wieder erhellte »gespenstisch grüner Lichtschein« aus »merkwürdig geflochtenen Fenstern« die im Tunnelsystem vorherrschende Dunkelheit. Nach etwa 150 Metern konnten die Tunnel verlassen werden, draußen erhob sich die Nordmauer des Sonnentempels – von den Arabern »Dar-as-saadi«, »Haus der höchsten Seligkeit« genannt.

Für die Araber war der Tempel von Baalbek das älteste Gebäude der Welt. Überlieferungen zufolge soll er bis auf Adam und Eva zurückgehen, die nach ihrer Ausstoßung aus dem Garten Eden in der Umgebung von Damaskus gelebt haben sollen. Damaskus erhebt den Anspruch, die »älteste Stadt der Welt« zu sein, da Adam sie gegründet habe. Der vom Papst 680 n. Chr. zum Patriarchen ernannte Johannes Maro (nach dem die christliche Sekte der Maroniten ihren Namen erhielt) bestätigte diese Legende folgendermaßen: »Kain, der Sohn des Adam, erbaute die Stadt im Jahre 133 der Schöpfung in einem Anfall von Wahnsinn. Er gab ihr den Namen seines Sohnes Henoch und bevölkerte sie mit Riesen, die für ihre Frevelhaftigkeit mit der Sintflut bestraft wurden.«

Wie bereits erklärt wurde, sind die »Nefilim« die »Riesen« der Juden und die Anunnaki die der Sumerer – »die, die vom Himmel zur Erde gekommen sind«. Maro zufolge soll der biblische Nimrod die Festung nach der Sintflut wieder aufgebaut haben, da er »den Himmel zu erreichen trachtete«. Ist hiermit möglicherweise ein Hinweis auf den Turm zu Babel gegeben? Danach wäre er nicht in Babylon, sondern auf der Tempelplattform von Baalbek errichtet worden. Interessanterweise haben einige Bibelexperten Nimrod mit Gilgamesch gleichgesetzt.

Wie lautet die Legende vom Turmbau zu Babel in Wirklichkeit? Nach der Sintflut, in der die Städte der Anunnaki im Zweistromland davongeschwemmt wurden, ward das Land neu besiedelt. Während die Götter sich neue Gebiete suchten, siedelten sich die Menschen in Sumer an, erbauten unter Anleitung der »Himmlischen« ihre Städte auf den Ruinen der göttlichen Siedlungen. »Als man vom Osten her aufbrach, fand man im Land Sinear eine Ebene und wohnte daselbst«, heißt es in der Bibel (Gen 11,1–4). »Sie sprachen zueinander: ›Wohlan, laßt uns Ziegel streichen und sie hart brennen!‹ und es diente ihnen der Ziegel als Stein, und das Erdpech diente ihnen als Mörtel. Dann riefen sie: ›Auf, laßt uns eine Stadt und einen Turm bauen, dessen Spitze bis in den Himmel reicht! Wir wollen uns einen schem machen...‹« Widerspiegelt sich hier die Geschichte von Gilgamesch, dem Erbauer der Mauern von Uruk, der sich einen schem machen wollte, um Unsterblichkeit zu erlangen, um »den Himmel zu erreichen«?

Der Name »Baalbek«, den die Einheimischen nach dem Abzug der Römer aus der Region umgehend wieder aufnahmen, weist auf den Gott der Moabiter hin, ein im Altertum lebendes semitisches Volk, das in der Landschaft Moab, östlich des Toten Meeres, beheimatet war. Damit ist ein weiterer Hinweis auf das »vorbiblische« Alter des Tempels gegeben. Im Alten Testament wird Baalbek nämlich auch »Beth Schemesch« genannt – Schamaschs Haus. Es gab ein »nördliches Beth Schemesch« – in anderen Worten: Baalbek – und ein südliches, das durch die unterägyptische Stadt Heliopolis verkörpert und von den Ägyptern »On« genannt wurde. Nach der Zerstörung des Tempels von Heliopolis durch den römischen Kaiser Theodosius, einen fanatischen Christen, erbauten die Moslems 200 Jahre später unweit des Tempelgeländes eine Moschee. Dieser Ort muß also für die Einheimischen von besonderer Bedeutung gewesen sein.

Der sowjetische Physiker M. Agrest schrieb bereits 1962 in der Zeitschrift »Literaturnaya Gazeta«: »Ich bin überzeugt, daß diese gewaltige Felsplattform, die Archäologen und Geologen seit langem Rätsel aufgibt, von intelligenten Wesen als Startplatz für Raumschiffe errichtet worden ist.« Als Start- und Landeplatz der »schems«? Einer Überlieferung nach soll tatsächlich ein Kampf zwischen dem Gott Baal (nach dem Baalbek seinen Namen erhielt) und seinem Widersacher Mot wegen eines »strahlenden Steins« stattgefunden haben. Dieser strahlende Stein ermöglichte es Baal, sowohl mit dem Himmel als auch mit jedem Ort auf der Erde Verbindung aufzunehmen:

»Es ist ein Ding, das Worte aussendet,
ein Stein, der flüstert.
Die Menschen werden seine Botschaften nicht kennen,
die Massen auf Erden sie nicht verstehen.«

Nach der Sage thronte Baal auf den »Höhen von Zaphon«, dem »Felsengipfel im Norden« – ein Hinweis auf Baalbek. Baal plant, den »strahlenden Stein« zu »errichten in meiner

Höhle auf dem hohen Zaphon«, in der »fernen Grube der Söhne der Götter«. »Zwei Öffnungen hat sie unter dem Auge der Erde und drei breite unterirdische Gänge«. Auch Ebers und Guthe beschrieben »drei unterirdische Gänge« – von der Breite eines Eisenbahntunnels. Sein Widersacher Mot befürchtete, daß Baal damit über die Welt herrschen würde. Er tötete den Gott also in einem dramatischen Zweikampf. Doch wie in so vielen orientalischen Auferstehungsmythen, kehrt auch Baal von den Toten zu den Lebenden zurück.

Möglicherweise diente der »flüsternde Stein« als Vorbild für die in den Kulturzentren des Mittelmeers benutzten Orakelsteine – »Nabel« genannt. Dabei muß erwähnt werden, daß sowohl das deutsche Wort »Nabel« als auch das englische »navel« auf das Sanskritwort »nabh« zurückzuführen ist, das »stark ausstrahlen« bedeutet. In den semitischen Sprachen heißt »naboh« voraussagen und »nabih« Prophet. Der Sumerologe Zecharia Sitchin folgert daraus, daß alle diese Auslegungen ihren Ursprung in der sumerischen Bezeichnung NA.BA(R) haben – gleichbedeutend mit »glänzend heller Stein, der erklärt«. Von den Sumerern, Babyloniern und Assyrern wurde die gesamte Levante – also die östlichen Mittelmeerländer beziehungsweise das sogenannte Morgenland – Tilmun genannt. Welchem Land der Sage wurde dieser Name entlehnt? Wo ist es zu suchen, im Industal, im Bereich der Bahrain-Inseln, im Jemen oder in Ostafrika? Tilmun hat beinahe ebenso viele Rätsel aufgegeben wie das sagenhafte Atlantis.

»In Tilmun schreit der Rabe nicht,
der Löwe tötet nicht,
der Wolf schlägt nicht das Lamm,
unbekannt ist der Samen-verzehrende Bär.

Der Kranke sagt nicht ›Ich bin krank‹,
Die Alte sagt nicht ›Ich bin alt‹,
Der Alte sagt nicht ›Ich bin alt‹«,

heißt es in einem sumerischen Vers. Es ist am »Munde der
Flüsse« gelegen – das könnte sich auf Baalbek beziehen, da
unweit davon zwei Flüsse entspringen. Wie der Libanon ist
es ein Bergland und der Ort, »wo Schamasch aufsteigt« –
der Startplatz der »Raketenschiffe«? Da Tilmun als reicher
Handelspartner der Assyrerkönige gerühmt wird, könnte
aber auch Phönizien gemeint sein.
Nachdem Enkidu den Himmelsstier besiegt hatte, beschlie-
ßen die Götter seinen Tod. Enkidu stirbt in der Gegenwart
von Gilgamesch. Der Verlust des Freundes weckt in Gilgamesch erneut das Verlangen nach Unsterblichkeit, zu den
Göttern aufzusteigen:

»In dem Land, das ich betreten will,
werde ich meinen schem errichten.
An dem Ort, wo die schems errichtet worden sind,
werde ich meinen schem errichten.«

Diesmal schlägt er den Südweg ein. Er zieht westwärts
durch die Steppe, bis er zum Sinai-Gebirge kommt, das seit
Urzeiten als »Berg Maschu« bekannt ist. Dort,

»wo sie täglich Aufstieg und Abstieg bewachen,
hoch oben verknüpft mit dem Himmelsband,
tief unten mit der Unterwelt,
halten »Skorpionmenschen« am Bergtor Wacht,
deren Furchtbarkeit ungeheuer ist,
deren Anblick Tod ist,
deren Schreckensglanz Berge überhüllt,

die über Schamasch wachen, wenn er auf- und
niedersteigt.«

Aber Gilgamesch darf passieren. »Auf dem Weg des Schamasch« tritt er »ins Bergtor ein«. Nach zwölf Doppelstunden gelangt er in einen künstlichen Garten aus Edelsteinen.
Eine zweite Basis auf dem Berg Sinai?
Auf den folgenden beiden Tafeln des Epos wird berichtet,
wie Gilgamesch von dort aus an das »Ufer des Meeres«
gelangt und von einem Fährmann, der im Lande Tilmun
lebt, zu Utanapishtim gebracht wird. »Ich will dir, Gilgamesch, etwas Verborgenes offenbaren. Ein Geheimnis der
Götter will ich dir enthüllen«, sagt der Ahnherr. Er erzählt
die Sintflutsage des Zweistromlandes, zeigt Gilgamesch die
Pflanze »Jung wird der Mensch als Greis«, die ewiges Leben
verspricht. Gilgamesch holt sie sich, tritt danach den Rückweg an. In der Wüste steigt er in einen Brunnen, um zu
baden. Eine Schlange riecht den Duft der Pflanze und trägt
sie fort. Gilgamesch ist verzweifelt – begreift jedoch, daß
Unsterblichkeit allein durch die Götter verliehen werden
kann.

Sitchin ging den Legenden über die Raumflughäfen der
»Götter« auf den Grund und kam zur Schlußfolgerung, daß
es um präzise Berichte über die Kolonisation der Erde durch
die Anunnaki geht. Der Orientalist untersuchte mit peinli-
cher Genauigkeit die Etymologie, also den Ursprung und
die Geschichte alter Götter- und Ortsnamen. So heißt
»TIL.MUN« »Land des Lebens« – aber das pfeilförmige
Symbol für »TIL« deutet auf eine zweite Interpretation hin:
»Land der Raketenschiffe«. Im Hebräischen heißt »TIL«
heute tatsächlich wieder »Rakete«. Noch interessanter aber
ist die Glyphe »GIR« – das Zeichen für einen »religiösen«

Gegenstand. Bisher ließ sich dafür nicht die geringste wissenschaftliche Erklärung finden. Von den Heiligtümern im Tempel des Utus in Sippar werden drei beschrieben: die »goldene Kugel«, das »GIR« und »alikruahrati«, das heißt wörtlich »Beförderer, der das Schiff bewegt«; also etwas, das unserem Motor entsprechen würde. Bei einer Interpretation der »goldenen Kugel« als Raumkapsel würde es sich hier um die Beschreibung einer Rakete handeln: Kapsel – Rakete – Motor.

Die Glyphe »GIR« läßt sich tatsächlich als die Form einer Rakete deuten. Die sumerische Glyphe für »Götter« wurde durch die beiden ineinandergefügten Zeichen GIR und DIN dargestellt. Wobei DIN »gerecht«, »rein«, »hell« heißt, aber das Piktogramm für DIN an ein vorne offenes Strahltriebwerk erinnert. Erst wenn das Rückende von GIR an das perfekt passende, offene Vorderteil von DIN »angekoppelt« wird, ergibt sich das Bild einer zweistufigen Rakete. DIN.GIR hat also den Sinn »die Gerechten« beziehungsweise »die Reinen mit den hellen (feurigen) Raketen«. Könnten damit die Kolonisatoren von Phaethon gemeint sein?

Nach der Sintflut, einer durch die Explosion des fünften Planeten hervorgerufenen, globalen Katastrophe bauten die Anunnaki neue Städte auf, weil ihre alten Stützpunkte im Zweistromland zerstört waren, glaubt Sitchin. Dort, wo früher ihre Städte standen, siedelten sich jetzt die Menschen an. Allerdings erhielten sie die »göttliche Ordnung« aufrecht, indem sie ihnen »Häuser« oder Tempel als Basen errichteten. Die Raumflughäfen wurden von den Anunnaki jedoch in abgelegene Gebirgsgegenden verlegt – auf den Berg Sinai und nach Baalbek. Dabei benutzten sie den weithin sichtbaren, 5156 Meter hohen Berg Ararat in Armenien als Navigationspunkt. Sitchin rekonstruierte, daß eine von Heliopolis in Ägypten nach Heliopolis – also Baalbek – im Libanon gezogene Verbindungslinie exakt auf den Berg Ararat ausgerichtet ist. Dieser biblische Berg dürfte einfliegenden Raumschiffen schon vor der Sintflut als Orientierungspunkt gedient haben, da er genau nördlich der »Vogelstadt« Sippar liegt, dem ersten Raumflughafen der Anunnaki. Nach Sitchin führte eine weitere Verbindungslinie vom Raumflughafen auf dem Sinai zum Berg Ararat, während eine dritte vom Katharinenberg auf dem Sinai nach Baalbek führte. Der Kreuzungspunkt beider war – Jerusalem.

Jerusalem ist eine der ältesten Städte der Menschheit. Schon vor 4000 Jahren, als Abraham die Stadt aufsuchte, war Jerusalem – das Salem der Bibel – uralt. »Melchizedek aber, der König von Salem, brachte Brot und Wein heraus; er war nämlich ein Priester des allerhöchsten Gottes.« (Gen, 14–18.) In ägyptischen Aufzeichnungen aus dem 19. und 14. vorchristlichen Jahrhundert wird Jerusalem unter dem Namen »Uruschalim« oder »Urusalim« als »Gründung des Gottes Schalim« – dem »Salem« der Bibel – erwähnt, den Experten mit dem sumerischen Gott Schamasch gleichsetzen.

Alter Überlieferung zufolge wird Jerusalem als der »Nabel der Welt« bezeichnet. Es liegt im Zentrum des von Sitchin rekonstruierten Luftkorridors, und seine drei Hügel heißen Zophim, Moria und Zion – »Berg des Beobachters«, »Berg des Wegweisers« und »Berg des Signals«. Kein Wunder, daß der Stadt, besonders aber dem Tempelberg, über Jahrtausende hinweg höchste Ehrfurcht erwiesen wurde. Drei Weltregionen – Juden, Christen und Moslems – nennen Jerusalem ihre Heilige Stadt. In Überlieferungen heißt es, Abraham habe seinen Sohn Isaak auf dem Tempelberg opfern wollen, und Mohammed landete dort nach seinem Ritt auf dem himmlischen Reittier. Gemeinsam mit Abraham, Moses und Jesus habe er hier vor seinem Aufstieg in den Himmel gebetet. Als die Juden nach dem Exodus Ägypten verließen und das gelobte Land besiedelten, hielten sie sich von Jerusalem aus Ehrerbietung zunächst fern. Erst durch David wurde die »Stadt der Jebusiter« erobert. Er machte sie zu seiner Hauptstadt – zur heiligen Stadt, zum Sitz der Bundeslade. Salomon, sein Sohn, ließ hier den Tempel bauen – auf demselben Gelände, auf dem noch heute der Felsendom steht.

Überlieferungen zufolge soll die Tempelplattform von Jerusalem ebenso untertunnelt gewesen sein wie die von Baalbek. Und in einer der vier Senken von Jerusalem, im Hinnomtal, lag einst zwischen zwei Palmen der Eingang zur Unterwelt. Das Tal Hizzajon galt als das »Tal der Vision«, das Kidron-Tal als »Tal des Feuers« und das »Rephaim-Tal« hatte seinen Namen nach den göttlichen Heilern – den »Helden der Vorzeit« erhalten. Im Haggadah steht darüber geschrieben:

»Die Nachkommenschaft der Verbindung
zwischen den Engeln (Nefilim) und den Frauen Kanaans
waren die Riesen, berühmt
für ihre Stärke und Sündhaftigkeit.
Sie haben viele Namen; einer davon
ist der Name Rephaim.«

Der in Beth Schemesch, in Baalbek geborene Rephaim Samson war einer der letzten »Halbgötter«, wie sie auch im alten Jerusalem gelebt haben müssen.

Einige Hinweise der Bibel scheinen Sitchins Theorie zu bestätigen, Jerusalem müsse das Kommunikationszentrum der Anunnaki (oder Nefilim) gewesen sein: »Jahwe wird von Zion brüllen; von Jerusalem wird seine Stimme ertönen«, weissagte der Prophet Amos, und der Psalmist versicherte: Wenn der Herr aus Zion spräche, würden seine Worte vom einen Ende der Welt bis zum anderen und auch im Himmel gehört. Und so heißt es im 29. Psalm:

»Die Stimme des Herrn ist über den Wassern . . .
Die Stimme des Herrn zerschmettert die Zedern . . .
Er läßt den Libanon hüpfen wie ein Kalb,
den Sirjon (Hebron) wie einen jungen Büffel.
Die Stimme des Herrn sprüht Feuerflammen.
Die Stimme des Herrn erschüttert die Wüste von Kadesh.«

Der Libanon mag in Beziehung zu Baalbek stehen, doch auf dem Berg Sinai, in der Nähe von Kadesch, lag, nach Sitchin, der zweite Raumflughafen der Anunnaki.

»Singet dem Herrn, preiset seinen schem,
Bahnt einen Weg ihm, der über die Steppen einherfährt! . . .
Der Wagen Gottes sind Zehntausende, Abertausende!
Der Herr kam vom Sinai ins Heiligtum gezogen . . .
Ihm, der hinfährt über den ewigen Himmel!
Siehe, er läßt seine Stimme ertönen, die mächtige
Stimme!«

So steht es im 68. Psalm geschrieben. – Von den Juden wurde der heilige Felsen des Tempelberges Eben Schethia genannt, der arabische Name ist »Harem asch-Scharif«. Heute liegt der Felsendom wie eine Krone über dem »erhabenen Heiligtum« – über dem »Stein, aus dem das Wort gewoben ward«. In einer apokryphen (nichtkanonischen) Schrift, dem »Buch der Jubeljahre«, werden die »vier Orte

Gottes auf Erden« genannt: »Der Garten der Ewigkeit« im Zederngebirge, der »Berg des Ostens« – der Ararat –, Sinai und Zion. Der Legende nach hat Moses das »Buch der Jubeljahre« auf dem Berg Sinai geschrieben, und so wird es auch »Offenbarung Mose« genannt. Theologen sind dagegen der Ansicht, daß zumindest die heutige Fassung aus dem 2. vorchristlichen Jahrhundert stammt:

»Der Garten der Ewigkeit, der allerheiligste,
ist die Heimstätte des Herrn;
und der Berg Sinai, im Zentrum der Wüste;
und der Berg Zion, der Mittelpunkt des Nabels der Welt.
Diese drei wurden geschaffen als heilige Plätze,
miteinander verbunden.«

Von der Bibel wird eine weitere Verbindung gepriesen – die Achse zu Heliopolis in Unterägypten, nahe der Königsstadt Memphis:

»Groß ist Jahwe und geheiligt
in der Stadt unsres Herrn ist sein heiliger Berg.
In Memphis ist Er schön.
Die Freude der ganzen Erde,
des Berges Zion und des Gipfels von Zaphon (Baalbek).«

Wie aber war es einfliegenden Piloten möglich, Orte wie Memphis oder Heliopolis ohne einen Berg als Orientierungspunkt oder ein anderes geographisches Merkmal anzusteuern? Sitchin ist der Ansicht, daß die Anunnaki aus diesem Grund in der Nähe von Memphis gleich drei künstliche »Berge« errichteten: die Pyramiden!
Das größte Bauwerk der Erde ist die Große Pyramide von Gizeh. In ihr hätten die fünf mächtigsten Dome und Kathe-

dralen Europas allesamt Platz: Nämlich die Peterskirche in Rom, die Dome von Mailand und Florenz, die St. Pauls-Kathedrale und die Westminster Abbey in London. Vor allem ist die Große Pyramide ein erstklassiger Orientierungspunkt: Als die Ingenieure von Kaiser Napoleon Unterägypten trigonometrisch vermaßen und kartografierten, benutzten sie die Spitze der Cheopspyramide als Brennpunkt. Tatsächlich liegt sie mit nur 1/60 Grad Abweichung exakt auf dem 30. Breitengrad. Die zweitgrößte Pyramide, die sogenannte Chephren-Pyramide, weicht sogar nur um 13/3600 Grad nach Süden davon ab. Ein Meisterwerk an Präzision, ist sie exakt nach dem Kompaß ausgerichtet. Ihre Seiten ragen im »vollkommenen« Winkel von etwa 52 Grad aufwärts. Das Verhältnis zwischen Höhe und Umfang der Pyramide entspricht dabei dem Verhältnis zwischen einem Kreisradius und dem Umfang des Kreises. Ihre Grundfläche nimmt ein genaues Quadrat ein. Auf dem eingeebneten Boden wurde eine riesige Plattform errichtet. Eines steht fest: Ihre Erbauer müssen geniale Mathematiker und Architekten gewesen sein.

Einst war die Cheopspyramide 146,6 Meter hoch. Ist es ein Zufall, daß diese Zahl der Entfernung Erde – Sonne in Millionen Kilometern entspricht? Ihre Seitenlängen betragen jeweils 230,30 Meter, gleich 440 ägyptischen Ellen. Ihr Kern besteht aus rund 2,3 Millionen gelben Kalksteinblöcken. Für die Bemantelung wurde weißer Kalkstein verwendet und für die Innenkammern, Galerien und Decken Granit. Jeder der Steinblöcke hatte ein Durchschnittsgewicht von zweieinhalb Tonnen. Die Gesamtmasse des Bauwerks wird auf 700 000 Tonnen geschätzt. Ihre durch die doppelte Höhe dividierte Grundfläche ergibt die berühmte Zahl Pi = 3,1416. Darüber hinaus liegt die Pyramide genau im Schwerpunkt der Kontinente. Ein sie durchlaufender Meridian würde das Verhältnis von Kontinenten und Ozeanen auf der Erde exakt angeben.

Die Pyramide – ein steingewordenes Rätsel. Bis heute weiß niemand, wie alt sie wirklich ist, wer ihr Erbauer war. Etwa der Pharao Khufu, griechisch Cheops (2551–2528 v. Chr.), der sie – wie der griechische Historiker Herodot behauptet – mit Hilfe von 100 000 Sklaven errichtete? Aber Cheops regierte nur 23 Jahre – kaum lange genug, um dieses Riesenbauwerk hochzuziehen. Allerdings lebte Herodot rund 2000 Jahre nach Cheops und hatte seine Informationen von ägyptischen Tempelpriestern erhalten, die etwa so dick auftrugen wie moderne ägyptische Fremdenführer. Dagegen behauptete der arabische Schriftsteller Masaudi im zehnten Jahrhundert: »Surid, einer der ersten Könige Ägyptens vor der Sintflut, erbaute die beiden größeren Pyramiden (»Cheops« und »Chephren«). Er hatte den Priestern befohlen, ihr gesamtes arithmetisches und geometrisches Wissen einzubringen.« Im 16. Jahrhundert dagegen verwies der arabische Historiker und Arzt Abu Sa'id el Balchi auf eine Inschrift, die er auf der (damals noch erhaltenen) Außenverkleidung der Pyramide entziffert hatte. »Die Inschrift gibt als Zeitpunkt der Erbauung jene Epoche an, in der sich das Sternbild Lyra im Zeichen des Krebses befand. Die Berechnung ergibt zweimal 36 000 Jahre vor der Hedschra« – der Flucht Mohammeds von Mekka nach Medina 622 n. Chr. Danach wäre die Pyramide über 73 000 Jahre alt.

Ägyptologen lehnen diese beiden jüngeren arabischen Datierungen ab. Sie verlassen sich einzig und allein auf die Aussagen von Herodot. Als Beweis führen sie die ockerfarbenen »Steinmetzzeichen« an, die von den zwei archäologischen Abenteurern Colonel Richard Howard Vyse (das »schwarze Schaf« einer englischen Aristokratenfamilie) und J. R. Hill (Oberaufseher einer Kupfermine) 1837 angeblich entdeckt wurden. Genauer gesagt: Die »Steinmetz-zeichen« tauchten immer dann auf, wenn Hill wieder einmal in einer der Kammern über der Königskammer »genächtigt« hatte, die Vyse durch Sprengung der Reihe nach aufbrach. Seltsam genug war die Tatsache, daß die Zeichen nur in den von Vyse und Hill entdeckten Kammern vorhanden waren, nicht aber in jener, die der britische Archäologe Davison 1765 entdeckt hatte. Die »Sensation« war perfekt als sich zu den reihenweise neu auftauchenden »Steinmetz-zeichen« eine Kartusche mit dem Königsnamen Chu-fu gesellte. Damit hatten Vyse und Hill »bewiesen«, daß Herodot recht hatte – daß tatsächlich Cheops der Erbauer der Großen Pyramide war!

Die Sache hatte nur einen Haken: Die Schrift, die einige der Steinmetzzeichen trugen, war teilweise hieratisch – eine Weiterentwicklung der Hieroglyphen, die es zu Cheops Zeiten noch *gar nicht gab.* Eine Kartusche glich gar auf erstaunliche Weise einer aus der 26. Dynastie – dem 6. Jahrhundert v. Chr! Wieder andere Hieroglyphen machten den Eindruck, fehlerhaft aus dem Lehrbuch abgepinselt worden zu sein. Der erste Konsonant von Ch-u-f-u, »Ch«, wurde als ausgefüllte Scheibe, als Sonnenscheibe dargestellt. Das aber war die Hieroglyphe »Re«. »Ch« gleicht einem Sieb. Seltsamerweise war in jenem Lehrbuch, das die Fachwelt damals nutzte – Wilkinsons »Materia hieroglyphica« – aus drucktechnischen Gründen das »Ch« ebenso wie »Re« als eine schwarze Scheibe gedruckt worden. Mehr noch: Die Kartuschen und Königstitel an den Wänden der Kammern sind ungenau, grob und bis zu 90 Zentimeter groß. Manche bedecken einen ganzen Steinblock. Sie stehen in grobem Widerspruch zu der Präzision der altägyptischen Hieroglyphen, wie sie in echten Steinmetzzeichen zu bewundern sind.

Wie erwartet: Im Rampenlicht der Öffentlichkeit stehend, fiel es dem Erfolgsteam Vyse und Hill nicht schwer, auch in der Chephrenpyramide ähnlich unsaubere »Pharaonennamen« zu entdecken. In der dritten Pyramide, die von Herodot dem Mykerinos zugeschrieben wurde, »fanden« sie sogar Fragmente eines Holzsarges mit der Aufschrift Menkew-re sowie einige Knochen. Nur zu peinlich, daß sich der Sarg als ein Modell der saitischen Epoche (6. Jahrhundert v. Chr.) herausstellte und die Knochen sogar als aus der frühchristlichen Epoche stammend. Und tatsächlich weist die Königsliste von Seti I. einen Pharao Menkew-Re auf – der aber lebte in der 6. Dynastie und nicht, wie Mykerinos, in der 4. Dynastie.

Betrachten wir die »Entdeckungen« von Vyse und Hill mit der nötigen Distanz, müssen wir freilich feststellen, daß sie rein gar nichts beweisen. Allerdings brachten sie Vyse Weltruhm und Hill einen beachtlichen Wohlstand ein – er kaufte sich gleich das Hotel Cairo. Aber das steht auf einem anderen Blatt.

Etwas ganz anderes besagt die einzige authentische Inschrift, die zumindest den Pharaonennamen Cheops erwähnt. Sie befindet sich auf der Kalksteinstele, die der französische Kunstsammler und Schriftsteller Jean Pierre Mariette Mitte des 19. Jahrhunderts in den Ruinen des Isis-Tempels, in der Nähe der Großen Pyramide entdeckte. Daraus geht hervor, daß Cheops den Tempel neben der Pyramide und dem Sphinx errichtete – beide also schon längst existiert haben.

»Er gründete das Haus der Isis, der Herrin der Pyramide, neben dem Haus des Sphinx«, heißt es dort wörtlich. Der Sphinx wird gewöhnlich erst dem Nachfolger des Cheops, dem Pharao Chephren, zugeschrieben. Der Stele ist zu entnehmen, daß sie von Cheops restauriert wurde, nachdem sie ein Blitzschlag beschädigt hatte. Weiter hat der Pharao erwähnt, daß er »neben dem Haus der Göttin« eine kleine Pyramide für seine Frau Henutsen errichtet habe. Mit keinem Wort aber bezeichnete er sich als Erbauer der großen Pyramide. Daraus ergibt sich die Konsequenz, daß zumindest die beiden großen Pyramiden – »Cheops« und »Chephren« – schon lange vor der Zeit der beiden Pharaonen standen, die von der Nachwelt für ihre Erbauer gehalten werden.

Diese Pyramiden sind viel älter und waren den Ägyptern zu heilig, um einem Pharao als Grab zu dienen. Von Cheops wird Isis als »Herrin der Pyramide« bezeichnet:

»Es lebe Horus Mezdau:
Dem König von Ober- und Unterägypten ist Leben gegeben.
Für seine Mutter Isis, die göttliche Mutter,
Herrin von Hathors Westberg,
setzte er Schrift auf diese Stele.
Er brachte ihr ein neues, heiliges Opfer dar.
Er erbaute ihr ein Haus aus Stein,
erneuerte die Götter,
die in ihrem Tempel gefunden wurden.«

»Hathors Westberg«, nach einer ägyptischen Göttin benannt, hieß also die Pyramide bei den Ägyptern. Tatsächlich ist sie der Westpunkt des Einflugskorridors nach Baalbek. Spätere Texte nennen die Pyramiden auch »Himmelsberge«. Da sie zum Symbol für die Begegnung mit einem Gott wurden, bauten sich Ägyptens frühe Pharaonen kleinere Kopien der Gizeh-Pyramiden. Etwa 20 davon stammen aus dem »Alten Reich« (ca. 2800 bis 2180 v. Chr.), andere aus späteren Zeiten. Im Vergleich mit den Gizeh-Pyramiden sind sie jedoch dilettantisch. Einige sind aus

Lehmziegeln erbaut, andere stürzten kurz nach Vollendung wieder ein. Wären die Gizeh-Pyramiden wirklich, wie die Ägyptologen glauben, Teil einer Reihe architektonischer Experimente, ist unverständlich, warum die Nachfolger von Cheops, Chephren und Mykerinos immer dilettantischer bauten.

Daß die Große Pyramide bis heute noch ein Rätsel ist, beweisen die Ergebnisse der jüngsten archäologischen Forschungen auf der Suche nach »verborgenen Kammern«. In den Jahren 1987 und 1988 versuchte ein Team französischer und japanischer Physiker und Ingenieure, die Frage zu klären, ob es noch uns unbekannte Räume in der Pyramide gibt. Modernste Meßinstrumente wurden eingesetzt, insbesondere zur Überprüfung der Gravimetrie (Schwerkraft), der Echoskopie (Laufzeitmessungen mit Radarwellen) und des elektromagnetischen Scannens, um tief im Untergrund oder hinter dicken Mauern verborgene Objekte zu orten, Grenzflächen sichtbar zu machen oder die Konturen von Gegenständen erkennbar werden zu lassen. Hans-Werner Sachmann zitiert den Abschlußbericht dieser Untersuchungen. Der nach der koordinierenden Universität »Waseda-Bericht« genannte Abschlußbericht erschien in der Zeitschrift »Sign« (11. Januar 1991) wie folgt:

1. Unterhalb des Sphinx liegt ein großer, noch unerschlossener Hohlraum, von dem offenbar ein unterirdischer Gang direkt zur Cheops-Pyramide führt. 2. In der Umgebung der sogenannten Königinnen-Grabkammer befinden sich weitere verborgene Räumlichkeiten. So ortete man westlich davon einen weiteren leeren Raum. 3. In der Nähe der Druckentlastungskammern oberhalb des als Königsgrab bezeichneten Raumes wurden Hinweise auf Verbindungen zu bislang unbekannten Räumen gefunden. Da die Spalten in Ost-West-Richtung verlaufen, kann man vermuten, daß

sich östlich von der Kammer höchstwahrscheinlich ein weiterer leerer Raum befindet. 4. Hinter der Wand des Königinnen-Ganges gibt es mehrere Hohlräume, deren Größe sich bisher nicht feststellen ließ. Aber es ist sicher, daß sich dort ein mit Sand gefüllter Raum befindet, der mehrere unbekannte Gegenstände enthält und sich nach unten in die Pyramide fortsetzt.«

Die französischen Wissenschaftler schätzen den Anteil der Hohlräume am Gesamtvolumen der Pyramide auf 15 Prozent, die Japaner sogar auf 20 Prozent. Enthalten sie vielleicht Hinweise auf die wirklichen Erbauer der Pyramiden? Als der Kalif Mamum, der Sohn des sagenhaften Harun al Raschid, im Jahre 820 in die Pyramide eindringen wollte, hatte er von wahrhaft märchenhaften Dingen gehört, die in ihr verborgen sein sollten. Es hieß, sie berge eine Geheimkammer, in der nicht nur Himmels- und Erdkarten versteckt seien, sondern auch »Waffen, die nicht rosten« und »Glas, das sich verbiegen läßt, ohne zu zerbrechen«.

Wie präzise die dort angeblich vorhandenen Karten sein könnten, beweist die rätselhafte »Piri Reis-Karte«, die der Theologe Adolf Deissmann und der Direktor des türkischen Nationalmuseums, Malil Edhem, 1929 bei Katalogisierungsarbeiten im Topkapi-Palast der Osmanischen Herrscher in Istanbul entdeckten. Gezeichnet hatte sie im Jahre 1513 ein Offizier der türkischen Marine, Kapitän Piri Reis Ibn Haji Mehmed, und zwar »auf der Basis von 20 verschiedenen Karten«, wie Piri Reis in seiner Beischrift »Bahriye« angibt, die ältesten »aus der Zeit Alexanders des Großen«. Die Karte des Piri Reis zeigt die Küsten Frankreichs, Spaniens und Westafrikas in unglaublicher Präzision – und dazu Mittel- und Südamerika einschließlich der Anden, die bekanntlich erst 1530 von Franzisco Pizzaro »entdeckt« wurden. Die wirkliche Sensation aber: Unterhalb von Feuerland ist zur Antarktis hin eine Landbrücke eingezeichnet, die äußerst detailliert dargestellt ist. 1956 wurde die Piri Reis-Karte dem amerikanischen Ingenieur Arlington H. Mallery zur Begutachtung übergeben. 1957 befaßten sich Daniel L. Linehan, Kartograph der US-Navy und Direktor des Weston-Observatoriums des Boston-Colleges, und Francis Heyden vom Observatorium der Universität Georgetown mit ihr. Das Ergebnis der verblüfften Wissenschaftler: Die Karte zeigt exakte Details der seit 11 000 Jahren unter ewigem Eis liegenden Antarktis-Nordküste, darunter die Landbrücke, die es tatsächlich vor der Eiszeit einmal gegeben hat. Erst die Vermessungen des Südatlantiks 1957/58 im Rahmen des »Internationalen Geophysikalischen Jahres«, darunter Sonarortungen unter dem »ewigen Eis«, bewiesen: Die Piri Reis-Karte ist von unglaublicher Genauigkeit.

Erstaunlich jedoch ist: So exakt ihre Angaben auch sind, fällt doch eine gewisse Verzerrung auf, die den Eindruck erweckt, als sei sie aus großer Höhe aufgenommen worden. Man verglich sie mit modernen Karten in »azimutal-äquidistanter Projektion« und kam zu dem erstaunlichen Ergebnis, daß die Karte die Welt so zeigt, wie sie von einem Satelliten, der hoch über Kairo schwebt, gesehen wird. Mit anderen Worten: über der Großen Pyramide...

Unweit der Großen Pyramiden, in einem nordöstlichen Vorort von Kairo, liegt Heliopolis, das biblische On – das Pa-Ra der alten Ägypter, ihre heilige Stadt des Sonnengottes Ra, den die Sumerer Schamasch nannten. Nach altägyptischer Überlieferung wurde die Welt auf dem Hügel von Heliopolis erschaffen. Hier war der Ankunftsort der Götter, von dem aus sie auch wieder in den Himmel aufstiegen. Hier ging das »Boot des Re«, die »Himmelsbarke« – das »Ben-

Ben« – nieder, nachdem der Gott Ptah (»der Entwickler«) die Stadt erbaut hatte und ihr nach dem Himmelsgott An den Namen gab.

In einem Beitrag für die Zeitschrift »Ancient Skies« (2/90) geht der Göttinger Philologe Peter Fiebag diesem »Ben-Ben« auf den Grund. »Der Mythos von ›Ben-Ben‹ wurzelt in den ersten drei Dynastien des Alten Reiches (2900–2040 v. Chr.), wenn nicht noch in den Jahrhunderten davor, und existierte somit seit Beginn des Pharaonischen Reiches«, stellt Fiebag fest. Das »Wörterbuch der ägyptischen Sprache« (Berlin, Leipzig 1926–1931) leitet »das Substantivum ›bnbn‹ vom Verb ›wbn‹ ab, das die Bedeutung ›aufgehen‹, ›glänzen‹, auch ›scheinen‹ hat.« Fiebag bietet ferner die Deutung »das in den Himmel aufsteigende« an. Symbol des »Ben-Ben« war der Obelisk. Und es heißt, es sei ein Gegenstand gewesen, der vom Himmel zur Erde hierniederstieg und in dem sich der Gott Re befunden habe, der auf diese Weise zu den Menschen kam und zum ersten Herrscher Ägyptens wurde.

Setzen wir den Obelisken sogar in seiner Doppelbedeutung – als Stele und Symbol des »Himmelsschiffes« – mit dem sumerischen »mu« oder hebräischen »schem« gleich, dann kommen wir der Lösung des Rätsels erheblich näher. Tatsächlich zeigt auch die Hieroglyphe für »Ben« einen aufwärtsragenden, konischen Gegenstand, während das Symbol der Stadt Heliopolis wie eine Raketenrampe aussieht.

Die Obeliskenspitze, das Pyramidion, war in altägyptischer Zeit mit Kupfer oder Elektron – einer Mischung aus Gold und Silber – überzogen und hieß »Benbenet«. Auch die Spitzen der drei Gizeh-Pyramiden trugen ein solches Benbenet. In der Sonne leuchtend, war es weithin sichtbar. Die Amenemhet-Pyramide in Dahschur dagegen trug auf der Spitze das Emblem einer geflügelten Kugel und eine Inschrift, die sich auf den »Herrn des Lichtberges« bezieht, »wenn er über den Himmel fährt«.

Von drei Göttern bewacht, »die das Geheimnis besitzen«, und acht Göttern, die außen wachen, war der »Ben-Ben«, dieser »geheime Gegenstand«, in einem extra für ihn erbauten Hangar untergebracht – dem »Hut-Ben-Ben« oder Ben-Ben-Haus. Der ursprüngliche Name von Heliopolis – Junu – bedeutet »Pfeilerstadt«, man kann aber auch sagen: Raketenstadt. Die griechische Sage assoziiert mit Heliopolis den »sonnenhaften Vogel Phoenix«. Ein Name, der möglicherweise auf eine fehlerhafte Lesart des Wortes »Benu« oder Ben-Vogel zurückgeht. Im Mythos ist Phönix ein adlergleiches Wesen, das sich alle 500 Jahre nach Heliopolis begibt, um aus seiner eigenen Asche wiedergeboren zu werden, wie es Ovid in seinen »Metamorphosen« beschreibt. Die metaphorische Beschreibung eines Raketenstarts? Tatsache ist: Der Vogel war im Alten Ägypten das Symbol des Fliegens. Der Vogel des Lichtes könnte den Bezug zum Götterfahrzeug herstellen. Der aus seiner eigenen Asche aufsteigende Phönix/Benu-Vogel wäre damit ein Symbol für die Raumfahrt vor der Steinzeit. Ein sumerisches Rollsiegel zeigt den aufsteigenden Phönix-Vogel zwischen den beiden großen Pyramiden.

Der sogenannte Unas-Text einer Pyramiden-Inschrift des Pharaos Unas aus der 5. Dynastie (2563–2423 v. Chr.) klingt wie ein zeitgenössischer Bericht eines solchen Raketenstarts:

»Geschlagen wird ihm (Unas) eine Rampe, daß er darauf aufsteige zum Himmel. Und er steigt hinauf auf dem Rauch der großen Räucherung. Er fliegt und läßt sich nieder auf dem leeren Thron, der in deinem Schiffe ist, oh Re... Der Himmel spricht, die Erde bebt, die Erde zittert; die beiden Gebiete der Götter rufen, der Boden bricht auf, wenn er

86

über das Gewölbe fährt. Die Erde lacht, der Himmel lächelt, wenn der König aufsteigt zum Himmel. Der Himmel jubelt ihm zu, die Erde bebt für ihn. Der donnernde Sturm treibt ihn, es donnert wie Seth. Die Himmelswächter öffnen ihm die Türen ... Sie sehen den König wie einen Falken fliegen, wie einen Gott. Zu leben bei seinen Vätern, zu essen mit den Müttern. Der König ist ein Himmelsstier, dessen Bauch voller Magie von der Flammeninsel. Er fliegt, dieser König Unas, weg von euch, von euch Sterblichen. Er ist nicht von der Erde, er ist des Himmels. Dieser König fliegt gleich einer Wolke zum Himmel, gleich einem Vogel.«

... wenn der König weise genug handelte, Herr überhaupt ...
... daß Zeus und Erde sich formen und seine geworden ... hatte, hob ...
... eine ... die ... die Stimme ... der König ... für alles, ...
... wie eine ... nicht nur ... immer wieder ... ...
... klauen, Der Herr ... ... die ... der Masse ... ...
... Söhne von den Elternhäusern ... ...
... Und, was ... ... von ... sich ... von den Zahnpasten, und ...
... Überhaupt nicht Sklaverei ... an ... und ...
... Volkes als Ruinen, ...

4

Der Gott der Bibel
kam aus Nippur

Die fünf Bücher Mose aus dem Alten Testament beziehungsweise der Pentateuch sind das Fundament der mo-
saischen Religion und der in ihr begründeten Weltanschauung. Schon innerhalb des Judentums nimmt die Diskussion
über den Pentateuch kein Ende und wird darüber hinaus im
Talmud endlos weitergeführt.

Im sogenannten Neuen Testament fügte das Christentum
dem Pentateuch vier weitere Evangeliumsberichte und eine
Reihe anderer Schriften hinzu. Trotz des verhältnismäßig
geringen Umfangs dieses Schrifttums hat es seit seiner rund
1900jährigen Existenz unzählige Auseinandersetzungen
über den Inhalt und die richtige Ausdeutung gegeben. Und
trotz moderner, wissenschaftlicher Textanalysen wurde
darüber bis heute keine Einigkeit erreicht.

Wenn jedoch bereits bei der Deutung festliegender Texte
zahllose unterschiedliche Auffassungen auf ihre Richtigkeit
und ihren Wahrheitsgehalt hin vehement vertreten werden,
liegt die Schlußfolgerung auf der Hand, daß die jeweiligen
Ausdeutungen nicht objektiver, sondern nur subjektiver
Natur sein können. Damit zeigt sich gleichzeitig, wo die
Wurzel der außerordentlichen geistigen Aufspaltung der
Menschheit zu suchen ist. Außer dem Pentateuch als einem
»geoffenbarten heiligen Buch« existieren noch andere, ähnliche Offenbarungen, die sich ebenfalls auf transzendente
Verkündigungen berufen.

Hier muß nicht nur der Koran als Nachfolgeschrift mo-

saisch-christlicher Auffassung angeführt werden, sondern
auch die brahmanische Lehre, der Buddhismus, das Heilige
Buch der Sikh, der Taoismus, die Sozial- und Morallehre
des Konfuzius und der japanische Shintoismus. Das gleiche
gilt auch für die animistischen Religionen, den Fetischkult
und die Gebräuche mittel- und südamerikanischer India-
nerhochkulturen, also die der Azteken, der Maya und der
Inka. Selbst die in winzige Gruppen aufgeteilten transzen-
denten Vorstellungen in Afrika gehen von den gleichen
Voraussetzungen aus.

Hinter all diesen religiösen Vorstellungen verbirgt sich die
Frage nach dem Warum. Eine Frage, mit der sich der
Mensch selbst konfrontiert, um den Sinn seiner Existenz
und seiner Herkunft zu ergründen, da ihm bewußt wird,
daß dieser Existenz zeitliche Schranken gesetzt sind.

Der Ursprung des Götterglaubens scheint weniger auf
transzendentaler Ebene zu liegen, sondern dürfte eher auf
das konkrete Erscheinungsbild hochentwickelter Abge-
sandter aus einer anderen Welt zurückzuführen sein . . .

Mohenjo Daro ist eine der ältesten Städte der Menschheit. Errichtet gegen 3300 v. Chr., erlebte es seine Blütezeit parallel zu den Tempelstädten der Sumerer oder dem Bau der Königsstädte Ägyptens. Bis etwa 2000 v. Chr. stand die Stadt am Indus, im heutigen Pakistan, in Blüte. Dann verlosch sie von einem Tag auf den anderen. Allem Anschein nach muß sich eine furchtbare Katastrophe ereignet haben.

Bis zu ihrer Entdeckung durch die britischen Archäologen J. Marshall, E. J. H. Mackay und M. Wheeler im Jahre 1922 existierte Mohenjo Daro nur in einer der vielen indischen Legenden. Es heißt darin, am Indus habe es einst eine unermeßlich reiche Stadt gegeben, die in einem Feuersturm versank, der durch die »schrecklichen Waffen« ihrer Feinde ausgelöst wurde. Nur der Name zeugt noch von ihrer einstigen Existenz: Mohenjo Daro – »Hügel der Toten«. Die Archäologen entdeckten tatsächlich Spuren einer gewaltigen Zerstörung, die vom Zentrum der Stadt ausging. Die dabei entstandene Hitze muß so groß gewesen sein, daß die Steinmauern von Mohenjo Daro schmolzen, verglasten. Eine Hitze derartigen Ausmaßes läßt sich nur mit dem 1945 durch die Atombombenexplosion von Hiroshima ausgelösten Feuersturm vergleichen.

Das prähistorische Mohenjo Daro muß, heutigen Begriffen nach, eine äußerst moderne Stadt gewesen sein. Da keine Hinweise auf Palastanlagen vorhanden sind, müßte es dort ein frühes demokratisches Regierungssystem gegeben haben oder eine Herrschaft durch Weise, die keinen Wert auf Prunk legten. Die Stadt muß vor dem Aufbau architektonisch als Ganzes geplant worden sein. Archäologen sind der Meinung, daß sie in weniger als hundert Jahren aus dem Boden gestampft wurde, und bezeichnen Mohenjo Daro heute als »bemerkenswertes frühes Beispiel für Städteplanung«. Die im Schachbrettmuster angelegte Stadt wurde von einer etwa zehn Meter hohen, genau nach den vier Himmelsrichtungen ausgerichteten Zitadelle überragt. Riesige, am Indusufer entdeckte Kornspeicher weisen auf einen regen Außen- und Innenhandel hin. Nach Berechnungen der Archäologen lebten während ihrer Blütezeit zwischen 40 000 und 60 000 Menschen in Mohenjo Daro – einer antiken Großstadt. Eine von Norden nach Süden verlaufende, einen Kilometer lange und zehn Meter breite Allee durchquerte die Stadt. Die zwei- oder dreistöckigen Häuser waren perfekt ausgeführte Ziegelsteinbauten. Am bemerkenswertesten aber war die vorzügliche Kanalisation der Stadt – weitaus fortschrittlicher als die der meisten heutigen indischen und pakistanischen Städte.

Über alle Stockwerke hin wurden die Wohnungen mit fließendem Wasser versorgt, darauf weist die Anlage eines Rohrsystems hin. Dazu verfügte jeder abgeschlossene Wohnbereich über ein eigenes Bad und sanitäre Anlagen. Das streng getrennte Abwässersystem führte in ein unterirdisches städtisches Kanalsystem. Rohrleitungen (Kanalrohre) unter den gepflasterten Straßen dienten dazu, Abfälle und Regenwasser aufzufangen. »Wir könnten es heute nicht besser machen«, erklärte ein britischer Fachmann. Das erstaunlichste Bauwerk dieser prähistorischen Stadt war ein überdachtes Schwimmbad mit einem

12 × 7 Meter großen Becken, dem sich ein Dampfbad an-
schloß. Selbst eine Warmluftheizanlage fehlte nicht. Etwas
Vergleichbares wurde erst rund 3000 Jahre später wieder
durch die Römer geschaffen.

Mohenjo Daro, eine Metropole, die einst ihrer Zeit um
Jahrhunderte, wenn nicht gar Jahrtausende voraus war, ist
durch die Schlammschicht, von der sie bedeckt war, bemer-
kenswert gut erhalten geblieben.

Archäologen vermuten, daß die auf einem Hügel gebaute
Stadt aufgrund ihrer Lage so vorzüglich erhalten geblieben
ist. Mohenjo Daro – im heimatlichen Sindhi-Dialekt »der
Hügel der Toten« – war heimischen Überlieferungen nach
verhext. Jeder, der es wagen würde, dorthin zu gehen,
würde sich leuchtendblau verfärben. Die Angst, sich einem
derartigen Schicksal auszusetzen, hatte daher jahrhundertelang die Menschen davon abgehalten, sich diesem verzau-
berten Ort zu nähern.

Unterhalb der Zitadelle verliefen zwölf Hauptstraßen
schnurgerade vom Ostende zum Westende der Stadt, die in
Nord-Süd-Richtung verlaufende schmalere Straßen kreuz-
ten. Archäologen, die in der Anlage des Straßennetzes von
Mohenjo Daro eine Ähnlichkeit mit dem New Yorker
Stadtteil Manhattan sehen, nannten die Stadt »Manhattan
der Bronzezeit«.

Etwa 1200 in Speckstein geschnittene Siegel tragen die bis
heute noch nicht entzifferte Schrift der Induskultur. Doch in
Sumer und an der Golfküste entdeckte ähnliche Siegel
deuten auf rege Handelsbeziehungen hin. Auch auf der
Osterinsel vor der Küste Chiles aufgefundene Schrifttafeln
tragen Symbole, die mit denen aus dem Industal identisch
sind. Hatte Mohenjo Daro eine Handelsflotte, die auch den
Pazifik befuhr? Kam eines ihrer Schiffe bis zur Osterinsel?
Stammen vielleicht sogar die Bewohner des geheimnisvollen

Eilandes mit seinen Riesen-Standbildern ursprünglich aus Indien? Wir wissen es nicht.

Etwas weiter nördlich von Mohenjo Daro lag ihre »Zwillingsstadt« Harappa. Gleich alt, gleich angelegt, mit einem Umfang von 3000 Metern gleich groß und ebenfalls von einer Zitadelle überragt, die auch Schutz vor Feinden geboten haben mag. Ansonsten hielten sich die Verteidigungseinrichtungen der blühenden Städte der »Industalkultur« (wie sie von Archäologen genannt wird) in Grenzen. Während ihrer Hochblüte scheinen Mohenjo Daro und Harappa in tiefstem Frieden gelebt zu haben – bis die Städte gewaltsam zerstört wurden.

Die Ergebnisse der Ausgrabungen von Mohenjo Daro führten die britischen Archäologen zur Schlußfolgerung, daß eine Feuersbrunst von unvorstellbaren Ausmaßen den Untergang der reichen Stadt verursacht haben muß. Sie glauben, die einwandernden Arier hätten die Stadt dem Erdboden gleichgemacht. Eine These, die heute von der Fachwelt zurückgewiesen wird, »da zwischen dem Auftreten der den Ariern zuzuschreibenden grauen Tonware und der roten der Harappa-Kultur eine Lücke besteht«, wie es »Der große Ploetz – Auszug aus der Geschichte« formuliert. Mit anderen Worten: Es geht hier um eine Lücke von rund 600 Jahren. Es ist zu vermuten, daß die indogermanischen Arier nur noch die Trümmer von Mohenjo Daro und Harappa vorfanden. Sowjetische Archäologen äußerten in den achtziger Jahren eine andere – zugegebenermaßen phantastische – Theorie: Sie sind der Ansicht, prähistorische Atomwaffen hätten Mohenjo Daro zerstört...

»Es war, als seien die Elemente losgelassen.
Die Sonne drehte sich im Kreise.
Von der Glut der Waffe versengt,

taumelte die Welt in Fieber.
Elefanten waren von der Hitze angebrannt
und rannten wie wild umher,
um Schutz vor der entsetzlichen Gewalt zu finden.
Das Wasser wurde heiß, die Tiere starben,
der Feind wurde niedergemäht,
und das Toben des Feuers ließ die Bäume
wie bei einem Waldbrand reihenweise stürzen.
Die Elefanten brüllten entsetzlich
und sanken in weitem Umkreis tot zu Boden ...
Dann senkte sich tiefe Stille über das Meer.
Die Winde begannen zu wehen,
und die Erde hellte sich auf.
Es bot sich ein schauerlicher Anblick.
Die Leichen der Gefallenen waren
von der fürchterlichen Hitze verstümmelt,
daß sie nicht mehr wie Menschen aussahen.
Niemals zuvor hat es
eine solch schreckliche Waffe gegeben.«

So beschreibt das indische Nationalepos »Mahabharata«
eine »göttliche Waffe« – Hiroshima im alten Indien? – Als
die Ausgrabungen von Mohenjo Daro 1927 das Straßenni-
veau erreichten, hatten die Wissenschaftler tatsächlich ein
schauriges Erlebnis. Sie fanden 44 menschliche Skelette, die,
mit dem Gesicht nach unten, auf der Hauptstraße der Stadt
lagen und sich, wie in panischer Flucht »gefällt«, an den
Händen hielten. Ganz plötzlich muß eine entsetzliche Katastrophe über die blühende Indus-Metropole hereingebro-
chen sein.
Die Skelette wiesen keinerlei Anzeichen eines Massakers auf
– die Schädel waren unverletzt. Am ehesten noch wurden
die Archäologen an den Untergang von Pompeji erinnert,

mit dem Unterschied, daß es weit und breit keinen Vulkan und auch keinerlei Hinweis auf ein Erdbeben gab.

In ihrer Oktoberausgabe 1989 veröffentlichte die sowjetische Zeitschrift »Fenomen« die Theorie russischer Wissenschaftler. Professor Dr. M. Dmitriew von der Akademie der Wissenschaften in Moskau betont in einem Beitrag, die Skelette seien hochgradig radioaktiv verseucht. Nach über 4000 Jahren waren sie noch immer die radioaktivsten Skelette, die je gefunden wurden – mit Ausnahme der Opfer von Hiroshima und Nagasaki. So lag das Strahlungsniveau eines in Moskau untersuchten Skeletts um das 50fache über dem Normalwert.

Verschmolzenes Gestein, sogenannte »schwarze Steine«, zeugte von den Auswirkungen immenser Hitze. Steine und Ziegel schienen einen Verschmelzungsprozeß durchgemacht zu haben, mit einem auf etwa 50 Meter Durchmesser beschränkten Epizentrum. Im Radius von 60 Metern waren die Ziegel nur auf ihrer Außenseite geschmolzen oder kristallisiert. Eine von amerikanischen Wissenschaftlern durchgeführte Untersuchung brachte ähnlich verblüffende Ergebnisse ans Licht wie die der Russen. »Das Schmelzen der Ziegel ist nicht von einem gewöhnlichen Feuer verursacht worden«, resümierte William Sturm, Vizedirektor der Abteilung für angewandte Physik der Argonne-Nationallaboratorien in Chicago. Die Strahlungskonzentration in Mohenjo Daro lag teilweise sechsmal über dem Normalwert, im Zentrum der Zerstörung war sie sogar achtmal höher.

»Es war ein einziges Geschoß,
das alle Macht des Universums in sich barg.
Eine glühende Säule aus Rauch und Flammen,
so hell wie zehntausend Sonnen,

erhob sich in ihrem Glanz...
Eine unbekannte Waffe,
ein eiserner Donnerkeil,
ein gigantischer Bote des Todes,
der das gesamte Geschlecht der Wrishnis und Andhakas
zu Asche verwandelte...
Die Körper waren so verbrannt,
daß man sie nicht mehr erkennen konnte.
Ihre Haare und Nägel fielen aus,
Tongefäße zerbrachen ohne ersichtlichen Grund,
und die Vögel bekamen weiße Federn...
Nach einigen Stunden
war alle Nahrung verseucht...
Um diesem Feuer zu entkommen
warfen sich die Soldaten in die Flüsse,
um sich und ihre Rüstungen zu waschen«,

heißt es im »Mahabharata«. In einer großen Völkerschlacht, der Schlacht von Kurukshetra, endete vor 4000
Jahren das »Goldene Zeitalter«, die Zeit, in der die Menschen mit den Göttern kommunizierten, berichtet das Epos.
In jener Zeit seien die Halbgötter im Besitz geheimnisvoller
Fluggeräte – »Vimanas« – und schrecklicher Waffen gewesen. Nach den Kämpfen hätten die überlebenden Frauen in
einem fast menschenleeren Land die Aufgaben ihrer Männer verrichtet.
In altindischen Schriften stieß der angesehene Sanskrit-
Forscher Professor Dr. Dileep Kumar Kanjilal von der Universität Kalkutta auf zahlreiche detaillierte Beschreibungen
dieser Technologien. So werden die »Vimanas« – »etwas,
das den Himmel durchmißt und sich wie ein Vogel am
Himmel bewegt« – in mancherlei Form geschildert: Einige
sollen »die Gestalt eines Samenkorns« gehabt haben, an-

dere hatten Dreiecksform, drei Räder und waren so groß wie eine »Boeing-737«. Sie konnten so langsam fliegen wie eine marschierende Armee, aber auch »so schnell wie ein Gedanke«. Nachts standen diese seltsamen Fahrzeuge »gleich Lampen am Himmel«. Im »Dronaparvam«, einem Kapitel des »Mahabharata«, benutzt Drona, ein Halbgott, seine Vimana auch als Kampfmaschine: »Er schleuderte Donner auf die dreifache Stadt. Er schleuderte ein Geschoß, das die Kraft der Sonne in sich barg. Die Stadt begann zu brennen. Qualm stieg auf, loderte grell in die Höhe, heller als zehntausend Sonnen.«

Dr. J. Robert Oppenheimer, Leiter des amerikanischen »Manhattan-Projekts« zur Entwicklung der Atombombe und intimer Kenner der indischen Sanskrit-Literatur, zitierte diese Verse, als er am 16. Juli 1945 dem ersten Atombombenversuch in der Wüste von New Mexico beiwohnte. Sieben Jahre später, während der Diskussion nach einem Vortrag an der Universität von Rochester, fragte ihn ein Student, ob die damals in Alamogordo explodierte Bombe die erste sei, die zur Detonation gebracht wurde. »Nun, ja«, antwortete Oppenheimer lakonisch, »in moderner Zeit schon.«

In dem bereits erwähnten Bericht der Zeitschrift »Fenomen« verweist der Verfasser auf den sowjetischen Ethnologen Modest M. Agrest, der bereits 1959 die Möglichkeit prähistorischer Atomkatastrophen in Erwägung gezogen hat. Agrest hatte den biblischen Bericht der Zerstörung von Sodom und Gomorra dahingehend gedeutet. Eine Interpretation, die der amerikanische Astronom Carl Sagan 1966 als »völlig vernünftig und sorgfältiger Analysen wert« kommentierte.

Hierzu bieten sich augenfällige Parallelen: Den indischen Texten zufolge wurden die Bewohner der zerstörten Stadt sieben Tage vor der Katastrophe gewarnt, die Stadt zu verlassen – eine Warnung, die von einigen befolgt, von anderen ignoriert wurde, bis es zu spät war. Vor der Vernichtung von Sodom und Gomorra wurde Lot und seine Familie von zwei äußerst menschlich aussehenden »Engeln« vor der Zerstörung der »sündigen Städte« durch »Feuer und Schwefel« gewarnt. Die »Sünde« der Städte ist dem 5. Buch Moses (Dtn 29,22–27) zu entnehmen: »Und sie sind hingegangen und haben anderen Göttern gedient.« Die beiden »Engel« führen Lot und seine Familie in die Berge, wo sie »das Unheil nicht einholen« kann, beobachten aus sicherer Entfernung, wie Rauch zum Himmel steigt, »wie der Rauch eines Schmelzofens« (Gen 19, 29).

Noch genauer wird die Katastrophe in einer alten Aufzeichnung geschildert, die in Qumran am Toten Meer entdeckt wurde:

»Eine Säule aus Rauch und Staub erhob sich, gleich einer Rauchsäule, die aus dem Herzen der Erde kommt. Sie überschüttete Sodom und Gomorra mit einem Schwefel- und Feuerregen und zerstörte die Stadt, die ganze Ebene, alle Bewohner und alle Pflanzen... Und Lot lebte in Zoar, dann siedelte er sich in den Bergen an, denn er fürchtete sich, in Zoar zu bleiben. Die Menschen wurden angewiesen, die Stätten der künftigen Explosion zu verlassen, die Explosion nicht anzusehen und sich unter der Erde zu verbergen... Die Flüchtlinge, die sich umdrehten, wurden blind und starben.«

Es wäre ein Wunder, wenn ein so außergewöhnlicher Vorfall in den Chroniken und Mythen der Völker des Vorderen Orients fehlen würde. Vielmehr gibt eine ganze Reihe von Tontafeln aus der Bibliothek des Assurbanipal in Ninive Auskunft über die Hintergründe, Folgen und Begleitumstände der Katastrophe. Der bereits mehrfach zitierte amerikanische Orientalist Zecharia Sitchin berichtet darüber ausführlich in »The Wars of Gods and Men«.

Die Vorzeichen für die Katastrophe von Sodom und Gomorra wurden allerdings schon rund 300 Jahre früher mit einem König gesetzt, der – wie einst Gilgamesch – nach Unsterblichkeit suchte. Seine sowie Gilgameschs Persönlichkeit spiegeln sich im biblischen Nimrod wider, dem »großen Jäger vor dem Herrn«. Das trifft auf Gilgamesch ebenso zu wie auf »den ersten Gewaltherrscher auf Erden«, Sargon von Akkad (2334–2279 v. Chr.), der eigentlich »Scharru-Kin« (»Der rechtschaffene Herrscher«) war, »König von Akkad, König von Kisch«, wie er sich in der »Legende von Sargon« rühmte:

»Sargon, der mächtige König von Akkad, bin ich.
Meine Mutter war eine Hohepriesterin;
meinen Vater kenne ich nicht...
Meine Mutter, die Hohepriesterin, die mich empfing,
im Geheimen gebar sie mich.
Sie setzte mich in ein Körbchen aus Binsen,
mit Erdpech versiegelte sie es.
Sie setzte mich in den Fluß; es sank nicht mit mir.
Der Fluß trug mich, er brachte mich zu Akki, dem Bewässerer.
Akki, der Bewässerer, hob mich heraus, als er Wasser schöpfte:
Akki, der Bewässerer, zog mich auf als seinen Sohn;
Akki, der Bewässerer, bildete mich aus zu seinem Gärtner.«

Nach der Bibel erlitt Moses 800 Jahre später dasselbe Schicksal. 1500 Jahre später traf es die Gründerbrüder von Rom, Romulus und Remus, die am Tiberufer strandeten

und von einer Wölfin aufgezogen wurden. Wurde ein Gärtnersohn zum König? Als Günstling einer Göttin: »Als ich ein Gärtner war, schenkte Ishtar mir ihre Liebe, und für vierundfünfzig Jahre übte ich die Königsherrschaft aus, herrschte ich über das schwarzköpfige Volk.«
In einer anderen Dichtung heißt es etwas ausführlicher und eindeutiger:

»Eines Tages kam meine Königin,
nachdem sie den Himmel und die Erde überquert hatte,
Inanna (Ishtar).
Nachdem sie den Himmel und die Erde überquert hatte,
nachdem sie Elam und Shubur überquert hatte ...
Die Göttin kam müde, legte sich schlafen.
Ich sah sie vom Rande meines Gartens aus;
Ich küßte sie, wohnte ihr bei.«

Fortan war ihm die Unterstützung der Göttin sicher. Sein aus 600 000 Soldaten bestehendes Heer, die erste Berufsarmee der Geschichte, eroberte einen Stadtstaat nach dem anderen. Sargon rühmte sich, die einst von Gilgamesch errichteten Mauern von Uruk niedergerissen zu haben. In südlicher Richtung unterwarf er alle Städte bis hin zum Golf von Oman an der arabischen Golfküste, das heutige Kuwait und Bahrain inbegriffen; nach Norden und Westen hin den Libanon – das »Land Tilmun« – und Kleinasien bis zum Taurus. Es heißt sogar, daß er versucht habe, mit einer Kriegsflotte Zypern und das reiche Kreta zu erreichen. Seine Hauptstadt Akkad oder Agade – die »Vereinigte« – wurde durch Sargon zur »schönsten und glanzvollsten Stadt der vier Weltgegenden«. Zu diesem Zweck hatten seine Soldaten die eroberten Städte geplündert und ihre Schätze nach Akkad gebracht. Im Zentrum von Akkad lag der prachtvolle Ishtar-Tempel, »das neue Heim der Göttin«, UL.-MASCH – das »Prächtige« – genannt.

In Nippur, Ur, Girsu, Adab, Kisch, Der, Akshak und Umma ließ Sargon weitere Ishtar-Tempel errichten. Darüber hinaus verehrte der König aber auch Enlil und Anu. Obwohl er »die Seeländer dreimal durchzog, seine Hand Dilmun einnahm«, respektierte er den »heiligen Bezirk«, von Baalbek, »schützte er das Heim der Götter«. Anders sein Enkel Naram-Sin (2254–2218 v. Chr.), der sich selbst zum Gott erklärte. So ließ sich Naram-Sin mit der Hörnerkrone der Götter darstellen und setzte vor seinen Namen das DIN.-GIR (Raketensymbol) oder den Stern, beide symbolisieren Göttlichkeit. Er nannte sich »König der vier Weltgegenden«, »Eroberer von Arman und Ebla«, – und drang in das »Haus der Götter« in Baalbek ein. Die Legende vom »Fluch auf Akkad« weiß darüber, daß Ishtar wieder einmal die Finger im Spiel hatte, weil sie zu den mächtigsten der Götter aufsteigen wollte.

Nach langen Kämpfen wurde Baalbek schließlich von Naram-Sin zerstört. Den Chroniken zufolge soll er anfangs 180000, dann 120000, schließlich noch einmal 60000 Soldaten zur Einnahme des »Heims der Götter« befohlen haben. So eroberte er das E-KUR, das »Berghaus« des Enlil im »Land der Zedern und Zypressen«:

»Wie ein Bandit, der eine Stadt plündert,
errichtete er große Leitern gegen das Haus,
um zu zerstören das E-KUR wie ein großes Schiff...
Die Menschen sahen sein Inneres, das Haus,
das kein Licht kannte.
Die Akkader sahen die heiligen Gefährte der Götter,
Ihre große LA.MA.HA und ihre DU.BLA,
die aufrecht stand im Haus.«

LA.MA.HA und DU.BLA? LA bedeutet »Licht«, HA ist der »sprechende Mund«, MA heißt »Schiff«. In anderen Worten: »Das leuchtende Schiff mit dem sprechenden Mund.« Und DU.BLA? DU ist das »Band«, die »Verbindung«, BLA die »Querstreben«. Könnte das DU.BLA des LA.MA.HA etwa eine Startrampe des Raketenschiffes sein?

Eine von Naram-Sin in Sippar errichtete und in Susa wieder aufgefundene Stele (die von den Persern später dorthin verschleppt worden war) zeigt den siegreichen Naram-Sin mit Götterkrone vor einem MU, einem konischen Raketenschiff, darüber zwei »Sterne«. »Die Götter flohen wie aufgescheuchte Fledermäuse«, spottete der König später. Seine nächsten Ziele waren Ägypten und der Sinai. Nun beschlossen die Götter, dem Treiben von Ishtar und Naram-Sin ein Ende zu bereiten. Während die Truppen von Naram-Sin bis nach Ägypten vordrangen, vernichteten sie Akkad – so gründlich, daß seine Ruinen bis auf den heutigen Tag nicht aufgefunden wurden:

»Sie ebneten es ein bis auf den Boden,
sie rissen seine Bäume um.
Der herabhängende Staub stieg in den Himmel auf.
Er stieß die Torposten um,
schnitt die Lebenskraft aus dem Land.«

Gott Enlil rief das Bergvolk der Gutäer herab, die unter Scharkall-scharri, Nachfolger von Naram-Sin, die am Boden liegende Stadt überfielen, ihrem Hochmut ein Ende bereiteten. Auch Ishtar wurde bestraft. Ihre heilige Stadt Aratta, die »Stadt der weißen Mauern« mit den »mächtigen Kornsilos«, wurde vernichtet.

Sie lag »jenseits des Landes Anshan« (der Südosten des heutigen Iran) am »breiten Fluß Kur« – also Mohenjo Daro am Indus. Unzählige Statuetten einer weiblichen Göttin, die Archäologen in den Trümmern der Stadt entdeckten, beweisen, daß Mohenjo Daro tatsächlich eine »Stadt der Ishtar« gewesen ist. Akkad ging 2150 v. Chr. zugrunde – etwa zur selben Zeit wie die prachtvollen Städte am Indus.

Mit dem Ende von Akkad setzte für die sumerischen Städte im Süden eine kurze Renaissance von genau 109 Jahren ein. Dann wurde die »dritte Dynastie von Ur« – die letzte sumerische Königsherrschaft – durch das Bergvolk der Elamiten beendet. Aber auch sie fielen nur noch über untergehende Städte her. Weitere hundert Jahre später eroberten neue Herren das Land: die Babylonier. Der Rest ist Geschichte.

Über die Person Abrams beziehungsweise Abrahams, der nach der Bibel in »Ur in Chaldäa« beheimatet war, gab es schon viel Kopfzerbrechen. Biblischer Chronologie zufolge lebte er dort zur Zeit der »dritten Dynastie von Ur«. Ist er mit seiner Sippe vor dem Einfall der Elamiter geflohen? Sitchin hat eine andere Erklärung, und er kann sie sowohl anhand uralter Chroniken aus der Bibliothek von Ninive als auch nach der Bibel (Gen 14,1–2) belegen:

»Es begab sich in den Tagen Amraphels,
des Königs von Shinear,
Arlochs, des Königs von Ellasar,
Kendorlaomers, des Königs von Elam,
und Tindals, des Königs der Völker.
Sie kämpften wider Bera, den König von Sodom,
Birscha, den König von Gomorra,
Schinab, den König von Adma, und den
König von Bela, der hieß Zoar.«

Auch die assyrischen Chroniken berichten von einem lang-jährigen Krieg, in dem ein König von Elam namens Kudur-Laghamar sich mit anderen Herrschern verbündete, darunter einem Eri-aku von Larsa und einem Tud-ghula, die leicht als Kedorlaomer, Arioch und Todal zu identifizieren sind. Demzufolge wäre »Amraphel, König von Sinear« kein anderer gewesen als Amar-Pal beziehungsweise Amar-Sin, der König von Ur.

Sitchin weist in seinem Buch »The Wars of Gods and Men« nach, daß verschiedene in der Bibel genannte Namen aus dem Stammbaum von Abraham dessen hohe Abkunft andeuten. So hat der Name seines Vaters, Terah – im Akkadischen Tirhu –, die Bedeutung von »Verkünder des Orakels«. Da Abraham auf seinem Weg in das »Gelobte Land« nach und nach Berge besetzte, also strategisch wichtige Stellungen einnahm, ging es vermutlich um eine militärische Mission.

Noch im 1. Jahrhundert vermeldete der jüdische Geschichtsschreiber Flavius Josephus: »Abraham herrschte in Damaskus, wo er ein Fremder war, nachdem er mit einer Armee aus dem Land oberhalb von Babylon gekommen war.« Assyrische Überlieferungen wissen vom »Sohn des Priesters, den die Götter erwählt hatten« und der am Ufer des Toten Meeres feindliche Truppen aufgehalten hat. Und in der Chronik des Amar-Sin ist festgehalten, daß »die Weidegründe der Herden des IB.RU.UM angegriffen wurden.«

Ibruum? Handelt es sich hier etwa um Abraham, dessen Herden die Verpflegung seines Heeres darstellten? Ist der »Sohn eines Orakelverkünders« etwa mit dem »Sohn des Priesters, den die Götter erwählt hatten«, identisch? Damit stünde fest, daß Abraham geschichtlich nachweisbar ist und aus Sumer stammte.

Es gibt noch einen weiteren Hinweis auf die Herkunft von Abraham. In der Bibel wird er als »Ibri« bezeichnet, fälschlich als »Hebräer« übersetzt. Die Nachsilbe »-i« kennzeichnet die Herkunft einer Person. Abraham gilt zwar als Stammvater der Hebräer, kann aber selbst nicht hebräischer Herkunft gewesen sein. Nach Sitchins Theorie muß »Ibri« als NI.IB.RI gedeutet werden – »Abkömmling von Nippur«. Zur Zeit der 3. Dynastie von Ur war Nippur das Kulturzentrum des Zweistromlandes, die Stadt Ur selbst jedoch das politische Zentrum. Und was den jüdischen Kalender betrifft, so stammt er tatsächlich aus Nippur. Denn es war das »Jahr 0« – 3761 v. Chr. –, »als die Zählung (der Jahre) begann.« Später wurde dieser Zeitpunkt irrigerweise als Erschaffung der Welt interpretiert. In diesem »Jahr 0« wurde in Nippur der Kalender eingeführt. Darüber hinaus trägt der Gott Abrahams in der Bibel den Namen »El«. Der Hauptgott von Nippur aber war Enlil, in akkadischer Sprache »ili« bzw. »ilulu«. Möglicherweise ist auch der Name »Allah« diesen Ursprungs. Das würde aber bedeuten, daß die drei großen Weltreligionen mit ihren rund zwei Milliarden Gläubigen auch heute noch den sumerischen Himmelsgott verehren ...

Allem Anschein nach hat nicht nur der Gott der Bibel seinen Ursprung in Sumer, sondern auch ein beträchtlicher Teil der Heiligen Schrift. Wie wir bereits gesehen haben, wurde nicht nur die Schöpfungsgeschichte sumerischen Quellen entnommen, sondern auch der Bericht über die Sintflut, die Erwähnung der »Nefilim«, die Überlieferungen von Nimrod und dem Turmbau zu Babel sowie die Kindheitsgeschichte von Moses. Aber auch Grundbestandteile des Buches Daniel und die Geschichte um den geplagten Hiob. In diesem ursprünglich babylonischen Gedicht geht es um einen rechtschaffenen Mann namens Tabu-utul-bel, der, vom Schicksal schwer geschlagen, mit den Göttern haderte. Oder die Erzählung von Jonas im Walfischbauch, die in der persischen Sage von Jamshyd im Bauch des Seeungeheuers ihr Pendant findet. Im biblischen Samson ist der in Baalbek residierende Sonnengott Schamasch wiederzuerkennen. Der Bibel nach wurde Samson in Baalbek geboren.

Die Reihe der Beispiele läßt sich beliebig fortsetzen. Die Tatsache, daß im 1. Buch Moses anstatt von »Gott« in der Mehrzahl – »el« von »den Göttern«, »elohim« – gesprochen wird, weist auf den Ursprung der Genesis in den Mythen des polytheistischen (= Glaube an mehrere Götter) Sumers hin. Denn dort sprachen *die* Götter: »Lasset uns Menschen machen nach unserem Ebenbild.«

In seinem bemerkenswerten Buch »Auf Abrahams Spuren« erwähnt der dänische Reiseschriftsteller Arne Falk-Rønne einen Dialog, den er mit dem irakischen Bauern Khasim führte. Khasim, ein gläubiger Mohammedaner, lebte in ärmlichen Verhältnissen an den Ufern des Euphrat, nur 50 Kilometer von Ur, der Stadt Abrahams, entfernt. Er hatte keine Schule besucht, war also Analphabet. Alles von Generation zu Generation überlieferte Wissen hatten seine Eltern mündlich an ihn weitergegeben. Falk-Rønne war nun äußerst erstaunt, von diesem einfachen Moslem zu erfahren, daß alle Kenntnisse seiner Vorfahren »von den Göttern« übermittelt worden seien.

»Meinst du Allah«, fragte der Däne überrascht, »gehörst du nicht zu den gläubigen Brüdern des Islam?«

»Ja, ich bin Mohammedaner«, entgegnete Khasim, »doch Allah ist nur der Name für die Götter, die vom Himmel zu uns kamen und uns ihre Lebensregeln, unsere Zielsetzungen gaben.«

Abraham, dieser Sohn eines Enlil-Priesters aus Nippur, gilt auch als Begründer des Korans. »Wir befolgen die Lehren

Abrahams und folgen seiner Religion, ihm, der nur den einen Gott verehrte und nicht die Götter neben Allah«, heißt es im Koran (2, 136 f.).

Die Araber im Hedschas betrachten Ismael, den erstgeborenen Sohn Abrahams, als ihren Stammvater. In der Bibel heißt es nämlich, Ismael habe eine Ägypterin geheiratet und wohnte »von Chawila bis Schur«, »das gegenüber von Ägypten liegt« (Gen 25,18), also im Hedschas. Dort wurde er Stammvater von zwölf Sippen, die »in Zeltlagern und Gehöften« lebten. Im Koran heißt es, die Kaaba in Mekka, das höchste Heiligtum der Moslems, wurde von Abraham und Ismael erbaut. »Und als ich für die Menschen ein Versammlungshaus errichtete«, sprach Allah im Koran (2, 126), »da schlossen wir einen Bund mit Abraham und Ismael, daß sie dieses Haus rein halten.« Damit wäre die 4000 Jahre alte Kaaba der älteste, immer noch als Heiligtum verehrte Tempel der Welt.

Nach Berechnungen von Sitchin vollzog sich Abrahams Feldzug in Palästina im Auftrag von Enlil von 2041 bis 2021 v. Chr., um den Raumflughafen im Sinai zu schützen. Nach der Zerstörung Baalbeks war es der letzte Stützpunkt der Götter im Lande Tilmun.

Aus dem »Erra-Epos« – einem weiteren Fund aus der Bibliothek des Assurbanipal in Ninive – gehen die Hintergründe hervor. Hier wird von einem »Krieg der Götter« berichtet und von der Rivalität zwischen Marduk und Erra-Nergal, den Söhnen des Enki. Marduk ist der spätere Herrscher von Babylon beziehungsweise BAB.ILU, dem »Himmelstor der Götter«. Im Kampf um die Macht zieht Marduks Sohn, Nebu, die kanaanäischen Städte im Westen, »im Land an der Küste des großen Meeres« (des Mittelmeeres), auf seine Seite. Etwa Sodom, Gomorra, Adma und Zoar? Nergal gelingt es seinerseits, Amar-pel von Ur und dessen

Verbündete für sich zu gewinnen. »Von oben« angewiesen, verhält sich Abraham in diesem Krieg neutral. Er wacht lediglich darüber, daß keines der beiden Heere nach Tilmun vordringt. Als die Koalitionsarmee unter Kudur-Laghamar im 5. Zentrum von Sinai – »nach El Paran, das in der Wüste liegt« (Gen 14,6) – vorstoßen will, wird sie daran gehindert. Sie kehrt um und kommt so »nach En-Mischpat, das ist Kadesh« (Gen 14,7). Vielleicht wurde sie durch Abraham gezwungen, wie in assyrischen Texten angedeutet wird: »Der Sohn des Priesters, den der Rat der Götter in seiner Weisheit erwählt hatte, stand ihnen im Wege und verhinderte die Plünderung.« Auf dem Rückweg »im Tale Siddim« besiegten sie zwar die kanaanitischen Fürsten, wurden aber schließlich von Abraham aufgerieben.

Dieser Krieg ist auf einem sumerischen Rollsiegel dargestellt. Es zeigt als Symbol des Fliegens eine Art Startrampe mit zwei Flügeln, aus der eine kleine, ebenfalls geflügelte Rakete aufsteigt, neben ihr zwei himmlische Wächter. Ein Halbmond, das Zeichen des Gottes Sin, kennzeichnet den Ort, sein Land: Sin-ai. Vorn ist ein von Soldaten umgebener gekrönter Reiter zu sehen. Abraham? Vier Könige – *die* vier Könige – kehren ihm und dem Sinai den Rücken zu. Abraham konnte allerdings nicht verhindern, daß Marduk, der Zuflucht im Hethiterland gesucht hatte, nach Babylon zurückkehrte. Aber der Krieg der Götter wurde fortgesetzt:

»Als der Sohn des Marduk (Nebu)
im Land an der Küste war,
beschloß Der des Bösen Windes (Erra),
sein Land zu verbrennen.«

Der Bibel nach (Dtn 29,22–27) wurden Sodom und Gomorra von Gott zerstört, »weil sie fremden Göttern dienten«. Und als der »Rat der Götter« Marduk das Recht auf Machtentfaltung in Babylon zubilligte, griff Erra zur »äußersten Waffe«, um Nebu und seine Städte zu vernichten und schließlich den erstarkenden Marduk daran zu hindern, den Raumflughafen der Götter zu besetzen: »Er soll keinen Zugang zum Platz der Götter haben. Den Ort, von dem die Großen aufsteigen, werde ich zerstören.«

Um Marduks Macht in Grenzen zu halten, stimmte der Rat der Götter unter Vorsitz Enlils dem Plan des Erra zu. Der erste Atomkrieg der Geschichte begann:

»Zum erhabensten Berg (Sinai) ging Erra,
die unvergleichlichen sieben Waffen
zog er hinter sich.
Am erhabensten Berg angekommen,
erhob er seine Hand –
zerschmetterte ihn,
er vertilgte seine Ebene,
keinen Baum ließ er stehen in ihren Wäldern.«

Noch heute ist auf Luftaufnahmen des Sinai eine schwärzliche Narbe erkennbar, die vom Osten her in spitzem Winkel nach innen verläuft. Aus der Nähe gesehen, handelt es sich um schwarz verfärbte Steine, die für Geologen ein Rätsel sind. Im Erra-Epos gibt es einen klaren geographischen Hinweis darauf, daß die »sündigen Städte« Sodom und Gomorra danach zerstört wurden. Hier wird nämlich die »Königsstraße«, der uralte Karawanenweg zwischen Elath und Kadesh, erwähnt, die am östlichen Ufer des Toten Meeres verlief:

»Erra folgte der Königsstraße
und vernichtete die Städte,

übergab sie der Zerstörung.
In den Bergen verursachte er Verwüstung,
ihre Tiere ließ er zugrundegehen,
ihre Bewohner verschwanden,
ihre Seelen wurden zu Dunst ...
Er brannte den Feind nieder.
Er, der das ungehorsame Land auslöschte;
er, der die Anhänger des Bösen Wortes vernichtete;
er, der Steine und Feuer auf die Feinde regnen ließ.«

Die Übereinstimmung mit der Beschreibung der Bibel läßt
keinen Zweifel offen, daß es sich um ein und dieselbe
Katastrophe handelt. »Feuer und Schwefel« regneten auch
auf Sodom und Gomorra, und »Rauch stieg aus dem Erdboden wie der Rauch eines Schmelzofens« (Gen 19,24–28).
Selbst das so genau beschriebene Verhalten von Lots Weib,
die zu einer »Salzsäule« erstarrte, als sie sich umdrehte und
in die »atomare Sonne« blickte, wird erklärbar, wenn als
Ursprache der Bibel Sumerisch vorausgesetzt wird. Im Sumerischen gibt es für »Salz« und »Dunst« nämlich nur ein
Wort: NI.MUR. »Ihre Seelen wurden zu Dunst«, heißt es im
Erra-Epos. Da das Tote Meer im Hebräischen aber »Der
Salzsee« genannt wird, ist wohl ein verständlicher Überset-
zungsfehler im Spiel.
In letzter Konsequenz traf die »Bestrafung« allerdings den
Falschen. Denn der Vernichtung der »sündigen Städte«
folgte ein Fluch, dem Sumer selbst zum Opfer fiel:

»Ein Sturm, der böse Wind,
zog am Himmel entlang,
Ein böser Windstoß ging dem unheilvollen Sturm voraus;
mächtiger Nachwuchs, tapfere Söhne,
waren die Kinder der Pestilenz.«

Sumerische, babylonische und assyrische Texte beschreiben die zum Untergang Sumers führende Katastrophe in allen Einzelheiten. Darin ist festgehalten, daß der »unsichtbare Tod« in einer vom »bösen Wind« getriebenen Wolke kam; daß er »das Land bedeckte wie ein Mantel, wie ein Leichentuch legte er sich über die Städte. Braun ist seine Farbe, die Sonne am Horizont verhangen durch seine Dunkelheit... Der bittere Atem der Götter, von Westen kommend bringt er Düsternis von Stadt zu Stadt.« Entstanden war er durch einen »leuchtenden Blitz inmitten der Berge (im Westen) in der Ebene ohne Mitleid... nahe dem Busen des Meeres«, dem Golf von Elath.

»Gigantische Strahlen reichten an den Himmel, die Erde erzitterte bis in ihr Herz, und selbst die Großen Götter erbleichten.« Ihre Städte waren in großer Gefahr. »Ninki, die große Dame, flog wie ein Vogel, verließ ihre Stadt, und andere folgten«, heißt es im »Klagelied über Eridu«. Als Enki nach Eridu zurückkehrte, fand er die Stadt »erstickt im Schweigen... Die Leichen ihrer Bewohner lagen in Haufen auf der Straße« – ähnlich wie in Mohenjo Daro. Im »Klagelied auf Nippur« ist eine ähnliche Beschreibung festgehalten: »Die Toten füllten die Straßen der Stadt, Leichen lagen in ihren stolzen Straßen, die dort so gerne promenierten, waren tot. Verstreut lagen sie auf ihren Alleen, wo sie so gerne Feste feierten.«

Als die Todeswolken sich Babylon näherten, fragte Marduk seinen Vater Enki verzweifelt, was er tun solle. Der Rat des Gottes, den Marduk an sein Volk weitergab, lautete: Verlaßt die Stadt, aber zieht nur nordwärts und »dreht euch nicht um, schaut nicht zurück«. Lot wurde von den »Engeln« ähnlich beraten. Er dürfe für seine Familie weder Nahrung noch Wasser mit sich führen, denn das könnte »vom Geist berührt« sein. Und wem die Flucht nicht möglich sei, der solle sich »in einer Kammer tief unter der Erde, in der Dunkelheit verbergen«, bis der »Böse Wind« vorüber wäre. Bessere Ratschläge können uns die heutigen Selbstschutzratgeber auch nicht geben – für den Fall eines nuklearen Fallouts.

Der »Wind des Todes« besiegelte das Schicksal der sumerischen Zivilisation; alles Leben war durch seinen Gifthauch zum Dahinsiechen verdammt. Sumer lag wehrlos am Boden – eine leichte Beute für die nun einfallenden Stämme der Elamiter.

Das »Klagelied über die Zerstörung von Ur« ist zugleich der Abgesang von Sumer. Es dokumentiert seinen endgültigen Abtritt von der Weltbühne. Die eindringlichen Worte des literarischen Zeugnisses dieser Katastrophe sollten uns Mahnung sein:

»Der böse Sturmwind hat, die Zeit zu ändern
und das Gesetz zu tilgen, ein Orkan, gewütet.
Er stürzte Sumers alte rechte Ordnung.
Die Zeit der guten Herrscher ist dahin.
In Trümmern liegen nun des Landes Städte,
und öde sind die Hürden, sind die Pferche.
Wo sind die schweren Rinder hinterm Gatter,
wo sind die Schafe, die hier Lämmer warfen?
Das Wasser der Kanäle wurde bitter,
und schüttres Gras deckt das Getreidefeld;
die Steppe bringt nur »Wehkraut« noch hervor.
Die Mutter heget keine Kinder mehr,
nicht ruft der Vater zärtlich nach der Gattin,
noch jauchzt die Liebste an des Mannes Brust.
Das Knie der Mutter wiegt die Kinder nicht,
verstummt sind auch der Amme Schlummerlieder.
Des Euphrat und des Tigris öde Ufer,

die lassen wachsen nur noch böses Kraut.
Es wagt kein Mensch, die Straßen zu begehen,
verängstigt hockt er in der Trümmerstadt,
in der nur Not und Tod noch Wohnung hat.
Die Götter haben Ur verlassen,
sie bleiben fern von dieser ihrer Stadt.
Sie halten sich verborgen in den fernen Bergen,
entkommen in der fernen Ebenen Weite.
So haben An und Enlil das Geschick bestimmt.
Das Wort des An – wer stürzte es wohl um,
und wer vermöchte Enlils Rat zu ändern?
O Sumer, Land der Furcht, da Menschen zagen:
Die Götter gingen, und ihre Kinder klagen.«

Februar 1991, 4000 Jahre später. Erneut klagen die Kinder
der Götter um das Land zwischen Euphrat und Tigris. Ein
neuer Sturmwind der Zerstörung jagte über alte und neue
Städte dahin. Einige hunderttausend Bomben, eine Ton-
nage vom doppelten Ausmaß derjenigen, die während des
ganzen Zweiten Weltkriegs auf Europa niederging, verwandelte Sumer in eine Mondlandschaft. Ur erlebte seinen
zweiten Untergang.
»Die archäologischen Stätten des Zweistromlandes sind
bedroht«, lautete eine Meldung, die im Bombenhagel des
Golfkrieges fast unterging. Neben den Ruinen von Ur, der
einstigen Stadt Abrahams, befand sich ein irakischer Mili-
tärflugplatz, den die Alliierten dem Erdboden gleichmach-
ten. Kultur als Geisel? US-Verteidigungsminister Cheney
rechtfertigte die Bombardierung am 13.2.1991 damit, daß
zwei MIG 21-Abfangjäger bei Ur geortet worden seien –
unmittelbar neben jener Pyramide, die den Ägyptern als
Vorbild für den eigenen Pyramidenbau diente. Da das
irakische Raketenzentrum Mossul direkt neben Ninive

errichtet wurde, lag hier ein weiteres wichtiges Bomben-ziel.

Die Warnung des Jonas, der Herr werde »Feuer und Flam-men« auf die sündige Stadt regnen lassen, bewahrheitete sich mit 2700jähriger Verspätung. Denn diesmal hatte kein weiser König ein Einsehen. Bis heute weiß noch niemand, was im Trümmerhaufen dieses Krieges und seiner Folgen von einer 5000jährigen Kulturgeschichte übriggeblieben ist: von den Städten der Götter, von der Wiege der Mensch-heit und vom einstigen »Garten Eden«.

5

Der Ninive-Effekt

Es deutet alles darauf hin, daß sich zwischen jeder Art von belebter und auch unbelebter Materie ein Informationsaustausch vollzieht. Während diese Informationen von Tieren und Pflanzen instinktiv aufgenommen werden, übernimmt das Unterbewußtsein beim Menschen die Verantwortung für diese außersinnlichen Wahrnehmungen. Nur in Ausnahmefällen dringen diese Informationen über eine Kette von Reaktionen ins Bewußtsein. Denn wir befinden uns viel häufiger in einer Art »Halbbewußtsein«, in das die vom Unterbewußtsein gefilterten Informationen tröpfchenweise entlassen werden. Wir werden von einem Unbehagen befallen – von einer Vorahnung –, ohne zu wissen, warum. Wir glauben, beobachtet zu werden, und erfahren später, daß es tatsächlich der Fall war. Immer wieder werden wir mit so unbegreiflichen Phänomenen wie Intuition oder Präkognition konfrontiert.

Der amerikanische Mathematiker William Cox ging jahrelang den Ursachen von Eisenbahnunfällen auf den Grund. Dabei fielen ihm nebenbei Daten über die Anzahl der Reisenden zum Zeitpunkt der Unfälle in den betroffenen Zügen zu. Dieses Material verglich Cox mit der Anzahl der Passagiere, die eine Woche lang die gleiche Strecke mit eben diesem Zug gefahren waren, bevor er entgleiste. Zusätzlich überprüfte Cox dann noch die Anzahl der Reisenden am vierzehnten, einundzwanzigsten und achtundzwanzigsten Tag vor dem Unglück.

Ergebnis: Züge, die später tatsächlich verunglückten, wurden merkwürdigerweise gemieden. In den aus den Gleisen gesprungenen oder durch das Unglück beschädigten Waggons befanden sich stets weniger Fahrgäste als gewöhnlich zur selben Tageszeit auf der gleichen Strecke. Der Unterschied war so groß, daß der Zufall mit 1:100 ausgeschlossen werden konnte.

Wer von uns weiß schon, ob unseren Vorahnungen nicht eine mathematische Wirklichkeit zugrunde liegt und ob es nicht eine Art Kollektivbewußtsein über die Zukunft gibt? Ist die Überlebenskunst nicht letztlich davon abhängig, Unglücksfälle möglichst zu verhindern oder zu meiden, indem wir unseren Vorahnungen mehr Beachtung schenken? Damit schließt sich der Kreis.

Anfang 1991 schien sich eine uralte Prophezeiung zu bewahrheiten. Als das Ultimatum der Vereinten Nationen an den Irak zur Räumung Kuwaits am 16. Januar ablief, standen sich am Golf die beiden größten Streitmächte seit Beendigung des Zweiten Weltkriegs gegenüber: eine knappe Million Soldaten auf irakischer und etwa 600 000 auf alliierter Seite. Ein wahrhaft apokalyptisches Szenario, das die irakische Führung zum »Heiligen Krieg«, zur »Mutter aller Schlachten« erklärte. In geschickter Eigenpropaganda versuchte Saddam Hussein zudem immer wieder, die Aufmerksamkeit von der Annexion Kuwaits auf einen Dorn im Fleisch der arabischen Völker zu lenken: die Palästinenserfrage. Er verglich seine Besetzung des Öl-Emirats mit der Besetzung Palästinas durch die Juden. Er rief sogar zum Heiligen Krieg gegen »die Amerikaner, die Zionisten und ihre Lakaien« auf und nutzte jede Möglichkeit, Tel Aviv mit Scud-Raketen anzugreifen. Der Krieg am Golf drohte um ein Haar, sich zum Krieg um Israel auszuweiten. Hätte sich der jüdische Staat tatsächlich zu einem Gegenschlag verleiten lassen, wäre es Saddam Hussein leicht gelungen, die arabischen Nationen auf seine Seite zu ziehen. Dann hätte sich möglicherweise eine Prophezeiung erfüllt, die seit den Tagen der babylonischen Gefangenschaft über dem Volk Israel schwebt.

»So spricht der Gebieter und Herr«, heißt es im Buch des Propheten Ezechiel: »Wahrlich, ich hole die Söhne Israels aus den Völkern heraus, zu denen sie ziehen mußten, und schare sie von allher zusammen; ich bringe sie in ihre Heimat zurück.« Diese Prophezeiung des um 623 v. Chr. geborenen Ezechiel beziehen die Juden auf die Gründung des Staates Israel im Jahr 1948. »Ich mache sie zu einem einzigen Volk in meinem Lande und auf den Bergen Israels ... Sie werden dann in dem Lande wohnen, das ich meinem Knecht Jakob gegeben und wo ihre Kinder gewohnt haben. Sie werden für dauernd darin wohnen, sie selbst, ihre Kinder und Kindeskinder ... Meine Wohnstätte wird bei ihnen sein. Ich werde ihr Gott sein, und sie werden mein Volk sein.«

Doch danach, so der Prophet, zieht Unheil herauf: »Menschensohn, richte Dein Antlitz wider Gog und Magog, den Großfürsten von Meschech und Tubal (in der Apokalyptik endzeitlich vom Satan gegen Jerusalem geführte Feindgestalten; im Juden- und Christentum sind Gog und Magog bis zur Gegenwart mit antijüdischen und antichristlichen Mächten identifiziert worden). Ich locke dich heran und lege in deine Kinnbacken Haken ... Ich lasse dich und deinen ganzen Heerbann ausrücken ... Nach langer Zeit wirst du aufgeboten, am Ende der Jahre wirst du über mein Volk hereinbrechen, das, dem Schwert entronnen, zurückgekehrt ist in das Bergland Israel, das gar lange verwüstet lag. Nun ist es aus den Völkern herausgeführt, und alle Leute wohnen in Sicherheit. Dann wirst du heraufziehen, wie ein Unwetter wirst du heraufziehen.« (Ez 37,21–38,9.)

Diese Prophezeiung paßt verblüffend auf unsere Zeit. Ist mit der Formulierung »dem Schwert entronnen« der Nationalsozialismus und der Zweite Weltkrieg gemeint? Die Bewohner des Staates Israel wurden ja wirklich »aus den Völkern herausgeführt« – kamen aus allen Teilen der

Welt zusammen, von Amerika bis Rußland, von Europa bis Afrika. Drohte oder droht Israel die Völkerschlacht?

Auch der christliche Seher Johannes von Patmos bezieht sich in der »Apokalypse«, der »Geheimen Offenbarung«, auf Gog und Magog. So lautet die Prophezeiung des Johannes: »Der Satan wird ausgehen zu verführen die Heiden an den vier Enden der Erde, den Gog und Magog, sie zu versammeln zum Streit, welcher Zahl ist wie der Sand am Meer. Und sie zogen herauf über die breite Fläche der Erde und umzingelten das Lager der heiligen und geliebten Stadt (Jerusalem). Da fiel Feuer herab von Gott aus dem Himmel und verzehrte sie.« (Offb 20,7) Beschreibungen der apokalyptischen Heere deuten ebenfalls auf unsere Zeit hin, erinnern an moderne Waffentechnik. Da ist die Rede von »Heuschrecken, die das Land überfallen. Sie hatten Brustkörbe wie eiserne Panzer, und das Rauschen ihrer Flügel war wie das Rasseln vieler Pferdegespanne, die in den Kampf stürmen... Und in ihren Bäuchen war die Macht, Schaden zu tun den Menschen fünf Monate lang.« (Offb 9,9–10). Eine Beschreibung, die unschwer auf moderne Kampfbomber zutreffen könnte.

Während Prophezeiungen dieser Art noch zu Beginn unseres Jahrhunderts als unverständliche Symbolik erscheinen mußten, wirken sie heute beinah wie Dokumentarberichte aus einer technisierten Welt.

Die »Sieben Schalen des Zornes Gottes«, die (laut Offb 16,1 ff.) auf die Erde ausgegossen werden sollen, sind noch anschaulicher geschildert: Die erste fällt »auf das Land, und es entstand ein böses, übles Geschwür am Menschen«. Die zweite leert sich »über dem Meer, und es wurde wie das Blut von Toten, und es starben alle Lebewesen im Meer«. Die dritte senkt sich »auf alle Flüsse und Wasserquellen, und es bildete sich Blut«. Die vierte ist ausgerichtet

»auf die Sonne, und es wurde ihr gegeben, auf die Menschen zu brennen mit Feuersglut«. Die fünfte zielt »auf den Thron des Tieres, und sein Reich wurde verfinstert«. Die sechste ergießt sich »auf den großen Euphratstrom. Da vertrocknete sein Wasser, auf daß bereitet wird ein Weg für die Könige vom Aufgang der Sonne... Und sie versammelten sich an dem Ort, der auf Hebräisch Harmageddon heißt« (laut Offb 16,16 der mystische Ort, an dem die bösen Geister die »Könige der gesamten Erde« für einen großen Krieg versammeln). Dann wird die siebte und letzte Schale ausgegossen, »und es folgten Blitze, dröhnende Donner und ein großes Beben... Da zerfiel die Stadt in drei Teile, die Stadt der Heiden stürzte zusammen... Darum werden an einem einzigen Tag ihre Plagen kommen: Tod und Trübsal und Hunger; und im Feuer wird sie verbrannt werden; denn stark ist Gott, der Herr, der sie gerichtet hat.«

Ist die Zeit der Apokalypse nah, hat sie mit dem Golfkrieg ihre ersten Zeichen gesetzt? Wurden etwa schon fünf der sieben »Schalen des Zornes Gottes« über den Menschen »ausgeleert«? Zum Beispiel durch giftige Gase oder Giftstoffe als Konsequenz unzähliger Bomben und Geschosse und Verbrennungsrückstände gezündeter Ölquellen, die das ökologische Gleichgewicht empfindlich stören – also »böse Geschwüre am Menschen« auslösen? und die verheerende Ölpest im Golf – (schwarz) »wie das Blut von Toten« –, die das Leben im Meer vernichtet hat, ist sie ein weiteres Zeichen? Dazu nun auch noch die himmelhoch aufsteigenden stinkenden Qualmwolken von etwa 600 lodernden Ölquellen, die mit ihrem Ruß und giftigen Dioxinen Flüsse und Quellen verseuchen. Der schwarze Rauch macht den Tag zur Nacht und bringt Klimaveränderungen mit sich. Durch die zunehmende Zerstörung der Ozonschicht wird die Sonne schließlich zum »Killer« des Lebens.

Am 9. Januar 1991, eine Woche vor Ausbruch des Golfkrieges, trafen sich in London Wissenschaftler und Klimaforscher, um zu diskutieren, was geschehen würde, wenn Saddam Hussein seine Drohung wahrmachen würde, die Ölfelder Kuwaits abzufackeln. Denn genau das hatte der Diktator in seiner Rede vom 12. September 1990 angekündigt. Während der Londoner Konferenz rechnete der Chemiker John Kox den anderen Wissenschaftlern vor, daß drei Millionen Barrel Öl pro Tag in gefährliche Gase und Ruß verwandelt würden, wenn auch nur die Hälfte der insgesamt 950 Bohrlöcher Kuwaits in Brand stünde. Nach dem britischen Meteorologen Richard Scorer würde der daraus entstehende schwarze Schleier zum indischen Subkontinent ziehen und die Entstehung des Monsunregens so stark behindern, daß in Pakistan, Indien und Bangladesh die Ernten für eine Milliarde Menschen bedroht sind. Zudem hätte der Ölqualm die Erde in spätestens drei Monaten umkreist und Europa erreicht, meinte der Atmosphären-Chemiker Professor Paul Crutzen vom Max-Planck-Institut in Mainz. »Dann kann sich auch in Europa der Himmel trüben.« Selbst im günstigsten Fall, so die Wissenschaftler, würden die Ölquellen einige Monate lang brennen. Allein das Löschen einer Quelle dauert nach dem weltbekannten Löschexperten Red Adair zwischen vier Tagen und acht Wochen. Nach den Berechnungen von Kox würden somit 12 Millionen Tonnen Ruß in die Atmosphäre aufsteigen – genügend, um 120 Millionen Quadratkilometer zu verfinstern, also rund ein Viertel der Erdoberfläche. »Damit ergäbe sich eine atomkriegsähnliche Situation«, konstatierte Professor Crutzen; »die Hölle wäre los.« Die Folge: Ein von den Wissenschaftlern als »nuklearer Winter« bezeichneter Effekt, von dem bisher nur bekannt war, daß er im Fall eines Atomkrieges auftreten würde. Durch eine gleichmäßige Schicht dichter, schwarzer Wolken würde der Tag in Nacht verwandelt, und auf der nördlichen Halbkugel der Erde gäbe es einen raschen Temperatursturz um durchschnittlich 10 Grad. »Das bedeutet auch in Europa Ernteausfall«, befürchtete Crutzen, »ganze Gebiete würden unbewohnbar.«

Doch damit nicht genug, würde die neben Ruß vor allem aus dem klassischen Treibhausgas Kohlendioxid bestehende ungeheure Wolkenschicht durch die Sonne erwärmt, in die Stratosphäre aufsteigen und auf die Ozonschicht treffen. Das hätte fatale Folgen, da – nach Meinung der Wissenschaftler – bis zu 60 Prozent des schützenden Ozonmantels zerstört würden. Neben den bereits vorhandenen Ozonlöchern über der Arktis und der Antarktis entstünde ein drittes über dem Persischen Golf. Das würde eine weltweite Beschleunigung des sogenannten Treibhauseffektes um etwa 30 Jahre bedeuten. Ein schier unvorstellbares Horrorszenario. Da das »Treibhausklima« die Eismassen der Pole zum Schmelzen brächte, wären alle Küstenstreifen der Erde von gewaltigen Überschwemmungen bedroht, mit der Bedeutung: Land unter. Im Landesinneren wäre dagegen mit Dürre zu rechnen, die Flüsse würden austrocknen.

Dieses von den Wissenschaftlern in London vorausgesagte Szenario hat sich in seinen Ausmaßen – Gott sei Dank – nur teilweise bewahrheitet. Als die Iraker abzogen, hatten sie rund 600 der kuwaitischen Ölquellen in Brand gesetzt. Täglich gingen drei Millionen Barrel Rohöl in Flammen auf. Nach Schätzungen der Experten vom Washingtoner »Worldwatch-Institute« schleudern die 1000 Grad Celsius heißen Feuersäulen monatlich 675 000 Tonnen Ruß in die Atmosphäre, die als schwarze Flocken niederrieseln. In einer Region, die im März Temperaturen von weit über 20 Grad Celsius gewohnt war, sind diese auf vier bis zwölf

Grad gesunken. Das Land liegt im Dämmerlicht, da das Sonnenlicht die dichte Qualmwolkenschicht nicht mehr durchdringen kann. Das sind die Folgen des sogenannten »Heiligen Krieges«, die nun schon seit Monaten *das* Land geißeln, in dem dereinst die Hochkultur der Anunnaki herrschte.

»Er öffnete den Schacht des Abgrundes, und es stieg Rauch aus dem Schacht empor wie der Rauch eines mächtigen Ofens, und die Sonne und die Luft wurden verfinstert vom Rauch des Schachtes«, heißt es in der Offenbarung des Johannes (9,2). Wurden wir vor dieser Katastrophe gewarnt? Bezieht sich die Offenbarung auf unser Zeitalter? Doch welche Umstände führten die Propheten Ezechiel und Johannes von Patmos letztlich zu ihren Offenbarungen über die Zukunft der Erde?

Ezechiel wurde als Dreißigjähriger zum Propheten. Auf Befehl von König Nebukadnezar II. (605–562 v. Chr.) – der »Zuchtrute Gottes« – war Ezechiel mit Tausenden anderer Juden um 597 v. Chr. in eine 70jährige Gefangenschaft nach Babylon deportiert worden. Er verbrachte sein Leben in der Nähe von Nippur, der Stadt des Enlil, des Gottes von Abraham, am Fluß Chebar (eigentlich einem Kanal) im Lande der »Chaldäer«. Dort erlebte Ezechiel, wie »ein Sturmwind von Norden herkam, eine gewaltige Wolke und loderndes Feuer mit Glanz rings um sie her. Aus dem Inneren strahlte es wie blinkendes Glanzerz, aus der Mitte des Feuers. Aus ihm heraus erschien etwas, das vier lebendigen Wesen glich. Ihr Aussehen aber war dieses: Sie hatten Menschengestalt.« (Ez 1,4–6.) Ezechiel beschreibt mit aller zur Verfügung stehenden Metaphorik das Aussehen der vier Fremden und ihres Schiffes. Es sieht aus, als wäre es aus Edelsteinen – mit »Rädern in Rädern«, rotierenden Flanschen an der Unterseite und vier »Augen« (Bullaugen).

Unter etwas, »das wie ein Saphirstein aussah« (einer Kuppel), erkannte Ezechiel den »von einem Lichtkreis« (eben der Kuppel) umgebenen »Thron« des Kommandanten. Der sprach zu ihm, belehrte ihn und »hob ihn hinweg« von Nippur nach Jerusalem und zurück.

Ezechiels Vision hat Anlaß zu einer Reihe von Spekulationen gegeben. So nahm der NASA-Ingenieur Josef F. Blumrich den Bericht des Propheten sogar als »Gebrauchsanleitung« zur Konstruktion eines Raumschiffes – sozusagen zu einer 18 Meter breiten »fliegenden Untertasse« auf vier Landebeinen, von denen jedes mit vierblättrigen Rotoren ausgestattet war, unseren Hubschraubern ähnlich. Die Einzelheiten in Ezechiels Schilderung deuten fraglos auf eine Technik hin, die den Menschen zu Lebzeiten dieses Propheten noch unbekannt sein mußte: »Was man über den Häuptern der Lebewesen sehen konnte, war wie eine feste Platte, wie das erschreckende Blitzen von Bergkristall, nach oben hin ausgebreitet über ihren Häuptern. Unterhalb des festen Gewölbes waren ihre Flügel, einer neben dem anderen ausgespannt... Ich hörte das Rauschen ihrer Flügel, das dem Rauschen vieler Wasser, der Donnerstimme des Allmächtigen glich; wenn sie sich in Bewegung setzten, gab es ein lautes Getöse wie das Getöse eines Heerlagers. Standen sie still, so ließen sie ihre Flügel sinken.« (Ez 1,22–24.) Waren es Außerirdische – etwa die Anunnaki –, die mit Ezechiel Verbindung aufnahmen, um ihm eine Botschaft zu übermitteln? Eine Botschaft, die von den Juden in den Kanon ihrer heiligen Schriften aufgenommen wurde und später auch in das »Alte Testament« des Christentums. So konnte sie auf diese Weise zweieinhalb Jahrtausende überdauern. War die Warnung des Ezechiel für unser Jahrhundert bestimmt?

Auch Johannes von Patmos empfing seine Offenbarung

»durch Sendung eines Engels« (Offb 1,1): »Ich kam in eine Entrückung des Geistes am Tag des Herrn und hörte hinter mir eine Stimme gewaltig wie von einer Posaune, die sprach: ›Was du erblickst, das schreibe in ein Buch und sende es den sieben Gemeinden‹ ... Ich wandte mich um und ... sah sieben goldene Leuchter und inmitten der Leuchter einen, der einem Menschensohn glich, angetan mit einem bis zu den Füßen reichenden Gewand und an der Brust umgürtet mit einem goldenen Gürtel.« (Offb 1,10–13.) – einem schimmernden Overall? Zuerst diktierte der Abgesandte sieben Briefe an die sieben frühchristlichen Gemeinden in Kleinasien, dann führte er Johannes zu seinem Schiff: »Danach schaute ich, und siehe, eine Tür war aufgetan im Himmel, und die erste Stimme, die ich mit mir hatte reden hören gleich einer Posaune, sprach: ›Steig da herauf, und ich werde dir zeigen, was zu geschehen hat hernach.‹ Sogleich wurde ich im Geist entrückt, und siehe, ein Thron stand im Himmel, und auf dem Thron saß einer, und der darauf saß, war wie Jaspis- und Sardisstein anzusehen, und ein farbenreicher Strahlenbogen war rings um den Thron ... Vor dem Thron ist es wie ein gläsernes Meer, gleich einem Kristall.« Ihm wurde ein »Buch« gezeigt, ein »Buch mit sieben Siegeln«. Bei der Öffnung eines jeden Siegels erblickte Johannes eine Szene aus der Zukunft, die er in seiner Sprache, der Sprache des 1. Jahrhunderts nach Christus, zu beschreiben versuchte. Wie sich gezeigt hat, ist dies recht genau und verständlich gelungen. Das Buch – die Offenbarung des Johannes – hat zwei Jahrtausende (unzensiert) überlebt.

Als dritter hat der große französische Seher Nostradamus (1503–1566) vor der Krise am Golf gewarnt. Er hat den Zusammenschluß Deutschlands am 3. Oktober 1990 prophezeit und die Entspannungseuphorie der Jahre 1989 und 1990 als ihr Vorspiel bezeichnet:

»Das Reich des Tollwütigen (zweifellos Hitler), der den Weisen spielte, wird wieder vereint werden ... Damit bahnt sich bereits das nächste Unheil an. Dann nämlich, wenn die Welt in höchster und erhabenster Würde erstrahlt, rüsten die Machthaber und die Superheere, ... wird sie (die Welt) sich unter den Schutz des (Kriegsgottes) Mars stellen und Jupiter (Frieden und Wohlstand) aller Ehren und Würden berauben ... Alles zugunsten der freien Stadt, die in einem zweiten, kleinen Mesopotamien gegründet wurde ... Zur großen Schande der Niederträchtigen werden die Greueltaten bestritten. Die Enthüllungen bleiben im Nebel des getrübten Lichtes ... Es wird so aussehen, als hätte Gott der Schöpfer den Satan selbst aus seinem höllischen Gefängnis befreit, um Gog und Magog über die Welt kommen zu lassen.«

Die »freie Stadt in einem zweiten, kleinen Mesopotamien« – damit ist offensichtlich Kuwait gemeint. Denn geographisch gesehen führt eine Verlängerung des Irak an die Golfküste, zur Mündung der beiden Flüsse Euphrat und Tigris, nach denen das Zweistromland (»Mesopotamien«) genannt wurde. In einem Vers des Nostradamus wird diese Deutung bestätigt. Hier ist von »der freien Stadt des großen islamischen Meeres« die Rede, zu der »die englische Flotte im Schutze des Nebels« kommt, um »mitzumischen bei der großen Eröffnung des Krieges«.

Selbst vor den drohenden Folgen der Ölkatastrophe warnte der französische Seher: »Inzwischen entsteht eine so große Katastrophe, daß von drei Teilen der Welt mehr als zwei betroffen sind. Das wird so schlimm, daß man (an einigen Orten) nicht mehr erkennen kann, was zu den Feldern und was zu den Häusern gehört. In den Straßen wächst das Gras kniehoch. Über die Geistlichen bricht die totale Verzweiflung herein. Die Soldaten (des Irak) terrorisieren die Menschen. Es kommt zu einer Invasion von der Küste her ... Das Land, das einst von Abraham bewohnt wurde (der Süd-irak), wird von den Anhängern des Jupiter (USA) erstürmt werden. Und die Stadt Achem (Kuwait?) wird eingeschlossen und von allen Seiten von mächtigen Truppenverbänden bestürmt. Die Seestreitmächte der Westmächte werden sie (die Iraker) schwächen ... Dann wird der größte Teil der Truppen des orientalischen Machthabers aufgeschreckt und von den Leuten aus dem Norden und dem Westen (USA und Europa) geschlagen, besiegt. Der Rest kann fliehen.«

Wer war Nostradamus, der Mann, der den Golfkrieg beinahe wie ein CNN-Reporter beschrieb? Nostradamus kam als Sohn eines jüdischen Rechtsanwalts unter dem bürgerlichen Namen Michel de Notre Dame am 14. Dezember 1503 in St. Remy in der Provence zur Welt. Seine ersten Jahre verbrachte er bei Johann de St. Remy, seinem Großvater mütterlicherseits. Dieser war Leibarzt des Königs René, Herzog von Anjou, Bar und Maine, Herzog von Lothringen, Titularkönig von Jerusalem, Neapel und Sizilien. Als »Eingeweihter« lehrte der Großvater seinen Enkel Griechisch und Hebräisch, führte ihn in die Kabbalistik ein, die jüdische Geheimlehre, und machte ihn mit der »Weisheit der Sterne«, der Astrologie vertraut. Damit stellte er die Weichen für das weitere Leben des jungen Michel. Nach dem Tod des »geliebten Alten« kehrte Nostradamus erst einmal in sein Elternhaus zurück und machte sich von dort schließlich zum Studium auf. In Avignon, der Stadt der Päpste, studierte er Rhetorik und Philosophie, als die Pest das Land heimsuchte. Mit Mixturen, deren Rezepte ihm sein Großvater gegeben hatte, half er Kranken – und beschloß, Arzt zu werden. 1529 schrieb er sich an der damals berühmten Universität von Montpellier ein und schloß das Medizinstudium 1532 mit seiner Promotion ab.

Damit begann seine Karriere als Pestarzt. Er veranlaßte die Bewohner bedrohter Gebiete zu Spülungen des Nasen- und Rachenraums mit einer von ihm zusammengestellten Kräutermixtur, offensichtlich zur Desinfektion, und empfahl strengste Hygiene. Mit Erfolg: Wer den Rat des Nostradamus annahm, blieb von der Krankheit verschont. Er bestritt seinen Lebensunterhalt als reisender Arzt, und sein Weg führte ihn bis nach Oberitalien. Sobald in irgendeiner Stadt die ersten Fälle des »schwarzen Todes« gemeldet wurden, nahm er dort seinen Kampf gegen die Krankheit auf. Zu seinem Freundeskreis gehörten namhafte Philosophen und »Eingeweihte«, so der Franziskaner-Mönch Rabelais, der spätere Günstling und Berater von Kardinälen und Päpsten; auch der Philosoph und Dichter Jules Cäsar Scalinger sowie Kardinal Jean von Lothringen und der Alchemist Nicholas de Vicheray. Nostradamus hielt sich mehrere Monate im Kloster von Chambéry in den Savoyer Alpen auf, desgleichen in der Abtei von Orval in Lothringen. Endgültig seßhaft wurde er erst 1549 in Salon, Provence. Dort heiratete er Anna Gemella, eine wohlhabende Witwe, und eröffnete eine Praxis. Viele seiner Nachtstunden waren dem Studium der Geheimwissenschaften gewidmet: Er las die von seinen Reisen mitgebrachten Schriften über die Geheimlehren der Eingeweihten. Das oberste Stockwerk seines Hauses ließ er zum Observatorium ausbauen, und er legte eine stattliche Bibliothek an.

Später, mit Beginn seiner dunklen, mehrdeutigen Verse, schreibt er dann:

»Nachts sitze ich bei geheimen Studien
allein auf bronzenem Stuhl:
da dringt aus der Einsamkeit eine schlichte Flamme,
läßt erkennen, woran man nicht vergeblich glauben soll.

Mit der Rute in der Hand bin ich versetzt
in die Mitte der Branchiden,
das Wasser netzt mir Füße und Saum.
Durch die Zweige überkommt mich Furcht.
Meine Stimme zittert.
Göttliches Leuchten.
Das Göttliche läßt sich bei mir nieder.«

(Branchiden sind Nachkommen des griechischen Sehers
Branchos, Verwalter der Orakelstätte des Apollo in Didyma
bei Milet.) Wie die Pythien, die Seherinnen der Antike,
befragte er das »göttliche Orakel«. Sein Vers bezieht sich
hier zweifellos auf den 330 n. Chr. verstorbenen neuplato-
nischen Philosophen Jamblichos von Chalkis und sein Werk
»Über die Geheimlehren«, in dem »die Mysterien der Ägypter, Chaldäer und Assyrer« behandelt werden.
In Kapitel III, Absatz 11, schreibt Jamblichos über die Mantik – die »gotterfüllte Vorherkündung der Zukunft an den
Orakelstätten«: »Manche sagen die Zukunft voraus, nachdem sie ein bestimmtes Wasser getrunken, wie der Priester
des karischen Apollo in Kolophon, andere, indem sie bei
bestimmten Schlünden sitzen, wie die, die in Delphi weissa-
gen, und endlich noch andere, indem sie aus bestimmten
Wassern die Dünste, die ihnen entsteigen, einatmen, wie die
Orakelpriesterinnen der Branchiden (in Didyma).«
Einige Zeilen später fügt Jamblichos über die Seherin der
Branchiden hinzu: Dieses Ritual »beweist nämlich, daß sie
den Gott bittet, anwesend zu sein, und daß seine Anwesenheit von außen her erfolgt.« Mit anderen Worten: Sowohl
die Meditation auf dem Pythienstuhl als auch die Konzen-
tration auf das Wasser dienen nur der Einstimmung auf den
Akt der Prophetie. Entscheidend jedoch ist, daß »der Gott«
leibhaftig anwesend sein muß. Es geht also um keine innere,

meditative Vision, sondern um einen »von außen her erfolgenden« Hinweis. Weiterhin verweist Jamblichos darauf, daß echte Mantik nur durch die Götter zustandekommen kann. Auch Nostradamus deutete ein noch unverständliches Geschehen als »göttliches Leuchten; das Göttliche läßt sich bei mir nieder«.

Die von Nostradamus auf diese Weise empfangenen Informationen hinterließ er in verschlüsselten Versen. Von den in zehn »Centurien« (Hundertschaften) geordneten »Quatrains« sind 965 dieser Vierzeiler erhalten geblieben. Die ersten 600 veröffentlichte er im Jahre 1555 unter dem Titel: »Die wahren Centurien und Prophezeiungen von Dr. Michel Nostradamus..., in denen all das aufgezeigt wird, was Frankreich, Spanien, Italien, Deutschland, England und die anderen Länder der Welt betrifft.« Die zweite Sammlung von 365 Vierzeilern sowie der Brief des Sehers an König Heinrich II., in dem er dessen Zukunft zwar verschlüsselt, aber in chronologischer Reihenfolge aufzeigt, wurde 1568, nach dem Tod von Nostradamus, durch seinen Schüler Jean de Chavigny veröffentlicht.

In einem als Brief an seinen Sohn Cäsar gerichteten Vorwort zu seinem ersten Centurienband erklärt Nostradamus den Grund für die Verschlüsselung seiner Verse. So sagt er: »Ich habe den Weg gewählt, in unergründlichen und vieldeutigen Orakeln zu schreiben – in verschleierten, rätselhaften Bildern: Weil die Ursachen indifferent sind und die Erfüllung ohne Rücksicht auf den Urheber der Weissagung nur unvollkommen zutrifft; das menschliche Schicksal letztlich ungewiß ist und daher alles von der unermeßlichen Gnade Gottes getragen und bestimmt ist.« Zudem habe er die Nachwelt nicht beeinflussen wollen. Doch »wem es gelingt, die Stirnbinde von einigen zurückzuziehen (einige seiner Verse sozusagen zu demaskieren), dem wird Einblick in

einen langen Zeitraum zuteil – es sind fortlaufende Prophezeiungen von heute (1555) bis zum Jahr 3797.«

Danach wären Prophezeiungen also Warnungen beziehungsweise aufgezeigte Wahrscheinlichkeiten. Da wir ohnehin nur mit subjektiven Wirklichkeiten konfrontiert werden, liegt es an uns, bestimmte Möglichkeiten zu realisieren.
Der Prophet ist also eine Art Zeitreisender, der Ereignisse
wie Ortschaften in einer Landschaft sieht und beobachten
kann, welcher Weg zu welchem Ereignis eingeschlagen
wird. Dabei gibt es in der Zukunft Ortschaften – Ereignisse –, die mit Gefahren verbunden sind, die sozusagen
Fallen darstellen. Und hier kommen die Warnungen des
Sehers als Prophezeiung ins Spiel. Es bleibt uns also überlassen, von den verschiedenen Möglichkeiten eine positive
Wahrscheinlichkeit zu wählen.

Nostradamus zeigt uns so die Möglichkeit, Situationen und
ihre Folgen, mit denen wir konfrontiert werden, zu erkennen. Wie wir sie dann handhaben, bleibt uns überlassen. Er
hat oft genaue Ortsangaben, Personenbeschreibungen und
Datenangaben unterlassen. Hat er sie verschlüsselt, um die
Gefahr einer sich selbst verwirklichenden Prophetie einzu-
dämmen? Um einen aufkommenden Zwang zu verhindern,
das verwirklichen zu wollen, vor dem er gewarnt hat?
Vielleicht aber wollte er lediglich darauf hinweisen, daß es
keinen absoluten Determinismus gibt. Denn welchen Sinn
hätte es, ein Geschehen vorauszusagen, wenn es ohnehin
unumgänglich ist?

Viele Propheten glauben, »im Auftrag Gottes« zu warnen,
so einst auch Jonas. Und das Wort des Herrn erging an
Jonas: »Auf, geh nach Ninive, der großen Stadt, und ver-
künde ihr: Noch vierzig Tage, und Ninive wird untergehen.« Die Einwohner von Ninive glaubten Gott und riefen
ein Fasten aus. Groß und klein unter ihnen legten sich

Bußgewänder an. Die Kunde drang bis zum König von Ninive. Da erhob er sich von seinem Thron, legte sein Obergewand ab, hüllte sich in ein Bußgewand und setzte sich in den Staub. Auf Befehl des Königs und seiner Großen ließ man in Ninive verkünden: »Jeder bekehre sich von seinem bösen Wandel und von dem Unrecht, das an seinen Händen klebt!« Als nun Gott ihr Tun sah, daß sie sich nämlich von ihrem bösen Tun bekehrten, da ließ er sich des Unheils gereuen, das er ihnen angedroht hatte, und führte es nicht aus.« (Jonas 3,4–10.) Als Jonas sah, daß sich seine Prophezeiung nicht erfüllte, wurde er zornig, haderte mit Gott. Wie konnte der Herr ihn nur so blamieren? Er hatte ihm aufgetragen, einer Stadt zu verkünden, daß sie untergehen werde – und nun fand dieser Untergang nicht statt!

Wurde Jonas damit zum Stammvater der falschen Propheten? Mitnichten. Er lehrte nur die Bedeutung echter Prophetie. Nennen wir es den »Ninive-Effekt«. Mit anderen Worten: Wird eine Warnung früh genug befolgt, läßt sich ihre Erfüllung verhindern.

Die Weisen des Ostens sagen: Alles ist dem Karma, dem Gesetz von Ursache und Wirkung unterworfen. Jedes Unheil ist die Folge menschlicher Fehler. Ohne Ursache also keine Wirkung. Anscheinend liegt darin der Sinn und Zweck alter Prophezeiungen für unsere Zeit, der Weissagungen des Ezechiel, des Johannes von Patmos und des Nostradamus. Die Warnungen des Ezechiel und des Johannes überdauerten in den »Zeitkapseln« der Heiligen Schriften Jahrtausende. Aber in den letzten vier Jahrhunderten machte vor allem Nostradamus immer wieder von sich reden. So fand schon sein erstes Buch am französischen Königshof Beachtung, da sich die Königin – Katharina von Medici – für die »Geheimwissenschaften« interessierte. Sie lud Nostradamus nach Paris an den Königshof ein. Als sich die erste seiner Voraussagen dann wenige Jahre später erfüllte, hatte er den Zenit seines Ruhms erreicht:

»Der junge Löwe wird den alten besiegen,
auf dem Kampfplatz bei einem einzigen Duell.
In seinem goldenen Käfig wird er ihn blenden.
Zwei Wunden in einer, um einen grausamen Tod zu sterben.« (I/35.)

Am 1. Juli 1559 forderte König Heinrich II. den Hauptmann seiner Leibwache, Graf Montgomery, während eines Hochzeitgelages zum Zweikampf mit Schwert und Lanze auf. Aber der Wettkampf endete tragisch. Die Lanze des jüngeren Montgomery drang durch das goldene Visier tief in das Auge des Königs. Heinrich II. erlag zehn Tage später seiner schweren Verletzung. In Betroffenheit über die Erfüllung der Weissagung reiste die Königin eigens nach Salon, um den Seher über das Schicksal ihrer vier Söhne zu befragen.

Doch danach zeichnete sich langsam das Ende des Propheten ab. Er reiste noch einmal nach Italien – und kehrte heim, an Gicht und Herzasthma erkrankt. Am frühen Morgen des 2. Juli 1566 verließ der Seher wegen eines Herzasthmaanfalls sein Bett und brach tot auf einer Bank zusammen, wie er es einmal vorausgesagt hatte: »Auf einer Bank an meinem Bett werd ich gefunden, tot.«

Seine sterbliche Hülle wurde – außergewöhnlich für einen Anhänger der Geheimwissenschaften – in einem Sarkophag in der Franziskaner-Minoritenkirche zu Salon beigesetzt. Auf seiner Grabplatte, die noch heute zu besichtigen ist, heißt es:

»Hier ruhen die Gebeine des
Michel Nostradamus,
dessen beinahe göttliche Feder,
von allen geachtet,
würdig war zu schreiben
und den Menschen mitzuteilen
die nach dem Einfluß der Sterne
kommenden Ereignisse
rund um den Erdball.«

Viele der von Nostradamus prophezeiten Ereignisse sind
eingetreten und gehören heute zur Geschichte. Seine Beschreibung der Bartholomäusnacht von Karl IX. war
ebenso korrekt wie die der englischen Revolution, die er
für das Jahr 1649 richtig angekündigt hatte. Auch der
Großbrand von London ereignete sich im von ihm vor-
hergesehenen Jahr. Er »sah« die Französische Revolution
von 1789 und die Hinrichtung von König Ludwig XVI.
»inmitten des Volkes«. Er wußte um den kometenhaften
Aufstieg Napoleons, den er »nahe bei Italien als Kaiser
geboren« beschrieb und als »Neon Apollyon« (griechisch:
»Der neue Zerstörer«) charakterisierte. Er sah die Kon-
flikte des 19. Jahrhunderts ebenso voraus wie die beiden
Weltkriege, die russische Revolution und die Geburt des
Faschismus »in Italien, Spanien und Deutschland zugleich«. Über das Staatsoberhaupt Spaniens nach dem
Bürgerkrieg hat er festgehalten: »In einer befestigten Stadt
Kastiliens wird Franco aus einer Junta hervorgehen.« Hitler wird von Nostradamus (wegen seiner hysterischen Re-
deweise) »Hister« genannt, und sein »dem Kampfe ge-
weihtes Buch« würde über seine wahren Pläne Aufschluß
geben. Doch von allen Seiten bedrängt, würde der »Füh-
rer von Großdeutschland« seinem Leben bei einem Fest-

mahl durch Erschießen ein Ende setzen. Von Mussolini dagegen sind nur die Initialen vorausgesagt: »D. M.«, Duce Mussolini.

Doch auch die Erfindungen unserer Zeit hat Nostradamus allem Anschein nach vorausgesehen. In frappierenden Versen beschreibt er offenbar einen Luftkrieg – »ungewöhnliche Vögel, die huy, huy schreien« – und »eine Schlacht, am Himmel geschlagen«. Zudem spricht er von »unterseeischen Flotten« und einem »Fisch, in dem Briefe und Waffen eingeschlossen sind« – Unterseeboote? Diese Vorhersagen konnten erst in unserer Zeit interpretiert werden. Noch 1710 räumte der biedere Pfarrer Jean de Roux in einer Abhandlung über den »Schlüssel des Nostradamus« ein, daß zumindest diese Beschreibungen ins Reich der Phantasie eingeordnet werden müßten. »Speere und Lanzen«, »Donnerkeile« oder einfach »Blitze im feurigen Bogen« – hat Nostradamus damit etwa auf Raketen angespielt? Die Aussage »Er wird sich zur Ecke von Luna begeben, wohin er gebracht und abgesetzt wird« bezieht sich dagegen offensichtlich auf die Mondlandung.

Die präzisen Aussagen des Sehers waren natürlich auch für Politiker von Interesse – wie es gerade genehm war. Als nämlich Frankreich im Zweiten Weltkrieg von den Deutschen besetzt wurde, hatte die Gestapo die »Nostradamus-Exegese« des französischen Schriftstellers Dr. Max de Fontbrune auf ihrer »schwarzen Liste« ganz oben plaziert. Darin sind der Einmarsch der Deutschen, die Rückkehr General de Gaulles, aber auch die Niederlage Hitlers exakt vorausgesagt. Im Mai 1941 ließ Hitler alle Astrologen von der Gestapo verhaften und alle Nostradamus-Ausgaben beschlagnahmen. Nur der schweizer Astrologe Krafft kam »mit einem blauen Auge« davon. Dr. Goebbels stellte ihn in die Dienste des Nazi-Regimes, um Nostradamus künftig im

Sinne Hitlers zu deuten. Als der Schwindel dann aufflog, fiel Krafft in Ungnade und starb im KZ. Als offizieller Grund für die Beschlagnahmung der Nostradamus-Centurien wurde angegeben, es müsse verhindert werden, daß der Feind durch die von dem Propheten so genau vorausgesagten Ereignisse Einblick in die Pläne Hitlers erhalte. Auf der anderen Seite ließ es sich der britische Geheimdienst 80 000 Pfund Sterling kosten, um die Deutschen mit Hilfe der Weissagungen des Propheten von der Hoffnungslosigkeit ihres Widerstandes zu überzeugen.

Es gibt auch Hinweise auf Tschernobyl, den Falkland-Krieg, das Ende des Schahs und die Machtergreifung Khomeinis im Iran – »Revolution, Hunger und Krieg werden in Persien kein Ende nehmen, wenn der allzu große Glaube den Monarchen verrät, dessen Ende in Frankreich beginnen wird, durch einen Propheten, der sich an einem versteckten Ort zurückgezogen hat« (Khomeini). Und die Worte »Die beiden großen Mächte werden Freunde werden« könnten sich ohne weiteres auf das neue, positive Verhältnis zwischen den USA und der UdSSR beziehen. Israels Schicksal dagegen schlägt sich in dem dunklen Hinweis nieder: »Die Synagoge, die keine Frucht hervorbringen wird, wird aufgenommen zwischen den Ungläubigen. Von der Tochter Babylons droht ihr Verfolgung. Unglück und Trauer werden ihre Flügel stutzen.«

6

Die Erben der Bundeslade

Die Spekulationen um die Bundeslade, um ihren Inhalt und ihre wahre Funktion sind bis heute nicht zur Ruhe gekommen. Oft wird in ihrem Zusammenhang der »Heilige Gral« als Bestandteil erwähnt. Bisher gibt es jedoch keine überzeugende Deutung seines Namens – Lapsit exillis –. »Es könnte sich um eine Verballhornung von lapsit ex caelis (es fiel vom Himmel) handeln oder auch von Lapis lapsus ex caelis (ein vom Himmel gefallener Stein), schließlich aber auch von Lapis elixier – dem vielzitierten ›Stein der Weisen‹ der Alchimisten«, stellen die Autoren Lincoln/Baigent und Leigh in »Der heilige Gral und seine Erben« fest.

»In den letzten Jahren und Jahrzehnten wurden zahlreiche Abhandlungen über die Gralsepik, ihren Ursprung und ihre Entwicklung, ihren Einfluß auf die Kultur und ihre literarischen Qualitäten vorgelegt. Darüber hinaus existiert eine Vielzahl von Studien über die Tempelritter und ihre Kreuzzüge«, tragen die Autoren vor. Aber auf dem Gebiet des höfischen Epos gab es nur wenige Experten, die Historiker waren, und noch weniger zeigten auch nur das geringste Interesse an der oft komplizierten Geschichte, die sich hinter den Tempelrittern und Kreuzzügen verbirgt. Wer es einem Historiker gegenüber auch nur andeutungsweise wagen sollte, die Vermutung zu äußern, die Gralserzählungen seien nicht nur Phantasieprodukte, sondern spiegelten eine Reihe historisch nachvollziehbarer Ereignisse wider, wird bald dem Bannstrahl der »Häresie« erliegen. Aber hat

Heinrich Schliemann Troja vor rund hundert Jahren nicht nur deshalb entdeckt, weil er »seinen« Homer wörtlich nahm? fragen die Autoren. Soweit bekannt ist, existiert bis heute keine einzige ernstzunehmende historische Untersuchung mit dem Versuch, Tempelritter und Gral in einem Zusammenhang zu bringen. Während die Tempelritter als historisches Faktum gelten, wird der Gral ins Reich der Phantasie verbannt. Folglich ist eine Verbindung zwischen beiden nicht möglich.

Tatsache ist, daß die Bundeslade und der heilige Gral eng mit Geheimorden verknüpft sind. Macht, unermeßlicher Reichtum, Kriege, Intrigen, Verschwörungen, ja sogar Mord sind mit ihnen verknüpft. Ihre wahre Bedeutung scheint vielen Furcht einzuflößen – nicht zuletzt dem Vatikan.

Zahlreiche Autoren haben sich mit der Frage befaßt, welcher Quelle das Wissen des großen Sehers entstammt? Es vergeht kaum ein Jahr, in dem nicht irgendwo auf der Welt eine neue, noch sensationellere Nostradamus-Interpretation veröffentlicht wird. Von der Annahme ausgehend, daß der Seher seine Verse nicht zufällig durcheinandergewürfelt hat, bemühen sich viele Autoren, den »Schlüssel« des Nostradamus zu finden – bisher jedoch erfolglos. Dabei stieß eine Reihe von Exegeten auf die Verbindung des Sehers zum Templerorden. So schreibt Carlo Patrian über Nostradamus: »Ferner müssen die Hinweise von Nostradamus auf den Templerorden berücksichtigt werden. In Vers IX/87 wird sogar das Zentrum der Templer von Lothea angesprochen und auf den Wald von Touphon verwiesen. Es fehlt auch nicht an expliziten bzw. deutlichen Verweisen auf die Rosenkreuzer und auf... Heliopolis, die Sonnenstadt.«

Stand Nostradamus in einer alten Tradition von Eingeweihten? Schon die Erziehung durch seinen Großvater, vor allem aber die längeren Aufenthalte in Chambéry und Orval deuten darauf hin. Orval ist die einstige Schwesterabtei des Klosters Clairvaux, des Klosters des Heiligen Bernhard, der zu den Mitbegründern des Templerordens gehörte. Aufgrund alter Überlieferungen des Klosters behauptete der Nostradamus-Forscher Gérard de Sède, der Seher sei während seines 18monatigen Aufenthaltes im Kloster Orval »in ein furchtbares Geheimnis eingeweiht worden«. Ihm wurde dabei »ein mysteriöses altes Buch vorgelegt«, das ihm als Grundlage für seine spätere Tätigkeit diente. Nach de Sède unterstand der Seher von diesem Zeitpunkt an einer »straff organisierten Geheimgesellschaft« – der »Priorei von Zion«, die als Nachfolgerin des von der Kirche verbotenen Templerordens im Untergrund neu entstanden war.

Wer aber waren die Templer? Ihre Geschichte geht weit zurück und beginnt mit einem jungen Ritter aus der Champagne namens Hugo de Payens, der als 16jähriger am ersten Kreuzzug unter Gottfried de Bouillon teilnahm. Nach dem Fall von Jerusalem am 14. Juli 1099 kehrte er nach Frankreich zurück, trat in die Dienste des Grafen Hugo de Champagne und wurde zum Offizier ernannt. Fünf Jahre später begab er sich mit dem Grafen Hugo de Champagne erneut ins Heilige Land. Sie hielten sich dort aber nicht lange auf. Nach Frankreich zurückgekehrt, setzte sich der Graf schon kurz danach mit Etienne Harding, dem Abt des sieben Jahre zuvor gegründeten Zisterzienserordens in Verbindung. Daraufhin wurden dort sorgfältige Studien alter hebräischer Texte in Angriff genommen, ja sogar Rabbiner aus dem Hochburgund beigezogen – eine für die damalige Zeit unglaubliche Sache. Im Jahre 1114 reisten die beiden Ritter abermals nach Jerusalem, um bei ihrer Rückkehr Etienne Harding und die Zisterzienser erneut aufzusuchen. Doch nicht genug damit, schenkte der Graf de Champagne dem Orden noch den Wald von Bar-sur-Aub zur Gründung der Abtei von Clairvaux. Diese Aufgabe wurde von Bernhard de Fontaine, dem späteren heiligen Bernhard von Clairvaux, in Angriff genommen.

Im Jahr 1119 reiste Hugo de Payens in Begleitung von sechs Rittern und zwei Zisterzienser-Mönchen erneut nach Jerusalem. Sie begaben sich in den Palast Balduins I., des Königs von Jerusalem, und legten vor ihm und dem Patriarchen von Jerusalem ein Gelübde als Laienbruderschaft ab. Nach eigenen Worten wollten sie fortan »nach Kräften für die Sicherheit von Straßen und Wegen sorgen..., ganz besonders aber für den Schutz der Pilger.« Das Vorhaben der Edlen erschien dem König so verdienstvoll, daß er ihnen einen ganzen Flügel seines Palastes zur Verfügung stellte. Und zwar ausgerechnet jenen Flügel, der nach der Legende auf den Grundmauern des alten Salomonischen Tempels errichtet wurde. Von nun an nennen sich die neun Pilger »Arme Ritterschaft Christi vom Salomonischen Tempel« und geloben, in völliger Armut zu leben und erst nach neun Jahren Mitglieder in ihre Bruderschaft aufzunehmen. 1125 folgte ihnen Hugo de Champagne nach. Da es heißt, er habe Frau und Kind verstoßen, um dem Orden beizutreten, muß ihn ein schwerwiegender Grund dazu veranlaßt haben.

Was immer sich die Ritter auch vorgenommen haben mochten, die Pilgerwege schützten sie jedenfalls nicht. Ebensowenig nahmen sie in dieser Zeit an irgendwelchen Kämpfen teil. Sie beschäftigten sich vielmehr mit archäologischen Ausgrabungen in den alten Pferdeställen Salomos und auf dem Tempelgelände oder machten Ausritte – wohin, wußte niemand. 1127 kehrten sie aus dem Heiligen Land wieder nach Frankreich zurück. Bernhard von Clairvaux bereitete ihnen einen triumphalen Empfang. In Troyes, am Hofe des Grafen de Champagne, wurde der Orden auf einem dort einberufenen Konzil dann offiziell von den Würdenträgern der Kirche bestätigt und Hugo de Payens zu seinem ersten Großmeister ernannt. Die „militia Christi", der Templerorden, wie er jetzt genannt wurde, sollte nunmehr Mönchstum und Rittertum zu einer vollkommenen Synthese vereinen. In die Präambel der Ordensregel ließ Bernhard aufnehmen: »Mit Gottes und mit unserer und mit unseres Retters

143

Jesu Christi Hilfe ist das Werk dessen vollendet worden, der seine Freunde aus der Heiligen Stadt Jerusalem in die Marche und Bourgogne zurückbeorderte.«

Warum aber heißt es »zurückbeorderte«, wenn der Orden es sich zur Aufgabe gemacht hatte, die Pilgerwege im Heiligen Land zu schützen? Und welches Werk ist »vollendet worden«? Der französische Templerexperte Louis Charpentier (»Macht und Geheimnis der Templer«) schreibt: »Es gibt nur eine Erklärung für dieses Verhalten: Die neun Ritter sind nicht nur gekommen, um die Pilger zu schützen, sondern auch, um etwas besonders Wichtiges zu finden, zu schützen und mitzunehmen, etwas besonders Heiliges, das sich im Tempel Salomos befindet: die Bundeslade.«

Im Buche Exodus heißt es über die Bundeslade: (Gott sprach:) »Sie sollen mir ein Heiligtum errichten, und ich will in ihrer Mitte wohnen ... Verfertige eine Lade aus Akazienholz, zweieinhalb Ellen lang, eineinhalb Ellen breit und eineinhalb Ellen hoch. Überziehe sie mit reinem Gold von innen und von außen und befestige eine Leiste aus Gold ringsherum ... Verfertige sodann eine Deckplatte aus reinem Gold, zweieinhalb Ellen sei ihre Länge und eineinhalb Ellen ihre Breite! Stelle zwei Goldcherubim her, als getriebene Arbeit sollst du sie an den beiden Enden der Deckplatte anfertigen ... Setze die Deckplatte auf die Lade und lege in die Lade das Gesetz, das ich dir geben werde. Dortselbst will ich mich dir offenbaren von der Deckplatte aus, die auf der Lade ist, von der Stelle zwischen den beiden Cherubim. Alles will ich dir sagen, was ich dir für die Israeliten auftragen werde.« (Ex 25,8–33.)

Die Bibel sagt, daß Moses die Bundeslade nach dem Empfang der göttlichen Gesetze auf dem Berg Sinai gebaut habe und sie weiterhin als Kommunikationsmittel benutzt wurde. Sie begleitete das Volk Israel auf seinem Weg durch

1

2

3

4

1 Stele des Assyrerkönigs Assurbanipal (883–859 v. Chr.) aus Ninive mit den Symbolen der ersten fünf Planeten. Der fünfte Planet, Marduk oder Phaethon, wird durch die dreihörnige Krone der Götter symbolisiert.

2 Die älteste Sternkarte der Welt auf einem akkadischen Rollsiegel, ca. 2500 v. Chr. Das Hauptmotiv zeigt zwei Priester, die dem Himmelsgott Enlil eine Ziege opfern (Berlin, Vorderasiatisches Museum).

3 Eine der zwölf Tafeln des Gilgamesch-Epos, die Layard 1840 in der Bibliothek des Assurbanipal in Ninive entdeckte und Smith 1876 entzifferte (London, Britisches Museum).

4 Die beiden »Atrahasis«-Tafeln, deren Urschrift um 1700 v. Chr. in Babylon entstand, beschreiben die Erschaffung des Menschen als »lulu amelu« (primitiver Arbeiter) durch die Anunnaki und die Sintflut. Ihre äußerst detaillierten Angaben bilden die Grundlage für unsere Rekonstruktion der menschlichen Urgeschichte (London, Britisches Museum).

5

7

8

5 Der Autor im Gespräch mit dem amerikanischen Sumerologen Zecharia Sitchin, dessen sensationelle Interpretation der sumerischen Keilschrifttexte ein neues Bild von der Frühgeschichte der Menschheit entstehen ließ.

6,7 »Anunnaki« (»Jene, die vom Himmel zur Erde kamen«) auf assyrischen Reliefs aus dem Palast des Assurbanipal. Links ein Anunnaki mit Adlerhelm, der offiziellen »Galauniform« der Raumfahrer, rechts ein »Gott« mit ausgeprägten Adlerschwingen, Symbol des Fliegens (London, Britisches Museum).

8 Der Vogel Phoenix auf einem »Ben-Ben«. Ägyptischer Papyrus »Anhai«, 26. Dynastie (London, Britisches Museum).

9 Die »Sonnenbarke« mit dem »Horus-Falken« auf einer Stele der 16. Dynastie (London, Britisches Museum).

10 Der »Widder von Ur«, den Wooley in den Ruinen der Stadt Abrahams ausgrub, gibt uns ein Zeugnis von der Feinheit sumerischer Kunst, ca. 2000 v. Chr. (London, Britisches Museum).

11 Rekonstruktion der Stadt Eridu in der ersten Bauphase (London, Britisches Museum).

12 Symbole der »Götter« auf einer sumerischen Tontafel, ca. 2800 v. Chr.: der Stern und das »Din-Gir«, das Raketenzeichen (London, Britisches Museum).

13 Die sumerische Königsliste beginnt vor ca. 440 000 Jahren (London, Britisches Museum).

14 Die Piri Reis-Karte aus dem Jahre 1513 stellt präzise die Küstenlinien Südamerikas und der Antarktis dar – in einer Verzerrung, als hätte ein Satellit über Kairo sie aufgenommen (Istanbul, Topkapi-Museum).

10

11

12

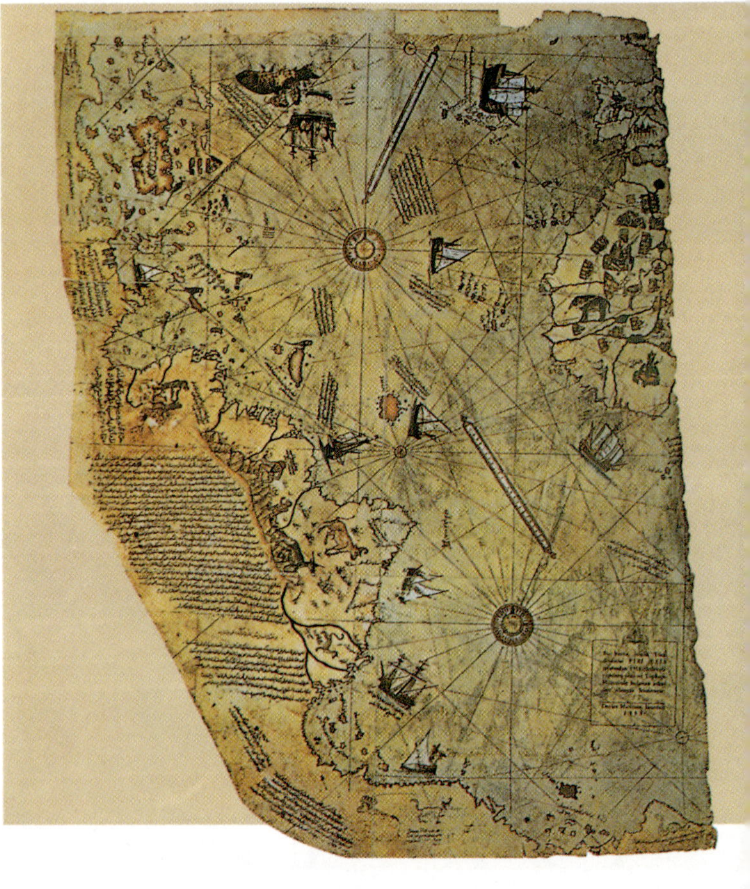

14

15

16

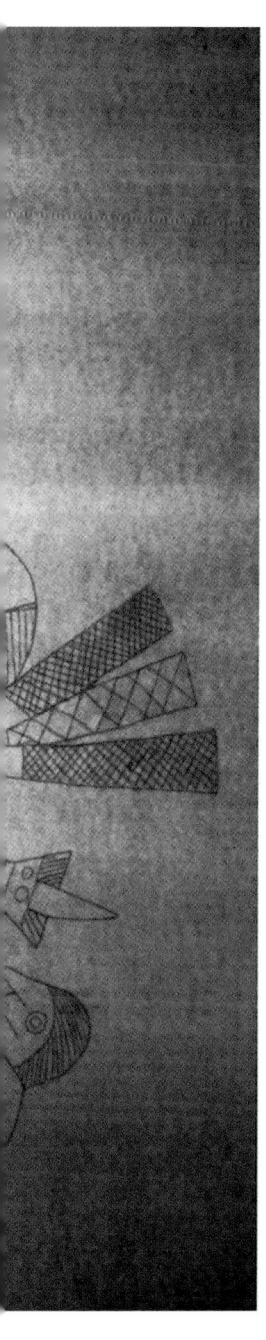

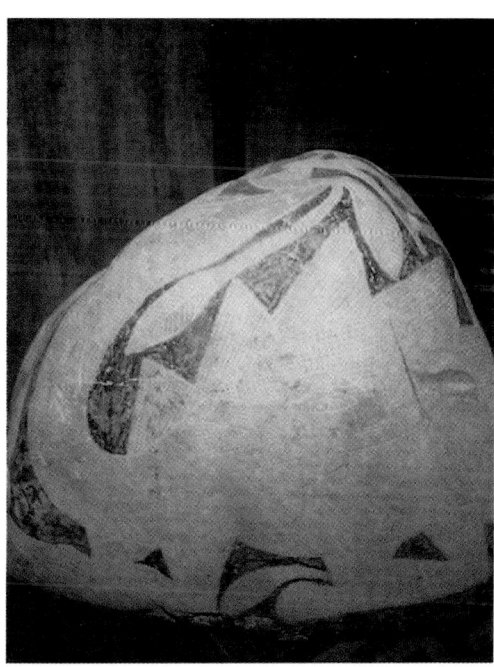

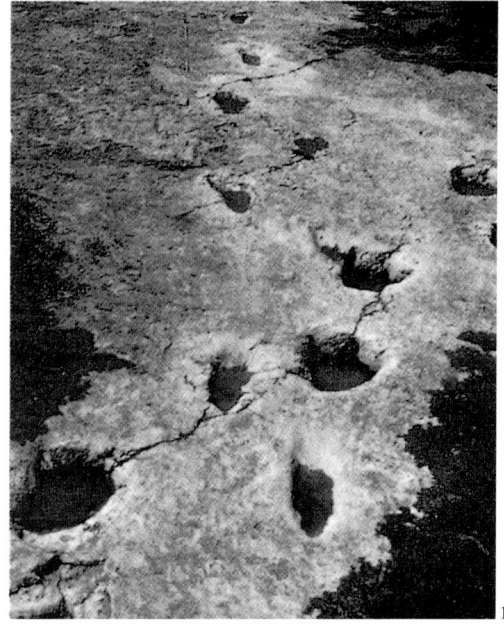

18

19

20

15 Der Autor auf Forschungsreise in seiner »Piper-Arrow-Turbo 4«.

16 Der Autor im Gespräch mit dem Biochemiker und Cambridge-Professor Rupert Sheldrake.

17 Mensch und Dinosaurier im trauten Miteinander zeigt einer der geheimnisvollsten »Ica-Steine«, aufbewahrt im »Nationalmuseum der Peruanischen Luftwaffe« in Lima (Foto der Peruanischen Luftwaffe).

18 Einer der »Steine von Ica« aus der Sammlung von Professor Juanvier Cabrera.

19 Fußspuren von Menschen und Dinosauriern in der gleichen Gesteinsschicht am Paluxy-River bei Glen Rose, Texas/USA.

20,21 Der Seher Michel de Notre Dame alias Nostradamus (1503–1566) beschrieb in seinem 1555 datierten Brief an Frankreichs König Heinrich II. exakt Ereignisse der Jahre 1990/91 – wie die Wiedervereinigung Deutschlands, die Entspannung zwischen Ost und West und den Golfkrieg.

22

23

24

25

26

22 Ein geborgenes abgestürztes UFO beim Testflug in der »Schwarzen Welt« auf dem
Groom Lake-Versuchsgelände im US-Staat Nevada. Zeichnung des amerikanischen Künst-
lers James Nichols nach den Angaben von Robert Lazar.

23 Eine der noch streng geheimen US-Flugscheiben, die derzeit im »Dreamland« getestet
werden. – Oben links: Robert Lazar enthüllte in einem Interview mit KLAS-TV, Las Vegas,
erstmals Details über die »Schwarze Welt«.

24 Sowjetische Satellitenaufnahme des Groom Lake-Versuchsgeländes in Nevada. Deutlich
erkennt man die riesige Start- und Landebahn, die weit in den ausgetrockneten Salzsee
hineinreicht.

25 Authentisches Foto eines toten Außerirdischen oder ein gutgemachtes Modell? Dieses
erstaunliche Farbfoto kursierte in den USA wenige Monate nach unserer Veröffentlichung
der Marina-Popovitsch-Bilder in Deutschland. Sollte es sich um eine Puppe handeln, so
bleibt dennoch die Frage: Wer oder was diente hier als Vorbild?

26 Ein »Ben-Ben« oder Pyramidion mit Darstellung der Sonnenbarke aus der 26. Dynastie.
Symbol für die Raumfahrt der Vorzeit?

27 Zurück ins All! Teleskopaufnahme des Pferdekopfnebels (IC 434) im Orion.

27

die Wüste in das Heilige Land und wurde solange im »Bundeszelt« aufbewahrt, bis König Salomo den Tempel in Jerusalem errichtet hatte. Dort wurde sie aufbewahrt, bis der Prophet Jeremia sie vor den anrückenden Heeren Nebukadnezars in einer Höhle am Berge Nebo verbarg. Was danach mit ihr geschah, ist ungewiß. Wurde sie im zweiten Tempel wieder aufgestellt oder zur Sicherheit in einer der Höhlen unter dem Tempelfelsen versteckt? Jedenfalls hat es den Anschein, als sei sie von den Templern entdeckt worden.

Was enthielt die Bundeslade, oder genauer gesagt, was stellt sie eigentlich dar? Es geht um einen Schrein, wie er schon in den sumerischen Tempeln stand. Einen Schrein für das Allerheiligste, »aus dem Gott spricht«, der leuchtet, ausstrahlt, wenn »das Göttliche« von ihm Besitz ergreift.

Die Bundeslade war wohl nicht ganz ungefährlich, denn als ihr die Söhne Aarons, Nadab und Abihu, beim Opfern zu nahe kamen, »ging ein Feuer vom Herrn aus und verzehrte sie«. Da die »Brandopfer« anschließend »in ihren Leibrökken« davongetragen wurden, konnten sie nicht wirklich »vom Feuer verzehrt« worden sein, auch wenn es so aussah. Möglicherweise war hier Elektrizität oder eine Art Strahlung im Spiel. Ein Hinweis darauf geht aus dem zweiten Buch Samuel hervor: »Als Ussa die Lade versehentlich berührte, um sie vor dem Umstürzen zu bewahren, fiel er tot um... Als die Philister die Lade raubten, bekamen sie Geschwüre und Ausschlag, siebzig starben.« (2 Sam 5,6.) Und in Josua 3,4 wird ein »Sicherheitsabstand« von 2000 Ellen (etwa 800 Meter) zwischen den offensichtlich mit Schutzkleidung ausgestatteten Trägern der Bundeslade, den Leviten, und dem wandernden Volk festgelegt.

Wahrscheinlich erfüllte die Bundeslade eine ähnliche Funktion wie die Schreine der babylonischen Gottheiten. Sie dienten den Königen, um auf Feldzügen auch außerhalb des Tempels mit den »Göttern« die Verbindung aufrechtzuerhalten. Götterstatuen wurden durch ein geheimes, ganz bestimmtes Ritual »zum Leben erweckt«, um auf diese Weise Kontakt zur Gottheit aufzunehmen. Die im Buch der Richter (17,18) erwähnten »Teraphim« (»zum Leben erweckter Geist« oder auch Orakelgottheiten) erfüllten dieselbe Aufgabe. Jüdischer Tradition zufolge soll schon der Orakelpriester Terah, der Vater Abrahams, mit »Teraphim« gearbeitet haben. In Nippur, der Stadt des Enlil, gab es also solche »Teraphim«.

In Nippur oder NIBRU.KI (»Schnittpunkt auf Erden«) errichtete Enlil das Missions-Kontrollzentrum der Anunnaki. In seiner auf der Spitze befindlichen Zikkurat wurden in einer DIR.GA (»dunkle, glühende Kammer«) Sternkarten (»Embleme der Sterne«) aufbewahrt und die DUR.-AN.KI (»Verbindung Himmel-Erde«) aufrechterhalten. Von dort aus wurde auch der Aufgabenkreis zwischen den 600 »Anunnaki der Erde« und den 300 »Anunnaki des Himmels« gesteuert:

»Von Anu bestimmt, seine Anweisungen zu befolgen,
setzte er dreihundert am Himmel als Wächter ein,
vom Himmel aus die Wege der Erde zu ergründen;
und auf der Erde ließ er sechshundert wohnen.
Nachdem er den Anunnaki des Himmels und der Erde
alle Anweisungen gegeben hatte,
verteilte er die Ämter.«

Die »Anunnaki des Himmels« wurden auch IGI.GI genannt« – »jene, die beobachten und sehen« oder »jene, die sich drehen und sehen«. Es wird berichtet, daß im Raum-

Kontrollzentrum des Enlil »ein hoher, bis zum Himmel reichender Pfeiler« von dem Gott benutzt wurde, um »sein Wort himmelwärts zu richten«. In der DIR.GA selbst aber wurden die MEs aufbewahrt:

»Geheimnisvoll wie die fernen Wasser,
wie der Himmelszenit.
Unter den... Emblemen sind die Embleme der Sterne.
Der ME ist vollkommen,
seine Worte sind dazu da, gesprochen zu werden.
Seine Worte sind huldvolle Orakel.«

Der amerikanische Forscher R. A. Boulay bezeichnet ME als »Tafeln des Schicksals« und schreibt darüber: »Manchmal werden sie als physische Objekte beschrieben, die man nehmen und tragen kann. Der Besitz des ME verlieh seinem Träger die absolute Kontrolle über einen bestimmten Aspekt des Lebens... Im Mythos von ›Enki und der Weltordnung‹ scheinen die MEs einen von Enki kommandierten ›himmlischen Wagen‹ zu steuern... Die MEs waren im Besitz von Enki und wurden schrittweise zum Wohle der Menschheit freigegeben. Die Hauptquelle über ihre Funktionsweise ist das Epos ›Inanna und Enki‹, in dem es heißt, daß die Zivilisation in 100 Elemente unterteilt wurde, von denen jedes einen ME brauchte, um zu funktionieren. In diesem Mythos werden rund 60 MEs erwähnt, z. B. für Königsherrschaft, Priesterdienst, Weisheit, Frieden, Prophetie, Richteramt, Kunst, Musikinstrumente, Waffen und die Zerstörung von Städten... In der sumerischen Geschichte ›Der Mythos von Zu‹ ist es Zu, der Diener Enlils, der in einer Palastrevolution versucht, Kontrolle über die Tafeln des Schicksals zu erlangen, die Enlil einmal unbeaufsichtigt ließ... Das gab ihm zumindest zeitweise Kontrolle über die Anunnaki und die Menschheit.«

Könnten die MEs möglicherweise als eine Art »Computerchip« – sozusagen als »Blaupause der Evolution« – gedeutet werden? War etwa auch dem Orakelpriester von Nippur Zugang gewährt? Ist hier vielleicht die Verbindung mit dem Tirhu zu suchen, dem »Artefakt oder Gerät für magische Zwecke«, nach dem der Orakelpriester benannt wurde – die »sprechenden Steine« der antiken Orakelzentren?

»Der ewige Grundplan,
der für die Zukunft den Bau bestimmt.
Derjenige, der die Zeichnungen aus alter Zeit enthält
und das Geschriebene des höchsten Himmels«,

so beschreiben alte Keilschrifttexte das in Enlils Dingir aufbewahrte ME. Anscheinend gab es zwischen diesen MEs und den DUR – den »Wohnungen« beziehungsweise Schreinen der Götter – eine Verbindung. Auf sumerischen Darstellungen sind diese neben »Antennentürmen« abgebildet. Sie müssen aber auch transportabel gewesen sein, da ein Rollsiegel solch ein DUR sogar auf dem Rücken eines Lasttieres zeigt. Sind sie etwa Vorläufer der Bundeslade? Da den geheimnisvollen Schreinen anscheinend übernatürliche Kräfte innewohnten, die zur Zwiesprache mit einem weit entfernten Gott verhalfen, wurden sie als heilige Kultsymbole verehrt. Oft waren sie mit symbolisierenden Augen geschmückt, so wie das Allerheiligste des Tempels von Nippur das Symbol des Doppelauges trug. In einer alten Inschrift heißt es darüber: »Sein erhabenes Auge späht das Land ab... Sein erhabener Strahl durchforscht das Land.«

Im jüdischen »Buch der Jubeljahre« steht geschrieben, Abraham habe die Divination (Kontaktaufnahme) mit dem

Gott Enlil von seinem Vater Terah erlernt: »Er wuchs auf und lebte unter den Chaldäern, und sein Vater lehrte ihn das Wissen der Chaldäer, die Praxis der Divination und die Astrologie nach den Zeichen der Himmel.« Da Abraham während seines Feldzuges nach Palästina in ständiger Verbindung mit dem Gott Enlil stand, muß er wenigstens einen »Teraphim« mit sich geführt haben. Welchen Plan hatte Enlil mit Abraham in Wirklichkeit, als er ihn zum Stammvater eines neuen Volkes erwählte? War Abraham im Besitz eines ME? Ließ Moses die Bundeslade vielleicht anfertigen, um einen jahrhundertealten Besitz des Volkes Israel zu transportieren? Könnte es das Erbe Abrahams und Henochs gewesen sein – der Schlüssel der Evolution, das »Gesetz«, wie es die Bibel nennt?

Von Henoch berichtet die Bibel lediglich, daß er vor der Sintflut gelebt hat und im Alter von 365 Jahren die Erde verließ: »Henoch wandelte mit Gott, und dann war er nicht mehr; denn Gott hatte ihn entrückt.«
Das »Buch der Jubeljahre« gibt da weit aufschlußreichere Hinweise: »Henoch war der erste unter den Menschensöhnen, unter *jenen, die auf der Erde geboren* wurden, welche die Schrift, die Wissenschaft und Weisheit erlernten und welche die Zeichen des Himmels nach der Ordnung der Monate deuteten.« Weiter wird berichtet: »In seinen Tagen kamen die Engel des Herrn, die die Wächter genannt wurden, zur Erde herab, um die Menschensöhne zu lehren.«
Zwei apokryphe (von der Bibel nicht anerkannte) Schriften – das slawische und äthiopische »Buch Henoch« – überliefern seine Geschichte. Es wird vom Herabsteigen der Engel berichtet, von den »Anunnaki der Erde« auf dem »Berg Hermon«, der unschwer als der »Raumflughafen« von Baalbek zu erkennen ist; von ihrer Vereinigung mit den

»Menschentöchtern« und ihrem Eingriff in die Evolution der Menschen, die sie unerlaubt in die Geheimwissenschaften einführten. Danach setzten sich die Himmelssöhne mit Henoch in Verbindung, entsandten ihn als ihren Botschafter zu den »gefallenen Engeln« und trugen ihm auf, diesen das Urteil des Höchsten zu verkünden. Aber gleichzeitig entschieden die Himmelssöhne, der noch jungen Menschheit durch Henoch einen Teil ihres Wissens zu offenbaren. Im Buch Henoch sind ungewöhnlich genaue Angaben über die Himmelsmechanik und Astrologie enthalten, aber auch eine geraffte Darstellung der Menschheitsgeschichte, die 12 000 Jahre einschließt. Es wird vor der nahenden Sintflut gewarnt. Auch die Geschichte des jüdischen Volkes – »von Abraham bis nach dem Endkampf gegen die Parther und Meder« – wird symbolisch dargestellt. Wenn auch nicht so genau formuliert, werden im »Buch Henoch« die Prophezeiungen des Ezechiel und Johannes von Patmos bereits vorweggenommen. In ihren Grundzügen war also die Geschichte der Menschheit bereits vor 12 000 Jahren bekannt!

Seine Begegnung mit den »Wächtern« schildert Henoch allerdings ausführlicher, als Ezechiel und Johannes von Patmos darüber berichten: »Als ich 365 Jahre alt geworden war, war ich an einem Tag des zweiten Monats allein zu Hause. Da erschienen mir zwei sehr große Männer, die ich nie auf Erden gesehen... Sie standen zu Häupten meines Bettes und riefen mich mit Namen. Ich erwachte vom Schlaf und stand von meinem Lager auf. Dann verbeugte ich mich vor ihnen, mein Antlitz bleich vor Schrecken. Da sprachen die beiden Männer zu mir: ›Sei getrost, Henoch! Fürchte dich nicht! Der ewige Herr hat uns zu dir geschickt, du sollst heute mit uns in den Himmel gehen. Gib deinen Söhnen und deinem Gesinde Anweisung für das, was sie in deinem

Hause tun sollen. Keiner aber soll dich suchen, bis der Herr dich wieder zu ihnen führt.‹ ... Sie trugen mich in den Himmel herein. Ich trat ein, bis ich mich einer Mauer näherte, die aus Kristallsteinen gebaut und von feurigen Zungen umgeben war; und sie begann, mir Furcht einzujagen. Ich trat in die feurigen Zungen herein und näherte mich einem großen, aus Kristallsteinen gebauten Haus. Die Wände jenes Hauses glichen einem mit Kristallsteinen getäfelten Boden, und sein Grund war Kristall. Seine Decke war wie die Bahn der Sterne und Blitze, dazwischen feurige Cherube, und ihr Himmel bestand aus Wasser. (Könnte eine durchsichtige Kuppel gemeint sein?) Ein Feuermeer umgab seine Wände, und seine Türen brannten von Feuer.«

Und weiterhin heißt es: »Da war ein anderes Haus, größer als jenes... Durch Herrlichkeit, Pracht und Größe zeichnete es sich aus. Sein Boden war von Feuer; seinen oberen Teil bildeten Blitze und kreisende Sterne, und seine Decke war loderndes Feuer... Dort schauten meine Augen die Geheimnisse.« Könnte Henoch in einer Art »Shuttle« in den Himmel getragen worden sein, vielleicht zu einem Raumschiff – einem kristallisch schimmernden »Haus« oder einer Heimstätte?

In einem zweiten, nur für Eingeweihte bestimmten Buch beschrieb Henoch die »von ihm geschauten Geheimnisse« in unverschlüsselter Form. Darüber ist im »Sohar«, dem ältesten Kapitel der jüdischen Kabbala, festgehalten: Ein »Buch Henoch« wurde »von Generation zu Generation bewahrt und voller Ehrfurcht überliefert.« Nach dem Willen der jüdischen Tradition soll es Noah in seiner Arche vor der Sintflut gerettet haben. Abraham brachte es aus Ur mit, und Moses legte es in die Bundeslade. Henoch bedeutet »der Einsichtige, der Kundige«. Im Koran wird er »Idries« genannt und zählt zu den wichtigsten Vorvätern der Anhänger des Islams.

Nach Aufzeichnungen von Flavius Josephus ist Henoch mit Hermes Trismegistos gleichzusetzen, dem »dreimal größten Hermes«. Dieser Name entstammt der synkretistischen Geisteswelt des hellenistischen Altertums und bezeichnet den ägyptischen Gott der Weisheit, Thot. Er soll eine Reihe von Schriften über die geheimen Wissenschaften (Medizin, Metallschneidekunst, Alchemie u. a.) hinterlassen haben. Auch die Tabula Smaragdina (Smaragdtafel) wird auf ihn zurückgeführt. Der Legende nach soll auf ihr »alle Weisheit des Universums« zu finden sein. Josephus berichtet, »daß es noch zu seiner Zeit die beiden berühmten Säulen des Hermes (des Henoch) gab«. Sie waren gänzlich mit Hieroglyphen bedeckt. Nach ihrer Entdeckung wurden sie kopiert und in dem heiligsten inneren Tempelbezirk bewahrt und so zur Quelle der Weisheit und außerordentlichen Gelehrsamkeit Ägyptens. Diese »Säulen« galten Moses als Vorbild für die beiden Steintafeln, die er auf Befehl des »Herrn« behauen ließ. Die der Welt hinterlassenen Aufzeichnungen des Hermes (bzw. Henoch) hatte er von der »Sonne«, der »göttlichen Weisheit« empfangen.

Der Sumerologe Boulay erwähnt dazu: »Ihm wurden die ›göttlichen Namen‹, die siebzig Namen gegeben, die die Macht über die Himmel und die Erde beinhalten. Diese Namen scheinen den Tafeln des Schicksals oder MEs der sumerischen Götter zu entsprechen. Es sind offenbar Formeln oder Geräte, die ihrem Besitzer Kontrolle über gewisse Aspekte und Kategorien des Lebens geben.«

Henoch ist für Boulay gleichbedeutend mit dem sumerischen König Enmeduranna, dem Gott-König aus der Zeit vor der Sintflut. Er war der siebte Patriarch vor der Sintflut. Und Enmeduranna, der siebte sumerische Gottkönig vor der Flut, herrschte in Sippar, der »Vogelstadt«, dem vorsintflutlichen Raumflughafen der Anunnaki. Von Henoch wird lediglich überliefert, daß er im Zweistromland lebte und auf dem »Berg Qatar« opferte. Im »Buch der Jubeljahre« wird dieser Berg als »Berg des Ostens« bezeichnet. War damit die Zikkurat von Sippar gemeint? Der Name EN.ME.DUR.ANNA aber bedeutet: »Der Herr der MEs, der Himmel und Erde verbindet« – eine auf Henoch zutreffende Bezeichnung. Damit aber wäre Henoch als Besitzer der ME, der Blaupause der Evolution, ausgewiesen.

Wenden wir uns wieder den Templern zu. Wenn überhaupt, was entdeckten sie in der Bundeslade? Ihrer Geschichte nach war es ein »Baphomet«, ein sogenannter sprechender Kopf. Aber gehen wir der Reihe nach vor: Nach der ruhmreichen Rückkehr aus Jerusalem und ihrem triumphalen Empfang auf der Synode von Troyes machten sich die neun Templer umgehend ans Werk, um einen Orden aufzubauen. Sie reisten durch ganz Europa, um die Edelsten zum Eintritt in den Orden zu bewegen. Ein Jahr später waren dem Orden bereits 300 Mitglieder aus den besten Familien beigetreten, dazu zahlreiche Waffenknechte zu Pferd und zu Fuß. Nun war es den Templern möglich, einige Dutzend Ritter in das Heilige Land zu entsenden, um ihre »eigentliche« Aufgabe zu erfüllen: die Pilgerwege zu schützen. Dem jungen Orden wurden von Anfang an ganz besondere Privilegien gewährt. Er hatte allein dem Papst Rechenschaft abzulegen. Dazu wurden ihm eine Reihe finanzieller Vorteile zugestanden. Jede Stiftung, die den Templern zuging, wurde mit dem Erlaß »des siebten Teils der Kirchenbuße« belohnt. Von den Rittern selbst wurden weder Zölle noch Steuern erhoben. Hundert Jahre später war der Orden auf 20000 Ritter nebst Waffenknechten und Kaplänen angewachsen, und sein Jahreseinkommen lag bei 50 Millionen Francs. Denn obwohl Armut als erste Ordensregel galt, war es dem Templerorden an sich erlaubt, Geschenke anzunehmen und Geldgeschäfte zu betreiben.

So verfügten die »armen Ritter Christi« bald über einen riesigen Besitz. Sie bauten die Wege zwischen ihren Ländereien und Komtureien zu vorzüglich gesicherten Verkehrsverbindungen aus, spezialisierten sich auf Im- und Exportgeschäfte und reformierten das Bankwesen. Um den überall lauernden Strauchdieben und Wegelagerern das Handwerk zu legen, ersetzten sie den Transport von Bargeld über größere Strecken durch die Einführung des ersten Schecks, den »Wechselbrief«. So konnte ein Händler seine Ware irgendwo an eine Komturei verkaufen und den Preis dafür bei einer für ihn günstig gelegenen anderen Komturei gegen Vorlage des »Wechselbriefes« kassieren. Der Orden wurde so reich, daß er Königen, der Kirche und Privatleuten Kredite gewähren und dafür Zinsen einnehmen konnte. Die Gewinne führten zur Expansion. So besaß der Templerorden im Jahre 1300 allein in Frankreich zwei Millionen Hektar Land. Damit dürfte er der erste »Großkonzern« der Geschichte gewesen sein.

Und er wurde zu Europas größtem Bauherrn seit den Tagen der römischen Kaiser. Er finanzierte den Bau der meisten gotischen Kathedralen von Chartres bis Reims, von Paris bis Straßburg. Sie wurden alle »Notre Dame« – »unserer lieben Frau« – geweiht. Die Templer waren Mitbegründer der Gotik. Das Ziel ihrer Vorbereitungen, so schreibt Louis Charpentier in »Macht und Geheimnis der Templer«, war die Schaffung einer neuen Ordnung in Europa. Sie vermittelten und bewirkten in England die Unterzeichnung der Magna Charta. Sie unterhielten diplomatische Beziehungen zur islamischen Welt, in der sie hochgeachtet waren, und nahmen sich das Recht heraus, Monarchen auf den Thron zu erheben oder zu stürzen.

Durch ihr Verdienst wurde Europa aus dem »finsteren Mittelalter« geführt. Ihr guter Kontakt zu Juden und Arabern machte sie zu Vorreitern der fortgeschrittensten Technik und Wissenschaft ihrer Zeit. Sie waren federführend in der Kartographie, dem Vermessungswesen, dem Straßenbau und der Schiffahrt und errichteten in ganz Europa moderne Krankenhäuser mit eigenen Ärzten und Chirurgen. Ihr erstes Gebot lautete: Hygiene und Sauberkeit. Aus Schimmelextrakten gewannen sie frühe »Antibiotika« und betrachteten die Epilepsie nicht als Teufelswerk, wie ihre Zeitgenossen, sondern als zu behandelnde Krankheit. Wenn sich ihr Konzept durchgesetzt hätte, wäre der Fortschritt in Europa schneller erreicht worden – und hätte bereits vor einem halben Jahrtausend zu einem »Vereinten Europa« führen können. Doch es kam alles ganz anders; denn der mächtige Templerorden wurde im Jahr 1312 zerschlagen.

»Philipp der Schöne«, Frankreichs bankrotter König Philipp IV. (1285–1314), beneidete den Orden um seinen Reichtum. Als der von ihm protegierte Clemens V. Papst wurde (1305–1314), setzte er alles daran, den Orden in Mißkredit zu bringen – mit dem Hintergedanken, das Vermögen des Ordens bei seiner Auflösung »für den Staat« kassieren zu können. So bezichtigte er die Templer der Gotteslästerung und des Götzendienstes. Schließlich brachte der König Papst Clemens dazu, eine Untersuchung gegen den Orden einzuleiten. Am Freitag, dem 13. Oktober 1307 wurden in Frankreich alle Tempelritter verhaftet und ihre Güter beschlagnahmt. Doch so überraschend die »Razzia« auch kam, mußten die Templer davon gewußt haben. Denn ihr Vermögen, der sogenannte »Templerschatz«, befand sich bereits außer Landes. Viele Bücher und Dokumente waren schon verbrannt. In einem offiziellen Rundschreiben an alle Ordenshäuser in Frankreich wurde gleichzeitig daran erinnert, keinerlei Informationen über Bräuche und Rituale des Ordens preiszugeben.

Die nächsten fünf Jahre bedeuteten für die Templer »peinliche Verhöre«, Folter und Erpressungen. Die Zerschlagung der »Zierde der Christenheit« wurde im nachhinein durch die Festnahme, Folterung und durch strenge Verhöre Hunderter von Templern gerechtfertigt. Ungewöhnlicherweise ließen sich die sonst so militanten Ordensritter widerstandslos verhaften – offenbar auf höheren Befehl. Wie die Lämmer gingen sie zur Schlachtbank. Anscheinend sollte Schlimmeres verhütet werden.

Am 12. August 1308 veröffentlichte der Vatikan die Liste der Anklagepunkte. Neben »Gotteslästerung« und »Homosexualität« ging es vor allem um die Beschuldigung, »in jeder Ordensprovinz habe es Götzenbilder gegeben, das heißt Köpfe, die sie angebetet und behauptet hätten, der Kopf könne sie erretten; daß er dem Orden alle Reichtümer gewähre...; Bäume und Pflanzen zum Sprießen bringe...« Dieser »Kopfkult« der Templer spiegelt sich in den Verhörprotokollen wider. So soll einem Mönch von seinem Abt erklärt worden sein: »Das ist ein Freund Gottes, der mit Gott spricht, wann er will.« Ein anderer beschrieb diesen Kopf als »kahles Haupt« aus Metall und »mit Augen, glänzend wie die Helle des Himmels, ...die das Kapitel erhellten.« Da keiner dieser »Köpfe« gefunden wurde, ist zu vermuten, daß vielleicht ein und derselbe von Komturei zu Komturei weitergereicht wurde. Oder aber es gab ein Original und zahlreiche Kopien. Jedenfalls wurde das Original »Baphomet« genannt, eine Verballhornung des arabischen Wortes »abufihamet«, das im Spanien der Araberzeit auch zu »bufihimat« verstümmelt wurde. Das aber bedeutet

soviel wie »Vater der Weisheit« oder »Vater des Verste-
hens«, wobei im Arabischen das Wort »Vater« auch im
Sinne von »Quell« verwendet wird. Ein sprechender Kopf
also als »Quell der Weisheit«: »Und dasselbe (Idol) hatte in
den Augenhöhlen Karfunkelsteine, die leuchteten wie die
Helle des Himmels, und wie man sah, ruhte ihr Glaube
darauf und war es ihr oberster Gott, und jeder vertraute
darauf und war guten Herzens. Und dieses Haupt hatte
einen halben Bart im Gesicht, ... und gewiß ist, daß der
neue Templer ihm huldigen mußte wie Gott.«
Am 22. März 1312 wurde der Templerorden aufgelöst. Sein
letzter Großmeister, Jacques de Molay, wurde am 11. März
1314 vor dem Portal der Kirche von Notre Dame in Paris
auf dem Scheiterhaufen verbrannt. Er verfluchte Papst und
König – Philipp IV. und Clemens V. starben im selben Jahr.
Geheimen Überlieferungen zufolge existierte der Orden im
Untergrund weiter. Danach weist eine Spur auf das Kloster
Orval hin, die andere auf die Familie der Herzöge von
Anjou. Beide Spuren aber führen zu Nostradamus.
1132 wurde die Abtei von Orval zum Tochterkloster von
Clairvaux, dem Kloster des Heiligen Bernhard. Es war
allerdings bereits 1070 gegründet worden, als eine Gruppe
kalabrischer Mönche in den südlichen Ardennen auf-
tauchte, deren Anführer ein Mann namens »Ursus« war.
Das Land, auf dem sie ihr Kloster errichteten, erhielten sie
als Geschenk von der Familie Gottfried von Bouillons, des
ersten Königs von Jerusalem. Petrus von Amiens, ein
Mönch aus dieser Gruppe und Erzieher Gottfrieds, gilt
heute als einer der geistigen Väter der Kreuzzüge. Möglicherweise war Orval fortan eine Art »geheimer Opera-
tionsbasis« des Projektes »Tempel«, die unbehelligt blieb,
als der Templerorden aufgelöst wurde.
In ihrem Buch »Der heilige Gral und seine Erben« gehen die

britischen Autoren Lincoln/Baigent/Leigh davon aus, daß ein anderer geheimer Orden mit Namen »Die Priorei von Sion« die Kreuzzüge und Unternehmungen des Templerordens steuerte und Orval zu seinen Zentren gehörte. Die englischen Autoren weisen nach, daß dieser Geheimorden von den Mitgliedern weniger alter französischer Adelshäuser getragen wurde, die alle eines gemeinsam haben: die Abstammung von den Merowingern, den frühen Königen des Frankenreiches. Ihrer eigenen Überlieferung zufolge aber stammen sie vom jüdischen Stamme Benjamin ab, dem Stamme Sauls, des ersten Königs der Juden. Bei Stammeszwistigkeiten, die im Buch der Richter (21 ff.) geschildert sind, werden die Benjaminiten offiziell aus dem jüdischen Stammesverband ausgestoßen und verlassen das Land – in westlicher Richtung. Ihre neue Heimat ist Arkadien auf dem Peloponnes. So wird im zweiten Buch der Makkabäer erzählt: »Und wie er (der Bürgerkrieg) viele Menschen aus ihrem Vaterland in die Fremde getrieben hatte, so kam auch Jason in der Fremde um, nämlich bei den Spartanern, ... denn die Spartaner waren ja mit den Juden blutsverwandt.« (2 Makk 5,9.) Und im ersten Buch der Makkabäer heißt es: »In einer Schrift über die Spartaner und Juden fand sich die Nachricht, daß sie Brüder sind und beide von Abraham abstammen.«

Nun führen die Merowinger ihre Abstammung entweder auf Arkadien zurück, auf das von arkadischen Siedlern gegründete Troja – oder auf Noah. Jedenfalls waren es Einwanderer. Fühlten sich die fränkischen Adligen merowingischer Herkunft als Erben des Volkes Israel? War es darum ihr Ziel, die Bundeslade in ihren Besitz zu bringen, ein »fränkisches Königreich Jerusalem« zu errichten? Jedenfalls repräsentiert eine dieser Familien das Haus der Herzöge von Anjou, der einstigen Könige von Jerusalem.

Und am Hofe Renés II. de Anjou war der Großvater des Nostradamus Leibarzt, Eingeweihter und enger Vertrauter des Herzogs. Also hatte Nostradamus Zugang zu den Schriften und Hinterlassenschaften des Templerordens. Etwa auch zu einem »Baphomet«, dem »Quell des Wissens«? War dieser Baphomet ein »Teraphim« oder ein »sprechender Stein«? Träger eines ME? Handelte es sich hier gar um den »lapis exilis« – den »Wanderstein der Weisen« der Alchimisten und Rosenkreuzer? Jedenfalls sind Henoch, Moses, Ezechiel, Johannes von Patmos, die Templer und Nostradamus in gerader Linie miteinander verbunden. Ihnen allen war Zugang zur »Blaupause der Evolution« gewährt. Sie alle kannten die Marschroute unserer Zivilisation bis hin zu jenem Punkt, an dem wir heute angelangt sind. Darüber hinaus gelten ihre ernsthaften Warnungen der Zukunft der Menschheit.

Saurier – Haustiere der Menschen?

Das von der abendländischen Wissenschaft vor etwa hundert Jahren entworfene Strickmuster der Vor- und Frühgeschichte stimmt nicht! Durch neue Erkenntnisse sind einige Fäden gerissen. Mühsam versuchen Systematiker, von Herbert Wendt als »Bürokraten der Naturwissenschaft« bezeichnet, mit immer wieder neu geknüpften Knoten die seit Darwin zum Dogma erhobene Entwicklungslehre aufrechtzuerhalten. »Doch selbst der als Kompromiß angebotene Hinweis auf gelegentliche Sprünge, Mutationen reicht nicht aus«, schreibt der allzufrüh verstorbene Gerd von Haßler in seinem Buch »Rätselhaftes Wissen«.

Archäologen finden im Boden immer nur das, was der Boden übrig ließ – meist nicht einmal die Knochen. Denn der Witterung, Luft oder dem Grundwasser ausgesetzt, überstehen diese meistens nicht einmal 500 Jahre. In Gräbern wird nur eine Auslese dessen gefunden, was nach Vorstellung der Überlebenden im Jenseits von Wichtigkeit ist. Diese Auswahl ist zusätzlich von Armut, Sparsamkeit und Grabräuberei beeinflußt. In verlassenen Siedlungen findet sich dagegen nur eine negative Auslese, nämlich Unwichtiges, das nicht der Mühe wert war, mitgenommen zu werden. Dem Archäologen bietet sich nur dort ein abgerundetes Bild des Lebens, wo ein Vulkan das Leben in wenigen Stunden unter Staub, Lava und Asche begrub, wie zum Beispiel in Pompeji.

Es besteht also kaum Hoffnung, die Spuren einer Hochkul-

tur aufzufinden, die möglicherweise vor zehntausend Jahren existierte. Wir können die Hinweise nur auf ihre Stichhaltigkeit hin überprüfen und daraus die Schlußfolgerung ziehen, daß es eine solche Hochkultur gegeben haben muß.

»Alles in allem könnte sich hieraus folgendes Bild ergeben«, sagt Gerd von Haßler: »Eine Kultur hat einen ungewöhnlich hohen Stand an Wissenschaft und Technik. Allein am Beispiel der Segelschiffe ließe sie sich mit der Kultur Europas Mitte des 19. Jahrhunderts vergleichen. Diese Kultur fällt dann kosmischen Katastrophen beziehungsweise der Sintflut zum Opfer. Wenige Überlebende bewahren dieses Kulturerbe als heiliges Vermächtnis und nutzen es als geheimnisvolle Macht. Die im Schatten dieser Überlebenden und ihrer Nachkommen langsam wieder heranwachsenden Völker partizipieren in begrenztem Maße an dem Kulturerbe, ohne es ausschöpfen zu können. Die eigentlichen Erben – mit großer Wahrscheinlichkeit die Könige und Priester zukünftiger Geschlechter – bewahren die Geheimnisse ihres Wissens und später ihrer Überlieferung in den eigenen Familien und Sippen.«

Auf der Hochebene von Marcahuasi, 80 Kilometer nordöstlich von Lima in Peru, stehen uralte monolithische Strukturen und Megalithe, riesig und voller Rätsel. Für die Inkas war Marcahuasi ein heiliger Ort, zu dem sie pilgerten und wo sie ihre mumifizierten Toten begruben. Sie waren davon überzeugt, daß Riesen oder Götter die gewaltigen Felsbilder lange vor der Sintflut (die auch Teil der indianischen Mythologie war) erschaffen haben. In seinem Buch »Der Traum von Masma« (1906) erklärte der peruanische Autor Pedro Astete Marcahuasi sogar zum Zentrum einer uralten, weltweiten Hochkultur, die lange Zeit vor den bekannten Zivilisationen von Sumer und Ägypten blühte und die er »Masma-Kultur« nannte. Der Name war ihm im Traum eingegeben worden, in einem Traum, der ihn bei der Untersuchung der Ruinen von Marcahuasi überkam. »Ich stand in einer großen, unterirdischen Halle. In den Wandnischen sah ich Abertausende alter Schriftrollen. Dann hörte ich eine Stimme in mir, die immer wieder das eine Wort wiederholte: ›Masma, Masma, Masma.‹ Mir wurde klar, daß dies der Schlüssel zu den Rätseln der Welt war.«

Nach Astetes Tod setzte sein Schüler Daniel Ruzo die Forschungen in Marcahuasi fort. Er verbrachte 25 Jahre seines Lebens damit, die Strukturen der Masma-Monumente in der 4000 Meter über dem Meeresspiegel liegenden Anden-Hochwüste unter den schwierigsten klimatischen

Bedingungen zu studieren, zu analysieren und zu kartographieren. In der trockenen Jahreszeit herrschte am Tag glühende Hitze, nachts klirrende Kälte. In der Regenzeit wurde das Plateau in ein großes Schlammbecken verwandelt. Nichts konnte ihn von seiner Arbeit abhalten. Er fand heraus, daß jedes Monument, je nach Sonnen- oder Mondstand, ein anderes Gesicht zeigt. Diese Skulpturen haben die Gestalt eines gewaltigen Menschenkopfes, eines ruhenden Löwen, eines Elefanten oder der altägyptischen Nilpferd-Göttin Thoueris. Es gibt in Marcahuasi auch ein irdisches Gegenstück zum berühmten »Gesicht auf dem Mars«. Es blickt starr zum Himmel und wird von Ruzzo »Das ägyptische Gesicht« genannt.

Die starke Verwitterung der Skulpturen zeugt von ihrem hohen Alter. Aufgrund der Erosion schätzte der amerikanische Astronom Dr. Morris K. Jessup ihr Alter auf mindestens 100 000, wahrscheinlich aber 500 000 bis 1 000 000 Jahre. Der amerikanische Astronom Richard C. Hoagland folgerte, daß das Marsgesicht und die benachbarten Pyramiden nach der Position der Sonne zur Mars-Sommersonnenwende und ihrem Grad der Erosion ebenfalls vor rund 500 000 Jahren entstanden sind. Die größte der Marcahuasi-Skulpturen, der gewaltige, über 25 Meter hohe Steinkopf, den die Indianer »Peca Gasha« (»Kopf am engen Pass«) nennen, wurde bereits von der Peruanischen Astronomischen Gesellschaft vermessen und untersucht. Sie diagnostizierte eine eindeutig künstliche Bearbeitung der Steine und schätzte, daß sie »mindestens 100 000 Jahre alt sind, wahrscheinlich noch viel älter«. Auch die geheimnisvollste der riesigen Steinskulpturen deutet darauf hin. Sie stellt etwas dar, das wie ein Stegosaurus aussieht – ein Dinosaurier, der vor rund 64 Millionen Jahren ausgestorben ist.

Szenenwechsel. Wir bleiben in Peru. 230 Kilometer südöstlich von Lima liegt die von den Conquistadoren gegründete Stadt Ica. Ein Nachkomme des Stadtgründers Don Jeronimo Cabrera, der Chirurg Dr. Janvier Cabrera, verwaltet hier eine uralte – eine »steinalte« – Bibliothek: 11 000 gravierte Steine mit beeindruckenden Szenen aus der Vorzeit. Alles begann im Jahre 1961. Der Rio Ica, fast das ganze Jahr über nur ein schmales Rinnsal, erwachte plötzlich zum Leben und überflutete die Wüste. Ein Jahrhundertregen in den Anden hatte die Katastrophe verursacht. Dabei gab der davongeschwemmte Sand schwarze Steine mit geheimnisvollen Gravuren frei. Sie wurden von armen Campesino-Indianern gefunden, die an den Ufern des Ica lebten. Sie glaubten, daß es sich hier um Grabbeigaben aus der Vorzeit handelte, um einen archäologischen Fund. Also nahmen sie die Steine mit in die Stadt, um sie wohlhabenden Einheimischen zum Kauf anzubieten. Denn das Sammeln von Funden aus der Vorzeit ist für wohlhabende Akademiker in Peru ein beliebtes Hobby.

Dr. Cabrera erhielt 1966 solch einen Stein von einem Freund als Briefbeschwerer zum Geschenk. Er war mit der Gravur eines seltsamen Vogels versehen. Als der Arzt den Stein in einer Mußestunde sorgfältiger untersuchte, stellte sich heraus, daß der abgebildete »Vogel« eher einem mythischen Fabelwesen glich. Ein Kollege von Dr. Cabrera glaubte sogar, einen Flugsaurier darin zu erkennen. Und dieser Verdacht wurde durch den Vergleich mit einer Darstellung des Flugsauriers Pterosaurus bestätigt. Aber wer hätte dieses »Urtier« in Stein gravieren können? Lebte es doch vor 140 – 80 Millionen Jahren – lange vor dem ersten Menschen. Das Rätsel ließ Dr. Cabrera nicht mehr los. Wie ein Detektiv spürte er der Herkunft »seines« Steines nach und stieß auf eine Siedlung von Campesinos, die noch Steine in ihren Hütten aufbewahrten. Er kaufte jeden Stein, den er bekommen konnte. Als sich die Indianer dann selbst daran machten, Steine für den Verkauf an Cabrera zu gravieren, lernte er schnell, die Echtheit alter Steine von neuen zu unterscheiden. Das genaue Studium der durch den Alterungsprozeß entstandenen Oxidationsschichten über den Gravuren garantieren für ihre Echtheit. Sie unterschied sich eindeutig von der künstlichen Oxidation moderner Fälschungen, die durch tagelange Lagerung in den Misthaufen der Campesinos erzeugt wird.

Den Beweis für das hohe Alter der Steine lieferte ihm schließlich der Chronist Juan de Santa Cruz Pachacuti Llamqui in der »Geschichte Altperus« aus dem Jahre 1613. Hier hat Llamqui festgehalten, daß zu Zeiten des Inka Pachacutec im Reiche Chincha – dem Gebiet um das heutige Ica – viele gravierte Steine aufgefunden und damals Mancu oder Manco genannt wurden, eine hohe Respektsbezeugung, die soviel wie »der Erhabene« oder auch »der Uralte« bedeutet. »Da sie von den Göttern geschaffen waren«, wurden sie im Tempel als Heiligtum (»huacos«) gehütet. Einen weiteren Hinweis fand Dr. Cabrera in einer Auflistung von Gegenständen aus dem Jahre 1562, die von den Konquistadoren an das spanische Königshaus gegangen war. Darin wird von »gravierten Steinen sehr hohen Alters« gesprochen, die nach Aussage der Eingeborenen »von den Göttern geschaffen und als heilig betrachtet wurden.«

Dr. Cabrera blieb nicht der einzige Sammler. So berichtete der Historiker Hermann Buse 1965, daß die Brüder Carlos und Pablo Soldi zwischen 1961 und 1965 »eine beträchtliche Anzahl« gravierter Steine gesammelt haben. Und die peruanische Handelszeitung »Diario del Comercio« schrieb am 11. 12. 1966 unter der Überschrift »Die geheimnisvollen Steine der Ocucaje-Wüste« von ähnlichen Funden. Der damalige Rektor der Technischen Hochschule Lima, Santiago Augusto Calvo, und der Archäologe Alejandro Pezio vom Peruanischen Staatlichen Institut für Archäologie hatten die Steine in präinkaischen Gräbern entdeckt. Die eingravierten Darstellungen hatten für die Wissenschaftler mythischen und kultischen Charakter. Sie deuteten sie als magische Steine zum Schutz der Toten auf der Reise ins Jenseits.

Nach umfangreichen Recherchen in Peru hielten C. Petratu und B. Roidinger in ihrem hervorragenden, noch unveröffentlichten »Bericht über eine andere Menschheit« fest, daß auch Dr. Adolfo Bermudez Henjins, Direktor des Regionalmuseums von Ica, in seinen Museumsarchiven zahlreiche gravierte Steine aufbewahrt. Auch das »Nationalmuseum der Peruanischen Luftwaffe«, ehemals unter der Leitung von Colonel Omar Chioino, stellte ungefähr 60 gravierte Steine aus und kündigte für 1991 die Herausgabe einer Bilddokumentation zu diesen Funden an. Das neuerdings in »Centro Aeronautico« umbenannte Luftwaffenmuseum bewahrt in seinem Innenhof drei der größten Steine auf, von denen einer einen Durchmesser von 80 Zentimetern hat. Luftwaffenzeichner haben jede darauf eingravierte Einzelheit auf Papier übertragen und gründlich studiert. Sie kamen zu einem erstaunlichen Ergebnis: Auf den Steinen sind Dinosaurier vom Typ Brontosaurus zusammen mit Menschen dargestellt, von denen einige merkwürdige, längliche Rohre tragen, die Teleskopen gleichen. Geologische Analysen haben ergeben, daß die Steine aus stark verkohltem Andesit bestehen, einem Vulkangestein aus dem Mesozoikum (Erdmittelalter), das 220 Millionen Jahre alt ist und damit 160 Millionen Jahre älter als die Anden selbst.

Die ganze Tragweite dieser Funde ist erst zu begreifen, wenn ihr mutmaßliches Alter der herkömmlichen Entwicklungstheorie gegenübergestellt wird. Auf ein Jahr komprimiert, böte sich folgendes Bild:

Start, 1. Januar: Die ersten Einzeller tauchen auf. Erst Ende April folgen ihnen die ersten mehrzelligen Organismen. Die Entwicklung der ersten Wirbeltiere, der Ur-Fische, ist Ende Mai vollendet. Im August kriechen die ersten Amphibien aus dem Wasser an Land, und etwa Mitte September erscheinen die ersten Reptilien. Die Zeit der Dinosaurier fällt in den Oktober und November, ebenfalls im November tauchen die Vorfahren der Tier- und Menschenaffen auf. Erst am 31. Dezember um die Mittagszeit tummeln sich die ersten Vorläufer des Menschen in den Steppen Ostafrikas. Eine Stunde vor Mitternacht fertigen die ersten Menschen Werkzeuge aus Stein an. Eine Viertelstunde vor Zwölf ist der Mensch mit den ersten, primitiven Anfängen des Akkerbaus beschäftigt. Eine Minute vor Mitternacht entstehen die ersten Städte in Sumer und die Kultur Ägyptens. Doch erst in der allerletzten Sekunde des Jahres entwickelt der Mensch den größten Teil aller intellektuellen und technischen Fähigkeiten.

Nach diesem auf ein Jahr zusammengerafften gängigen Evolutionsmodell sind der Existenz des Menschen nur die letzten Stunden des Jahres vorbehalten. Dabei liegen die Wurzeln seines typisch symmetrischen, bilateralen Aufbaus viel tiefer. Wenn der Mensch heute zwei Arme, zwei Beine, zwei Füße und Hände, zwei Augen, zwei Nasenlöcher, zwei Lungenflügel, zwei Nieren und zwei Gehirnhemisphären hat, dann ist das die Folge einer Entwicklung, die vor etwa 400 Millionen Jahren bei primitiven Fischen begann. Bereits bei ihnen entstand langsam ein zentrales Nervensystem entlang der Wirbelsäule mit den wichtigsten »Steuerungselementen« im Kopf. Bestimmte Reptilien konnten sich bereits vor 225 Millionen Jahren auf zwei Beinen fortbewegen. Und vor etwa 200 Millionen Jahren entstanden bei früheren Säugetieren Schweißdrüsen, die eine Regulierung der Körpertemperatur – unabhängig von Witterungseinflüssen – steuerten. Vor rund 64 Millionen Jahren starben die Dinosaurier aus noch nicht einwandfrei geklärten Gründen aus. Auf diese Zeit müßten die gravierten Steine von Ica zurückzuführen sein, wenn es sich wirklich um Augenzeugenberichte handelt.

Aber nach Ansicht der Evolutionsbiologen vergingen weitere 35 Millionen Jahre, bevor die ältesten Vorfahren der Hominiden-Familie auftauchten. Im Verlauf von Jahrmillionen gingen aus ihnen die Primaten hervor – zu denen Halbaffen, Affen und Menschen gerechnet werden. Ihnen folgten schließlich die Hominiden – die Menschenartigen. Vor gut 2 Millionen Jahren benutzte der »Homo habilis« – der »geschickte Mensch« – die ersten Steinwerkzeuge, und vor rund 1,5 Millionen Jahren entfachte dann der »Homo erectus« – der »aufrechtgehende Mensch« – das erste Feuer. Ein Stammbaum, der sich zum Homo sapiens fortsetzte, dessen erstes Auftauchen von den Paläontologen anfangs auf 40 000 Jahre, dann auf 70 000 Jahre und nunmehr auf weit über 100 000 Jahre vor unserer Zeit geschätzt wurde. Doch allein diese Unsicherheit in der Datierung zeigt, auf welch tönernen – besser gesagt: knöchernen – Füßen die Evolutionstheorie steht. Denn im Grunde stützt sie sich nur auf verhältnismäßig wenige Knochenfragmente. Jeder neue Fund zieht Berichtigungen nach sich und könnte sie unter Umständen gar ad absurdum führen. So möglicherweise die Entdeckung der gravierten Steine von Ica.

Welche Bedeutung die für Archäologie zuständigen Behörden in Peru den Steinen zumessen, beweist allein schon die Tatsache, daß sie in die prähistorische Abteilung des künftigen Peruanischen Nationalmuseums umgelagert werden sollen. Zudem ist für 1991 ein Farbkatalog über dieses Thema beschlossen worden. Die Experten scheinen also von der Echtheit des Alters der gravierten Steine überzeugt zu sein. Damit allerdings käme die heutige Theorie über die Abstammung des Menschen und seine nunmehr auf weit über 100 000 Jahre geschätzte Vergangenheit in arge Bedrängnis.

Den Experten gehört auch Dr. Cabrera an, ein ernsthafter Wissenschaftler, der die »Nationaluniversität Ica« begründete und dort bis zu seinem Ruhestand einen Lehrstuhl an der medizinischen Fakultät bekleidete. Zudem war er erster Direktor des »Kulturhauses« von Ica.

»Wir standen vor einem Menschen, der nichts mit einem Träumer oder Phantasten gemein hat«, charakterisieren ihn C. Petratu und B. Roidinger. »Seine spanisch verwurzelte aristokratische Distanz verleiht ihm den kalten Glanz eines tief Einsamen. Jedoch eines Einsamen, der sich seiner Stellung im geheimnisvollen Spiel der Geschichte und in der leidenschaftlichen Erforschung der Entstehung des Menschen sehr wohl bewußt ist.«

Dr. Cabrera erklärte, daß die Steine von unterschiedlichster Größe sind und von 15 Gramm bis zu 500 Kilogramm wiegen. Ihre Farbvariationen gehen vom tiefen Schwarz bis zum Hellgrau. Es sind auch gelbe darunter oder andere mit rötlichem Schimmer. Die darauf eingravierten Motive stellen Kriegs- und Kampfszenen dar, sportliche und soziale Aktivitäten, Musikinstrumente oder mechanische Transportsysteme sowie optische Instrumente (Teleskope, Lupen). Außer einer für Südamerika teilweise unbekannten und anachronistischen Flora und Fauna sind fortgeschrittene chirurgische Operationen bis hin zu Herz- und Gehirntransplantationen aufgezeichnet, unbekannte Landkarten, astronomische Konfigurationen und immer wieder Saurier.

170

Dinosaurier aller Arten – der Sammler Dr. Cabrera zählte siebenunddreißig. Wie er berichtet, ist auf einem Stein der »biologische Zyklus eines Stegosaurus« wiedergegeben: seine Paarung, die Eier, die Metamorphose der Larven, das kleine, ausgeschlüpfte Reptil, alles in der Anordnung einer spiralförmigen Aufeinanderfolge. »Das ist erstaunlich, denn unsere Paläontologen behaupten, die Dinosaurer hätten sich auf die gleiche Weise wie unsere gegenwärtigen Reptilien fortgepflanzt«, erklärte Dr. Cabrera. »Das hieße, sie würden aus dem Ei in vollendeter Form ausschlüpfen. Die Metamorphose dagegen ist ein Charakteristikum für Amphibien, die nach dem Ausschlüpfen eine Metamorphose vom larvalen Stadium bis zum erwachsenen Tier durchmachen müssen. Auf diesem Stein wird also ein zumindest heute bei Reptilien unbekannter Entwicklungsprozeß dargestellt. Dafür gibt es nur eine Erklärung: daß der Künstler den Vorgang nach direkter Beobachtung dargestellt hat. Schlußfolgerung: Er muß vor mindestens 60 Millionen Jahren gelebt haben.«

»Eine Serie von insgesamt 205 Steinen stellt in allen Einzelheiten die Entwicklung des Urfisches Agnatus dar, von dem die moderne Paläontologie selbst nur oberflächliche Kenntnisse durch Fossilienfunde besitzt«, weiß Dr. Cabrera zu berichten. »Diese Steine beweisen nicht nur, daß der Mensch (bzw. der Angehörige einer möglichen früheren Menschheit) gleichzeitig mit den von ihm dargestellten Tieren existierte, sondern auch, daß er ein intellektuell hochentwickeltes Wesen gewesen sein muß, das zu gründlichen biologischen Studien befähigt und wissenschaftlichen Fortschritts mächtig war. Durch die Steine mußte ich vieles von dem korrigieren, was ich als Professor an der Nationaluniversität von Ica lehrte«, resümierte Dr. Cabrera. Aber gibt es außer den »gravierten Steinen« von Ica noch andere

Hinweise darauf, daß es bereits zur Zeit der Dinosaurer Menschen gab?

London in Texas. Emma Hahn ist heute 88 Jahre alt. Aber an ihren bemerkenswerten Ausflug, den sie als 32jährige unternahm, erinnert sie sich, als sei es gestern gewesen. Denn auf ihrer Wanderung hatte sie eines der großen Rätsel der Geschichte entdeckt, das Wissenschaftlern in aller Welt immer noch Anlaß zu Kontroversen gibt. Die Hahns waren an einem Junimorgen des Jahres 1934 von der Kleinstadt London an der texanisch-mexikanischen Grenze zu einer Wanderung aufgebrochen. Sie wollten auf den Gebirgsrücken Llano Uplift, verliefen sich aber und landeten nach elf Kilometern kurz vor der Ortschaft Glen Rose. Auf ihrem mühsamen Weg stießen sie unversehens auf einen Felsblock, den ein mächtiger Findling krönte. Das wäre nichts Besonderes gewesen, hätten sie nicht ein aus dem Stein herausragendes, sonderbares Metallstück gesehen. Sie wollten es herauszerren – vergeblich. Ein in Stein gebettetes Metallstück? Emma Hahn ließ der rätselhafte Anblick keine Ruhe. Mit Freunden ging sie noch einmal dorthin. Auch bei ihnen war die Verwunderung groß. Schließlich meißelten sie mit dem mitgebrachten Werkzeug einen 15 Zentimeter tiefen und 25 Zentimeter breiten Brocken rund um das Metallstück aus dem Felsblock heraus. Sie trauten ihren Augen nicht, als sie endlich einen richtigen Hammer samt abgebrochenem Holzstiel in den Händen hielten. Der Fund wanderte ins Heimatmuseum und wäre ein- für allemal in Vergessenheit geraten, hätte nicht der Archäologe Dr. Carl Baugh bei Ausgrabungen in der Nähe von Glen Rose sensationelle Entdeckungen gemacht.
In uralten Steinschichten fand er, einträchtig nebeneinan-

der, mächtige Dinosaurierabdrücke und menschliche Fußspuren. Wie deutlich zu erkennen war, müssen einige
Schuhe getragen haben, während andere barfuß gelaufen
waren. Daraus schloß der Geologie-Professor Dr. John
D. Morris, daß vor 60 Millionen Jahren Menschen gelebt
haben müssen. Nach Berichten, die das US-Nachrichtenma-
gazine »Time« »ausgegraben« hat, sollen sich die Einwohner von Glen Rose schon 1908 über das seltsame Nebenein-
ander von menschlichen und »Riesen«-Fußabdrücken ge-
wundert haben.

Als 1984 Grabungen auf der Ranch von Emmit McFall am
Paluxy River bei Glen Rose durchgeführt wurden, kam die
Bestätigung durch Dr. Hilton Hinderliter von der Pensylva-
nia State University. »Ich legte mit eigenen Händen die
Abdrücke von zwei Sauriern und einem Menschen frei«,
gab er zu Protokoll. »Über ihre Echtheit kann nicht der
geringste Zweifel bestehen. Vor meinen Augen wurden
weitere Fußspuren von Menschen in dem 60 Millionen
Jahre alten Gestein gefunden. Zur Zeit der Dinosaurier
müssen also Menschen gelebt haben.«

Diese These löst bis zum heutigen Tag erbitterte Diskussio-
nen aus. Ein Wissenschaftler, der dem Rätsel vor Ort nach-
ging, stieß dabei im Museum auf den Hammer. Auf seine
Veranlassung hin wurde der Hammerkopf dem Metallurgischen Institut des Batelle-Memorial-Laboratory in Colum-
bis, Ohio, zur Analyse übergeben. Ergebnis: Er besteht zu
96 Prozent aus Eisen, zu 2,6 Prozent aus Chlor und zu
0,74 Prozent aus Schwefel. Eine heutzutage völlig unge-
bräuchliche Zusammensetzung, da Kohlenstoff und Sili-
zium fehlen. Der Holzstiel war versteinert und wies innen
eine poröse Verkohlung auf. Da bis zur Versteinerung von
Holz Jahrmillionen vergehen, kann der Hammerstiel kaum
aus der Neuzeit stammen. Nichtsdestotrotz ist dieser Fund

umstritten, und das wirkliche Alter und der Ursprung des Hammers sind bis heute nicht geklärt.

1884 stießen Steinbrucharbeiter am Managuasee in Nicaragua drei Meter unterhalb uralter Formationen in einer Sandsteinschicht auf menschliche Fußspuren. Etwa zur gleichen Zeit wurde in der Nähe von Carson City in Nevada in einer Schieferschicht der Abdruck einer Schuhsohle entdeckt, und 1938 stießen Geologen in einer 250 Millionen Jahre alten Formation in Berea, Kentucky, auf Fußspuren. 1961 meldete das sowjetische Magazin »Smena«, daß eine sowjetisch-chinesische Gruppe von Paläontologen unter der Leitung von Dr. Chow Ming Chen 1959 in einer Sandsteinformation der Wüste Gobi einen gerippten Schuhsohlenabdruck mit deutlich erkennbaren Nahtstellen entdeckt hätte. Sogar die »Schuhgröße 43« konnte ermittelt werden. Die Gesteinsschicht ist mindestens zwei Millionen Jahre alt. 1968 stieß dann der Hobby-Paläontologe William Meister bei Antelope Springs im US-Bundesstaat Utah auf zwei versteinerte, 32,5 Zentimeter lange Schuhsohlenabdrücke mit verstärktem Druck an den Fersen. Außerdem war beim Auftreten eine kleiner Trilobit (urweltliches Krebstier) zerdrückt worden. Also scheidet eine Fälschung aus. Das Pikante an diesem Fund ist allerdings die Tatsache, daß die Trilobiten vor etwa 420 Millionen Jahren ausgestorben sind...
Auch der Hammer blieb kein Einzelfund. So entdeckten Arbeiter 1973 in der Nähe von Aiud in Rumänien beim Sandabbau drei verkrustete Gegenstände im verhärteten Sand. Bei der Untersuchung durch Fachleute entpuppten sich zwei davon als fossile Knochen, bei dem dritten handelte es sich um eine metallene Axt. Durch eine Analyse der Universität in Klausenburg wurden die beiden Knochen-

stücke als Kieferknochen-Fragmente eines Mastodonten (ausgestorbene Elefantenart) identifiziert. Die Axt, so ergab eine metallurgische Analyse des Forschungszentrums ICPMMN (Margurele), bestand aus einer komplexen Legierung von zwölf verschiedenen Elementen, jedoch zu 89 Prozent aus Aluminium.

In den fünfziger Jahren des 19. Jahrhunderts entdeckte Carlos Ribeiro, Direktor der geologischen Bestandsaufnahme des Staates Portugal, im Tal des Tagus bei Lissabon in einer Miozän-Schicht Steinwerkzeuge von frühen Menschen. Leider wies der Fund einen »Fehler« auf. Denn traditioneller Auffassung zufolge begann der Mensch mit der Bearbeitung von Steinen erst im Pleistozän, also vor rund 2 Millionen Jahren. Das Miozän aber liegt 5 – 20 Millionen Jahre zurück. Auf einem internationalen Archäologen- und Anthropologenkongreß 1871 in Lissabon wurde Ribeiros Fund so heftig diskutiert, daß beschlossen wurde, eine Untersuchungskommission in das Tagus-Tal zu entsenden. Bei einer neuerlichen Grabung stieß der italienische Geologe J. Belluci dann tatsächlich in einer Miozän-Schicht auf ein weiteres Steinwerkzeug.

Etwa zur selben Zeit meldete der französische Abbé Bourgeois, er habe nahe Thenay in Frankreich in einer Oligozän-Schicht prähistorische Steinwerkzeuge gefunden. Das Oligozän aber liegt 25 – 38 Millionen Jahre zurück. Um diese Entdeckung zu überprüfen, führte der deutsche Anthropologe Max Verworn 1905 eigene Grabungen unweit von Thenay, in Aurillac in Südfrankreich, durch. Verworn fand dort Steinwerkzeuge in einer Miozän-Schicht. Und J. Reid Moir fand im Cromer Forest Bed, an der englischen Küste von East Anglia, ein offenbar mit Eisen bearbeitetes, versteinertes Holzstück in einer 1 bis 1,5 Millionen Jahre alten Pleistozänschicht.

Schon 1860 fand der Geologieprofessor G. Raggazoni bei Castenedolo in Italien, am Südrand der Alpen, menschliche Fossilknochen in einer Pliozän-Schicht. Nach gründlicher Untersuchung des Professors stellte sich heraus, daß die darüberliegenden Schichten unberührt geblieben waren. 1880 grub er in derselben Schicht ein vollständiges menschliches Skelett aus. Auch hier konnte durch die Unberührtheit der oberen Gesteinsschichten eine Beerdigung in einer tieferen Schicht ausgeschlossen werden. Kurze Zeit später wurde in derselben Schicht noch der Schädel einer Frau entdeckt. Bei beiden Funden stimmten die Schädel vollkommen mit dem des Homo sapiens überein und nicht mit dem eines primitiven Frühmenschen. Die Fachwelt ignorierte diesen Fund stillschweigend, weil sich damit alle Evolutionstheorien sozusagen in Rauch aufgelöst hätten. Ließ sich durch die Funde doch nachweisen, daß bereits vor zwölf Millionen Jahren ein Homo sapiens existierte.

Der argentinische Paläontologe Carlos Florentino Ameghino war einer der ersten, der sich vor der Fachwelt offen zu seiner Überzeugung bekannte, der Homo sapiens sei Jahrmillionen alt. Seine Theorie, der Mensch habe in Südamerika seinen Anfang genommen, brachte Ameghino von seinen Kollegen nur Spott und Hohn ein. Schließlich war im Establishment bekannt, daß der »Mensch erst vor 20 000 Jahren über die Bering-Straße eingewandert war«. Der Paläontologe führte als Gegenbeweis seinen Fund von steinernen Pfeilspitzen und den Knochen eines Toxodons an, das im Miozän lebte und vor rund 10 Millionen Jahren ausgestorben ist. Das Skelett des offensichtlich durch die Pfeile erlegten Tieres – denn eine Pfeilspitze steckte noch in einem seiner Wirbelknochen – hatte er fünf Kilometer nördlich von Miramar gefunden, einem 800 Kilometer südlich von Buenos Aires gelegenen Küstenstädtchen.

Als Arbeiter im Jahre 1896 ein Trockendock im Hafen der argentinischen Hauptstadt aushoben, fanden sie 12 Meter unter dem Flußbett in Sedimenten aus dem Miozän einen menschlichen Schädel. In Patagonien, dem Süden des Landes, machte Ameghino weitere Funde in 6–25 Millionen Jahre alten Miozänschichten. Er fand ein Messer aus Silex, einen Amboß aus Stein, polierte Kugeln aus Diorit und an die zwanzig Schaber; außerdem eine Reihe von Knochen und Schädeln, die zweifelsfrei der Spezies Homo sapiens zugeordnet werden konnten. Von nun an war Patagonien für den Forscher die Wiege der Menschheit.

Im Jahr 1970 ging die Meldung durch die Fachpresse, daß der nordamerikanische Anthropologe Richard MacNeish, Direktor der Archäologischen Abteilung der amerikanischen Phillips Academy, bei Ausgrabungen im Flußgebiet des Rio Montayo, eines Nebenflusses des Amazonas, nahe Ayacucho in Peru auf bahnbrechende Funde gestoßen sei. In derselben Schicht fand er neben Steinwerkzeugen Fossilien des Riesenfaultiers »Megatherium«, von Pferden, Kamelen, Riesenhirschen und Urkatzen. Das Megatherium ist vor rund einer Million Jahren ausgestorben, das südamerikanische Pferd und das südamerikanische Kamel aber schon vor 13 Millionen Jahren. Ein Jahr später, im April 1971, grub der kolumbianische Anthropologe Professor Homero Henao Martin von der Universität del Quindio in der kolumbianischen Provinz Tolima das fossile Skelett eines Iguanodons, eines 20 Meter langen Dinosauriers, zusammen mit einem menschlichen Schädel aus, der sich aufgrund des Fossilisationsprozesses nahezu vollständig in Kalk verwandelt hatte. Die Paläontologie lehrt, daß das Iguanodon Anfang des Jura-Zeitalters vor 181 Millionen Jahren lebte und am Ende der Kreidezeit, vor 64 Millionen Jahren, ausgestorben sei. Wer sich selbst davon überzeugen will:

Professor Martin bewahrt den Fund noch immer in seinem Institut an der Universität del Quindio auf.

Über diese Entdeckungen informiert, erklärte der sowjetische Anthropologe Dr. A. A. Zoubov während einer Vortragsreihe, die er 1974 auf Einladung der Peruanischen Nationaluniversität in Lima hielt, daß eine indisch-sowjetische Anthropologen-Gruppe 1973 bei Ausgrabungen in Indien menschliche Fossilien in einem zum Mesozoikum gehörenden Felsen gefunden hätte. Das Mesozoikum – das Erdmittelalter – war die Zeit der Dinosaurier. Die Sowjetische Akademie der Wissenschaften wertete die Entdeckung zumindest als ein Indiz für die mögliche Existenz von Menschen vor 65 Millionen Jahren – beschloß aber, vor einer endgültigen Festlegung auf weitere Funde zu warten.

Ein Jahr später, am 26. Dezember 1974 fand die bekannte britische Anthropologin Mary Leakey in der Gegend des ausgetrockneten Laetolli-Flusses, 40 Kilometer von Olduvai in Tanzania entfernt, Zähne und fossile Knochen eines Hominiden. Angeblich soll eine radiometrische Datierung des Fundes deren Alter auf 63 bis 75 Millionen Jahre festgelegt haben. Wenn auch eingeräumt werden muß, daß die Radiometrie bei Funden dieses Alters ziemlich ungenau ist, steht doch fest, daß diese Knochenreste zumindest aus einer Zeit stammen, die weit vor der »offiziellen« Entstehung der Spezies Homo sapiens liegt. Mary Leakey erklärte, daß diese Fossilien zur Sapiens-Gruppe gehören und nicht etwa zu einer Hominidenart wie den Australopithecinen. In diesem Zusammenhang erscheinen die Steine von Ica natürlich in einem ganz anderen Licht.

1925, Acambaro im mexikanischen Bundesstaat Guanajuato. Bei einem Inspektionsritt entdeckte der dänische Kaufmann Waldemar Julsrud in Begleitung seines Aufsehers auf dem Gelände seiner Ranch in der Fahrspur eines vom Regen aufgeweichten Weges eine kleine, aus dem Schlamm herausragende Keramikfigur. Julsrud bat den Aufseher, ihm die Statuette aus dem Schlamm zu holen. Die Figur hatte keinerlei Ähnlichkeit mit anderen präkolumbianischen Artefakten, die Julsrud bei seinen Reisen durch Mexiko gesehen hatte. Am nächsten Tag kehrte er mit einigen Arbeitern an die Fundstelle zurück und ließ sie dort graben. Dutzende von Figurinen kamen zum Vorschein. Sie stellten Menschen dar, aber auch Tiere: Riesenechsen – Dinosaurier.

Juslrud beauftragte seinen Aufseher Tinajero nunmehr, auch in seiner Abwesenheit weiter nach den Statuetten suchen zu lassen. Später versprach er den Arbeitern für jeden Fund ein paar Pesos zur Belohnung. Dieser finanzielle Anreiz führte sicherlich zu einer Reihe von Fälschungen unter den insgesamt 33 000 Figuren in Julsruds Sammlung. Aber nach der Radiokarbonmethode befinden sich auch solche darunter, die weitaus älter sind als alle bekannten präkolumbianischen Funde. Die von diesen Figuren dargestellten Menschen trugen geschnürte Sandalen, Kettenpanzer und Schilde – eine absolut untypische Kleidung für das alte Mexiko. Wie auf den Steinen von Ica gezeigt, wurden die Saurier als ihre Haustiere dargestellt: Männer benutzen sie als Reittiere, und Frauen füttern sie.

Könnte dieses »Zusammenleben von Mensch und Dinosaurier« Ursprung der weltweiten Drachensagen sein? »Riesige Ungeheuer lebten einst auf der Erde, mit fürchterlichen Zähnen und Klauen ausgestattet«, erinnern sich die im Südwesten der Vereinigten Staaten lebenden Zuni-Indianer. »Dann sagten Jene-im-Himmel zu diesen Tieren: ›Wir werden euch in Stein verwandeln, damit ihr den Menschen kein Leid tun könnt, sondern ihnen statt dessen Nutzen bringt.

Also haben wir beschlossen, euch in Stein zu verwandeln.‹ Daraufhin verhärtete sich die Erdkruste, und die Bestien wurden zu Stein. Da die Erde nun in allen Steinen fest und hart wurde, finden wir die Überreste der Bestien überall auf der Welt. Groß sind die Relikte, manchmal so groß, wie die Bestien früher waren. Oft sehen wir ihre Spuren zwischen den Felsen, und dies zeigt uns, daß in den ersten Tagen der Welt alles anders war als heute.«

Ein Felsenbild im Hava Supai Canyon, Arizona, zeigt tatsächlich einen Tyrannosaurus in aufrechter Haltung. Nach Aussage der Indianer stellt es eines der »Ungeheuer der Vorzeit« dar.

Die Hopi, das Brudervolk der Zuni, glauben, daß »Menschen lange vor unserer Menschheit« existierten. »Das Buch der Hopi« berichtet von »vier Welten«. Die Erste Welt war Tokpela, der endlose Raum, aus dem Taiowa, der Schöpfer, das Endliche schuf. Er setzte die ersten Menschen an einen Ort, den man »die Höhe« oder »den Himmel« nennt. Dieser Himmel, die Erste Welt, wurde durch Feuer zerstört, »weil die Menschen böse geworden waren«. Die Zweite Welt wurde durch Eis zerstört. Die Dritte Welt, »Kasskara«, das »Land der Sonne«, durch Wasser. Unsere Zeit, so glauben die Hopi, sei die Vierte Welt, die in nicht allzuferner Zukunft ihrem Ende entgegensieht.

Geologisch betrachtet ergibt die Hopi-Kosmologie einen Sinn. Die Zerstörung der Ersten Welt könnte sich auf die weltweite vulkanische Aktivität vor 250000 Jahren beziehen. Die Zerstörung der Zweiten Welt wäre dann die Eiszeit vor 100000 Jahren, die der Dritten Welt die Periode der großen Regen und Überflutungen, die irgendwann vor 30000–12000 Jahren stattfand, also die Sintflut der Bibel und der alten Sumerer. Und damit hätten auch die Hopi-Indianer eine Chronik, die rund 300000 Jahre in die Vergangenheit reicht, ähnlich wie die Königslisten Sumers.

Nach der Chronologie der mexikanischen Azteken leben wir sogar schon im fünften Zeitalter. Während die Zyklentheorien der Hopi und der Azteken das Überleben der Menschheit durch wenige Auserwählte erklären – dem biblischen Noah vergleichbar –, spricht das »Popul Vuh«, das heilige Buch der Quiché-Maya, gar von vier verschiedenen Schöpfungen, von vier Menschheiten, die durch eine Flut, durch herabfallendes »flüssiges Harz« (wahrscheinlich Lava) und durch Erdbeben ausgerottet wurden. Nach dem »Popul Vuh« stammen die Affen in den Wäldern von den Überlebenden der zweiten Menschheit ab. Darwin dürfte diese Idee wahrscheinlich im Grab rotieren lassen.

Und Dr. Damian Nance vom Institut für Tektonik, Ozeanographie und Geochemie der Universität Ohio, erklärte: »In den letzten zweieinhalb Milliarden Jahren gab es sechs Menschheiten vor uns.« Wäre das des Rätsels Lösung für die scheinbaren Widersprüche im Zusammenhang mit den vielen unerklärlichen Funden?

8

Erinnerungen an Atlantis

Nicht nur im Atlantik, sondern auch in anderen Regionen der Erde gibt es Hinweise auf drastische klimatische Veränderungen vor etwa zehntausend Jahren. 1976 entdeckte zum Beispiel eine italienische Polarexpedition in der Antarktis einen versteinerten Wald. Und in den bolivianischen Anden zeugt die Fundstätte eines riesigen Elefantenfriedhofs für gewaltige Verschiebungen der Erdkruste.

Nicht zuletzt sind den Überlieferungen vieler Völker Bahnverschiebungen der Erde zu entnehmen. So gibt es in der Grabstätte des ägyptischen Wesirs Semut eine Himmelskarte, deren Sternenkonstellationen mit den von uns heute am Himmel beobachteten nicht übereinstimmen. Indische Überlieferungen sprechen von einer Verlagerung der Erde von ihrem »gewohnten Platz« um hundert »yojanas«, das entspricht etwa 800 bis 1400 Kilometern.

Es wird berichtet, daß sich die Pole verlagerten, als die Erde durch die Katastrophe kippte. Die Himmelsrichtungen veränderten sich und damit die Jahreszeiten. Kalender, Himmelskarten, Sonnen- und Wasseruhren stimmten nicht mehr. Auf der taumelnden Erde kam es zu apokalyptischen Katastrophen; zu Erdbeben, Vulkanausbrüchen, Feuersbrünsten und Sintfluten. »Die Gewässer standen fünfzehn Ellen hoch über den Berggipfeln«, heißt es im Buch Moses. Kontinente versanken in diesem Inferno, und andere stiegen auf aus den Meeren.

Das Volk der Hopi-Indianer Nordamerikas entstammt einer uralten Überlieferung zufolge einem mitten im Pazifischen Ozean gelegenen Kontinent, der Kasskara hieß. Zu jener Zeit waren große Teile Südamerikas noch vom Wasser bedeckt, erzählen die Hopi. Doch in einer anderen Region der Erde, einem Land im Atlantischen Ozean, hätten damals Menschen gelebt, die sich in die Lüfte erheben und andere Planeten besuchen konnten. Aber das riesige Inselreich Atlantis sei durch eine Katastrophe sehr schnell vom Meer verschlungen worden.

Neueren geologischen Untersuchungen zufolge hat sich der südamerikanische Kontinent erst in jüngerer Zeit der Erdgeschichte aus dem Pazifischen Ozean erhoben. Und in nicht allzu ferner Vergangenheit war der heute fast viertausend Meter über dem Meeresspiegel liegende Titicacasee noch eine Lagune.

Im Frühjahr 1981 entdeckte eine sowjetische Expedition 700 Kilometer vor der portugiesischen Küste die jahrtausendealten Ruinen einer Stadt. »Wir haben rätselhafte Strukturen gefunden, die nur die Überreste von Gebäuden, Mauern, Treppen und Straßen sein können«, erklärte Andrei Monin, Forschungsdirektor auf dem russischen Forschungsschiff »Academician Kurchatov«. »Wir haben drei verschiedene Expeditionen in dieses Gebiet geschickt, die alle mit verblüffenden Unterwasseraufnahmen einer versunkenen Stadt zurückkamen.« Die über 450 Photos der Russen waren alle rund um den unterseeischen Ampere-Berg aufgenommen, der 700 Kilometer westlich der Straße von Gibraltar, zwischen der Insel Madeira und Casablanca liegt. »Viele Aufnahmen vom nordwestlichen Teil des Berges zeigen deutlich rechtwinklige Strukturen. Auf einem Photo sind einen Meter hoch vom Boden aufragende, rechtwinklige Platten zu sehen«, erklärte Monin. »Sowohl die Stellung der Platten und Blöcke als auch ihre regelmäßige Form deuten auf ihren künstlichen Ursprung hin.«

Eine der Unterwasseraufnahmen zeigt eine 50 Zentimeter breite Steinmauer, dazu auf quadratischen Blöcken liegende rechteckige Steinplatten. Auf einem anderen Photo ist eine Struktur zu erkennen, die aus in gleichmäßigen Abständen aneinandergereihten Steinplatten besteht. Auch das Innere einer Ummauerung aus kleinen Ziegeln und in konvexer Krümmung wurde photographisch festgehalten. Russischen Wissenschaftlern war es bereits zwei Jahre vorher gelungen, von einer Taucherglocke der »Academician Kurchatov« aus die riesigen Mauern und Treppen an den Berghängen des Ampere-Seamounds in acht Aufnahmen festzuhalten. Damals meldete die amtliche sowjetische Nachrichtenagentur TASS: »Nach Auswertung der Bilder waren die Archäologen überzeugt, daß sie von Menschenhand gefertigt wurden.« Die ersten Hinweise auf diese Ruinen wurden bereits 1976 durch das Forschungsschiff »Universität Moskau« erbracht.

»Die Ruinen könnten tatsächlich die der versunkenen Stadt Atlantis sein«, spekulierte Monin und spielte damit auf eine 2500jährige Überlieferung des griechischen Philosophen Plato (427–347 v. Chr.) an. Nach Plato existierte »8000 oder 9000 Jahre« vor seiner Zeit »vor den Säulen des Herakles« – so nannten die Griechen die Meerenge von Gibraltar – ein Kontinent, »so groß wie Kleinasien und Libyen zusammen«. Dieser mächtige Inselkontinent, genannt Atlantis, hätte sich »bis zu den gegenüberliegenden Inseln und dem darauf folgenden Festland« erstreckt. Eine klare Anspielung auf die Karibik und Amerika fast 2000 Jahre vor Kolumbus. »Im Verlauf eines schrecklichen Tages und einer schrecklichen Nacht« sei die mächtige Insel im Ozean versunken, während die übrige Welt von Sintfluten und Erdbeben erschüttert wurde. Ursprünglich stamme die Überlieferung von Atlantis aus Ägypten, schreibt Plato in seinen Dialogen »Kritias« und »Timaios«. Der Athener Staatsmann Solon (640–560 v. Chr.) ist während einer Ägyptenreise auf die in Bildern an den Tempelsäulen von Sais aufgezeichnete Geschichte dieser alten Zivilisation gestoßen. »Auf jener Insel Atlantis«, so heißt es bei Plato, »hatte ein großes Königreich seinen Mittelpunkt, dessen Königen die ganze Insel sowie alle anderen Inseln (im

Atlantik) und große Teile des gegenüberliegenden (ameri-kanischen) Festlandes gehorchten. Außerdem gehörten ih-nen innerhalb der Meerenge (von Gibraltar) Nordafrika bis nach Ägypten und Europa bis Italien.« Zentrum dieses Imperiums soll eine riesige Metropole von 400 Quadrat-kilometern gewesen sein, in deren Mitte sich die von drei riesigen Wassergräben umgebene Burg der Könige majestä-tisch auf einem Hügel erhob.

Gründer des mächtigen Atlantis war der Gott Poseidon höchstpersönlich. Denn als »die Götter einst unter sich die ganze Erde nach Örtlichkeiten verteilten«, so Plato, »fiel ihm Atlantis zu, das er mit seinen Nachkommen bevöl-kerte.« Es war ein Land von unvorstellbarem Reichtum, ein irdisches Paradies. Seine Herrscher hatten »eine solche Fülle von Reichtum erworben, wie weder vorher noch nachher bei irgendeinem Herrschergeschlecht in den Besitz von Kö-nigen gelangt war noch in Zukunft so leicht gelangen würde. Denn aufgrund ihrer Herrschaft floß ihnen von außen vieles zu. Das meiste für den Lebensbedarf aber lieferte ihnen die Insel selbst« – reiche Bodenschätze, vor allem Gold, und das geheimnisvolle Bergerz »Orichalkum« eine Art Messinglegierung, »welche unter den damals Le-benden, mit Ausnahme des Goldes, am höchsten geschätzt wurde.« Entsprechend prächtig war die Hauptstadt: »Den ganzen Umfang der den äußersten Gürtel umgebenden Mauer versahen sie mit einem Überzug aus Kupfer, über-gossen den des inneren mit Zinn, den um die Burg selbst geführten aber mit feurig glänzendem Orichalkum«, schreibt Plato. Der Tempel des Poseidon war »mit einer goldenen Mauer umgeben, ... von außen hatten sie den ganzen Tempel mit Silber überzogen, mit Ausnahme der vergoldeten Zinnen. Im Innern waren die Wölbungen aus Elfenbein, mit Verzierungen von Gold, Silber und Orichalkum; alles übrige, Wände, Säulen und Fußböden, bedeckten sie mit Orichalkum.« Nach Platos Schilderung war der vom Klima begünstigte Inselkontinent mit seiner mannigfaltigen Vegetation ein fruchtbarer Garten, in dem selbst Elefanten lebten. »Bot das Inselreich doch allen Tieren, die da in Seen, Sümpfen und Flüssen lebten und auf Bergen und in der Ebene, reichlich Nahrung... Was ferner jetzt irgendwo die Erde an Wohlgerüchen erzeugt, an Wurzeln, Gräsern, Holzarten und Blumen oder Früchten entquellenden Säften, das erzeugte auch sie und ließ es wohl gedeihen.«

Ein Paradies, dem der Hochmut seiner Bewohner ein Ende setzte. »Solange die göttliche Abkunft in ihnen noch zum Ausdruck kam, befolgten sie die Gesetze und waren dem verwandten Göttlichen freundlich gesinnt... als aber das dem Gott entstammende Erbe ihres Wesens verkümmerte und die menschliche Prägung die Oberhand gewann, vermochten sie schon nicht mehr, ihr Glück zu ertragen, sondern entarteten.« Nun beschlossen die Götter den Untergang des Inselreichs. Und in einem gewaltigen Erdbeben versank es im Ozean.

Es ist also kein Wunder, daß Atlantis im Gedächtnis der Nachwelt bis heute lebendig geblieben ist: »Bei zahllosen Generationen hat das Wort Atlantis Geister in den Herzen der Menschen wachgerufen. Priester bedauerten, daß die Weisheit zur Verruchtheit degenerierte, Philosophen haben über seine göttlichen Könige moralisiert und Poeten seine fabelumwobene Vollkommenheit gepriesen. Alle Tugenden, alle Erkenntnisse, aller Glanz einer brillianten Zivilisation auf der noch jungen Erde wurde wie ein Traum aus der Erinnerung gelöscht. Goldenes Zeitalter, alles, was der Mensch insgeheim ersehnt, scheint mehr zu sein als eine Illusion. Starkes Verlangen verwandelt das Spiegelbild zur

Wirklichkeit. Wir seufzen über das im Sand verlorengegangene alte Ägypten, über die von Schlamm und Lehm begrabene Größe Babylons, über das in Ruinen liegende glorreiche Griechenland. Alle sind stumme Zeugen der vergänglichen Triumphe des Menschen. Atlantis? Seine Türme, Tempel, Paläste – seine unzähligen Männer und Frauen, die für Jahrtausende in den weitläufigen Hallen wandelten – sie alle sind wie Geister verschwunden... Sehen auch wir unsere Zivilisation im Spiegel der Zukunft verschwinden, in Vergessenheit geraten? In Tausenden von Büchern wird nachgewiesen, daß es Atlantis gab; aber ebensoviele bestreiten seine Existenz.« So brachte der englische Schriftsteller W. Raymond Drake seine Gedanken über Atlantis zum Ausdruck.

Wissenschaftler versuchen seit zweieinhalb Jahrtausenden, die »wahre und nicht erfundene« Geschichte über Atlantis, wie Plato sie nannte, in das Reich der Mythen und Utopien zu verbannen. Denn die Existenz eines einstigen Kontinentes im Atlantik war ebensowenig vorstellbar wie eine Zivilisation, die 6000 Jahre vor den Ägyptern gelebt haben soll. Doch im Lauf der Zeit mehrten sich die Hinweise auf einen versunkenen Kontinent. Schon mit der Entdeckung Amerikas 1492 durch Kolumbus begannen Platos Angaben vom »gegenüberliegenden Kontinent« Gestalt anzunehmen, und als 1519 die spanischen Eroberer auf eine indianische Hochkultur mit Tempelpyramiden stießen, schien dies auf eine Verwandtschaft mit den Kulturen des Vorderen Orients hinzudeuten. Doch der entscheidende Hinweis über ihre Herkunft entstammte der Mythologie der mexikanischen Azteken. So erfuhr der spanische Eroberer Hernando Cortes von ihrem Hue-Hue-Tlatoani (»Allerhöchsten Sprecher«) Motecuhzoma Xokoyotzin – von den Spaniern »Montezuma« genannt –, daß ihre Heimat im Osten gewesen sei. »Unsere Väter sind nicht hier geboren, sondern aus einem fernen Land gekommen, das Aztlan hieß. Dort stand ein hoher Berg mit einem Garten, wo die Götter wohnten.« Wohin auch immer die Spanier vordrangen, hörten sie die Legenden von »Atlan« oder »Aztlan«, »Atalanta« oder »Tollan«, der sagenhaften Urheimat der indianischen Völker Mexikos im Osten. Überall hieß es, die Vorfahren der Indianer seien über das Meer gekommen, als ihre Heimat in einer Katastrophe im Ozean versank.

Noch in diesem Jahrhundert erfuhr der amerikanische Ethnologe L. Taylor-Hansen von einem alten Indianer aus dem Stamm der Apachen – einem der letzten überlebenden Stämme der einstmals großen Völkergemeinschaften der Azteken – die folgende Legende über ihre Herkunft: »Wir lebten einst im alten Land des Feuers, lange vor der Sintflut. Der Eingang unserer Stadt war so groß, daß man sich darin verlief. Damals war unser Land das Herz der Welt; viele Völker kamen dorthin, um Gerechtigkeit zu fordern, so, wie sie heute nach Washington kommen. Die Hauptstadt war riesengroß, und die Schiffe verfuhren sich in der Hafeneinfahrt. Seine Berge waren die höchsten der Welt, und in ihren »Eingeweiden« hauste der Gott des Feuers. Durch seine Wut wurde das Land vernichtet. Der Gott verließ seine unterirdischen Höhlen und schleuderte Feuer und Tod auf die Menschen, die vor Angst wahnsinnig wurden. Die Menschen flohen und kamen über das Meer nach Westen. Dann zog sich die Flut zurück, und wir sahen das Meer nicht mehr, wir, die wir zur Zeit unseres Glanzes die Wasser der ganzen Welt beherrschten!« Erinnerungen an Atlantis?

In den vierziger Jahren war der Amerikaner Edgar Cayce wegen seiner Tranceinformationen über den versunkenen Kontinent in aller Munde. Der von seinen Zeitgenossen auch der »schlafende Prophet« genannte Cayce beschrieb zwischen 1923 und 1945 in seinen regelmäßigen Trance-»Readings« die Vorinkarnationen seiner Klienten. Viele von ihnen hatten bereits in Atlantis gelebt, das jedenfalls behauptete Cayce. Und seinen »Informationen« zufolge wurde die einst so hochstehende technische Zivilisation von Atlantis das Opfer der zersetzenden Kraft ihrer eigenen Entartung.

Sie besaßen riesige Kristalle, die ihnen unter anderem zur Energieerzeugung dienten. Im Zentrum von Poseidia, der Hauptstadt von Atlantis, stand ein gewaltiger Kristall, »der durch Sonnenenergie aktiviert wurde«, behauptete Cayce. Eine Art »gebündeltes Lichtstrahl-Leitsystem« koordinierte Verkehrs- und Transportwesen. Als Cayce diese Angaben in den frühen dreißiger Jahren machte, war der Laser noch nicht erfunden. Der »Energie-Kristall« war in einem großen, kuppelförmigen Gebäude mit Schiebedach untergebracht. Seine starken, alles durchdringenden Strahlen konnten sowohl als zerstörende Kraft wie auch als konstruktive Energiequelle angewandt werden. Sie trieben »Magnetbahnen«, Luftschiffe und Unterwasserboote an, mit deren Hilfe die Atlantier die Meere, die Lüfte und den Weltraum eroberten.

Nach dem »schlafenden Propheten« Cayce teilten sich die Atlantier bald in zwei Gruppen: Die einen waren »die Söhne des Gesetzes des Einen« – die anderen waren die »Söhne von Belial«, dem Schwarzmagier, ohne Moral, egoistisch und materialistisch. Ihr Mißbrauch der Kräfte des Kristalls verursachte einen katastrophalen Vulkanausbruch, der zu einer Flutwelle führte, in der riesige Landmassen versanken. Als die Ausschreitungen der »Söhne des Belial« gegen die »Gesetze des Schöpfers« nach dieser ersten »Warnung« immer schlimmere Folgen annahmen, verursachte ein Zusammenbruch des Energiesystems eine Kettenreaktion von Explosionen, die zur völligen Zerstörung von Atlantis führte. Möglicherweise sollte ein auf die Erde zurasender Meteorit oder Asteroid mit Hilfe der »Kristall-Laserenergie« zerstört werden. In nicht allzuferner Zukunft, auf jeden Fall aber nach 1968/69, so prophezeite Cayce damals, würde Atlantis wiederentdeckt. Die ersten Entdeckungen würden im Gebiet der Bahamas bei den Inseln Andros und Bimini gemacht.

Cayces Prophezeiung sollte sich bestätigen. 1968 entdeckte der bekannte amerikanische Unterwasser-Archäologe Dr. J. Manson-Valentine vor der Küste Biminis in elf Metern Tiefe riesige, symmetrische Steinblöcke von hundert Metern Länge, die aufeinandergestapelt und in Form eines »J« angeordnet sind – ein prähistorisches Dock oder eine Kultanlage. 1976 untersuchte Philippe Cousteau, Sohn des bekannten französischen Meeresforschers Jacques Yves Cousteau, die »Bimini-Mauer«. Der vor wenigen Jahren auf tragische Weise ums Leben gekommene Franzose drehte einen dreiviertelstündigen Dokumentarfilm über seine Tauchexpedition vor der Insel und kam zu dem Schluß: Die Anlage wurde künstlich errichtet, gehört der Megalithkultur an und ist mindestens 8000 Jahre alt. Die Behauptung von Skeptikern, es handle sich bei der »Bimini-Straße« nur um Küstenfelsen, widerlegte Philippe Cousteau mit dem Argument, daß die Anlage diagonal zur Strömung verlaufe. Zudem entdeckte er, daß die gewaltigen Steine wie das Dach eines gigantischen Tempels auf Säulen ruhen, aber heute vom Meeressand bedeckt sind. Professor Dr. David Zink von der amerikanischen Lamar-Universität bestätigte ihren künstlichen Ursprung mit den Worten: »Eine unbekannte Kultur muß sie geschaffen haben. Ich schätze ihr Alter auf etwa 12000 Jahre.« Das wäre die Zeit von Atlantis.

1978 entdeckte eine französische Expedition 150 Kilometer südlich von Miami in Florida eine riesige Pyramide auf dem Meeresgrund. Ein Fischerboot hatte das 200 Meter hohe, völlig symmetrische Gebilde schon früher mit Sonar georget. Dr. Manson-Valentine, Leiter der Tauchexpedition zu der in 400 Metern Tiefe liegenden Pyramide, erklärte: »Wir sind fest davon überzeugt, daß sie von Menschen gebaut wurde. Die Steinblöcke sind von Hand geschnitten und geschliffen. Wir sind auf der Spur eines hochentwickelten Volkes, dessen Existenz uns bisher unbekannt war.«

Für den Anthropologen Dr. Miro Movonor von der weltbekannten Harvard-Universität in Cambridge/Massachusetts ist es keineswegs ungewöhnlich, daß megalithische Ruinen quer durch den Atlantik, von den Bahamas bis Portugal, entdeckt worden sind. »Der Theorie vom versunkenen Kontinent Atlantis zufolge soll er sich im ganzen nach ihm benannten Ozean ausgebreitet haben. Die Madeira-Inseln vor der portugiesischen Küste könnten also ebenso Teil dieses Inselreiches gewesen sein wie die Bahamas«, meint Movonor.

Nach siebenjährigen Untersuchungen gab ein Amateurarchäologe aus Baton-Rouge im US-Staat Mississippi im März 1981 die Entdeckung einer unterseeischen Pyramidenstadt im Golf von Mexiko bekannt. Die Ruinen befinden sich etwa in der Nähe der Chandeleur-Inseln südlich von Biloxi. Nach Ansicht ihres Entdeckers, des Architekten L. George Gele, muß die Stadt etwa 10 000 Jahre alt sein – eine Annahme, die auf geologischen Untersuchungen von versunkenen Küstenstreifen beruht. Gele hat Wissenschaftlern inzwischen angeboten, ihnen die Ruinenstadt im Rahmen einer Expedition zu zeigen. Er erklärte, 40 bis 50 teilweise vom Meeressand bedeckte Steinstrukturen auf dem Boden des Golfes gefunden zu haben. Eine zehn Meter aus dem Sand herausragende Struktur habe das Aussehen einer Pyramidenspitze. Bei seinen Forschungen arbeitete Gele vor dem Tauchen erst einmal mit Echolot. »Diese Stadt lag einmal an einem siebenarmigen Flußdelta. Das damalige Land ist heute Meeresgrund«, erklärte Gele. Bei der Untersuchung von Satellitenfotos dieser Region stieß er im Golf von Mexiko auf ein »U-förmiges Gebilde mit einer Geraden, die in einem Punkt auslief«. Der Satellit hatte keine Insel erfaßt, sondern eine vier Quadratkilometer große Anlage von rechteckigen Gebilden auf dem Meeresgrund. Einige bis zu sieben Meter hohe Mauern sind noch erhalten.

Professor Dr. Ray Brown von der Universität Mesa in Arizona gab bereits im März 1975 eine der interessantesten Entdeckungen auf diesem Gebiet bekannt. 1970 hatte er aus einer als Schattenbild wirkenden unterseeischen Pyramide eine perfekt geformte Kristallkugel ans Tageslicht gebracht. Damals leitete er eine fünfköpfige Tauchermannschaft, die eigentlich ein spanisches Wrack aufspüren und seine Artefakte bergen sollte. Doch als ein Taucher eines Tages in größerer Tiefe durch das trübe Wasser nach oben schaute, sah er die durchdringenden Sonnenstrahlen die Form einer Pyramide »nachzeichnen«. Das vom Meeresboden aufragende Bauwerk war dreißig Meter hoch.
»Dieses monolithische Bauwerk mit seiner nur 40 Meter unter der Meeresoberfläche endenden Spitze war ein seltsamer Anblick«, erklärte Professor Brown später. Die wahre Größe der Pyramide konnte er nicht abschätzen, da er nicht wußte, wie tief sie im Sand des Meeresbodens steckte. Er war aber sicher, nur den oberen Teil des Bauwerkes vor sich zu haben. Ihm fiel auf, daß sich an der polierten, marmorartigen Oberfläche des Monumentes keine der sonst an Unterwasserruinen üblichen Korallenbänke gebildet hatten. Als

der Taucher den bläulichen Abschlußstein neugierig in einiger Entfernung umschwamm, erspähte er plötzlich eine große, türlose Öffnung. Spontan schwamm er hinein und machte einen zimmergroßen Raum mit spitzer Decke aus. Der Schein seiner Lampe glitt über Steinwände, die mit geheimnisvollen Symbolen bedeckt waren. Zwei emporragende Hände hielten eine Kristallkugel. Fiebernd griff er danach, bis es ihm gelang, sie zu lösen. Als er sie in Händen hielt, schwamm er schleunigst an die Oberfläche, da ihm plötzlich nicht mehr ganz geheuer zumute war. Einige Monate später, bei einem neuerlichen Versuch, zu dieser Pyramide zu gelangen, verunglückten drei der vier Taucher tödlich, Professor Brown selbst wurde schwer verletzt. Jenes Monument aus früher Vergangenheit war für immer spurlos verschwunden – konnte also keine weiteren Geheimnisse mehr preisgeben. Einer der Gründe dafür ist vielleicht die oft blitzschnelle Veränderung des Meeresbodens durch Stürme oder Unterseebeben. Dinge tauchten auf, um am nächsten Tag schon wieder im Meeressand verschwunden zu sein. Die aus der Pyramide »entwendete« Kugel hat Professor Brown immer noch in Besitz. Er stellte sie in Phoenix und Mesa mehrfach für öffentliche Ausstellungen zur Verfügung und zeigte sie seinen Studenten. Könnte sie in irgendeinem Zusammenhang mit dem einstigen Netz von Kristall-Generatoren stehen, von dem Edgar Cayce berichtete?

Wegen eines plötzlich aufkommenden Orkans mußte 1981 ein von P. Cappelano geleitetes privates italienisches Forscherteam auf dem Weg in die Karibik vor der kanarischen Insel Lanzarote anlegen. Als sich der Sturm gelegt hatte, entdeckten die Privatforscher beim Tauchen in fünfzehn Meter Tiefe unerwartet eine mehr als 80 Quadratmeter große Fläche sorgfältig verlegter, riesiger Steinplatten auf dem Meeresboden. Zudem stießen sie auf eine Art »Allee«, von der breite Steinstufen abwärts führten. Handelte es sich um die Überreste einer prähistorischen Stadt? Wie vor den Bahamas und vor Malta wurden auch hier gewaltige Mauerreste aus Basaltblöcken und mit schriftähnlichen Einkerbungen auf Steintafeln entdeckt.

Im Winter 1990/91 erhielt die Suche nach Atlantis erneuten Auftrieb. Denn auf der Insel Bimini wurde vom Flugzeug aus eine 150 Meter lange Landschaftsformation in Gestalt eines Haifisches fotografiert. Ein meterhoher, dicht mit Bäumen bewachsener Hügel im Mangrovensumpf, der von einem die Konturen betonenden Sandstreifen umgeben ist. In unmittelbarer Nähe wurde auch noch ein »Delphin-« und ein »Alligator-« Hügel entdeckt. Der Zoologe Dr. Douglas Richards, Forschungsdirektor der amerikanischen Atlantic University, hat die auffallenden Formationen als erster genauer untersucht und kam aufgrund der exakten und naturgetreuen Nachbildung der Tierkörper zur Überzeugung, daß hier nicht der Zufall, sondern Menschenhand am Werk war. Nach Richards stimmen die Flossen und alle Körperproportionen genau mit denen der einheimischen Haigattung überein. Beim Kartographieren des »Haifischhügels« fiel übrigens auf, daß die Schwanzflosse rechtwinklig genau nach den Himmelsrichtungen ausgerichtet ist – ebenso wie die Pyramiden von Gizeh oder prähistorische Megalithtempel.

Fraglos können zumindest die unterseeischen Funde ziemlich genau datiert werden. Sie wurden vor Beendigung der letzten Eiszeit und der Überflutung der damaligen Küstenstriche errichtet. Nach Ansicht von Geologen und Ozeanographen geschah dies vor rund 10000–12000 Jahren. Also genau zu der Zeit, die Plato für den Untergang von Atlantis angegeben hat. Gab es einen Zusammenhang zwischen dem Ende der Eiszeit und der Katastrophe von Atlantis? Das behauptet jedenfalls der sowjetische Wissenschaftler Dr. Vladimir Shcherbakov, dessen Arbeit über Atlantis im Februar 1991 in einer amerikanisch-sowjetischen Gemeinschaftspublikation wie folgt veröffentlicht wurde:

»Wenn, wie es die Angaben Platos suggerieren, Atlantis im Atlantik zu suchen ist, stoßen wir auf einen verblüffenden Schlüssel – den Golfstrom –, jenen großen, warmen Strom im Ozean, der das Klima von ganz Europa bestimmt. Vor vielen Jahrtausenden aber floß diese Strömung nicht nach Nordosten, in Richtung Skandinavien, sondern endete irgendwo in der Höhe von Gibraltar. Zu dieser Zeit – nämlich der großen Eiszeit – war ganz Nordeuropa von Gletschern bedeckt. Was aber veränderte den Kurs des Golfstroms? Vielleicht eine Insel – etwa Atlantis? Denn sollte dies zutreffen, hätte der warme Strom durch ihr Versinken seinen Lauf ungehindert nordwärts fortsetzen können, und sein mächtiger, warmer Atem hätte die Gletscher geschmolzen. Genauso geschah es. Stimmen die Daten überein? Zweifellos. Denn überall auf der Erde kam es zu starken Vulkanausbrüchen; es war die Zeit des Massensterbens der Mammuts und anderer Tierarten, der Anfang des rapiden Gletscherrückgangs. Weltweit stieg der Wasserspiegel um fast 200 Meter an. All dies sind Glieder einer Kette. Und all dies ereignete sich vor 11 000–12 000 Jahren. Die Ursache einer universalen Katastrophe dieses Ausmaßes war möglicherweise der Einschlag eines gigantischen Meteoriten.«

Nach gründlicher Analyse aller geologischen, klimatischen, meteorologischen und geographischen Gegebenheiten der Vergangenheit kam der österreichische Forschungsingenieur Otto H. Muck zum selben Schluß. Seiner Vermutung nach befand sich Atlantis im Gebiet des mittelatlantischen Rückens, bei den Azoren. Auch er deutete Atlantis als »Sperre« für den Lauf des Golfstromes. Damit wäre eine Erklärung für das milde Klima gegeben, das – im Verein mit dem fruchtbaren Vulkanboden einer Atlantikinsel – die paradiesische Fruchtbarkeit der Insel sicherte. Nach Mucks Berechnungen soll sich die Atlantis-Katastrophe am 5. Juni 8498 v. Chr. ereignet haben. Eine Dreifachkonjunktion von Sonne, Venus, Erde und Mond, die an diesem Datum in einer Geraden ausgerichtet waren, erzeugte eine Schwerkraftzusammenballung, durch die ein sogenannter Apollo-Asteroid angezogen wurde, meint Muck.

Andere datieren den Untergang des Inselkontinents tausend Jahre weiter zurück. Durch geologische Untersuchungen des Meeresbodens im Zentralatlantik ist diese These durchaus in den Bereich des Möglichen gerückt. Im Verlauf eines 1973/74 von der Universität Halifax durchgeführten Forschungsprojekts wurden dem mittelatlantischen Rücken Bohrproben entnommen und analysiert. Dabei stellte sich heraus, daß sich die jetzt in 800 Metern Tiefe liegende Gesteinsformation einst oberhalb des Meeresspiegels gebildet haben muß. Die schwedischen Forscher R. Malaise und P. Kolbe hatten bereits 1956 eine besonders interessante Entdeckung gemacht. Es war ihnen nämlich gelungen, am Atlantischen Rücken in 3700 Metern Tiefe die Überreste von Kieselalgen zu identifizieren, die vor 10 000 – 12 000 Jahren in Süßwasserseen gelebt haben mußten.

Im Jahre 1898 wurde 750 Kilometer nördlich der Azoren das Transatlantikkabel repariert. Bei der Suche nach der Bruchstelle ergab sich, daß der Meeresboden in diesem Gebiet aus Tälern, Berggipfeln und zerklüfteten Felsen besteht. Die daraus in 3100 Metern Tiefe entnommenen Gesteinsproben erwiesen sich als Tachylyt – natürliches Basaltglas. Doch da sich Tachylyt ausschließlich unter atmosphärischem Druck bildet, kann es nur *über* dem Meeresspiegel entstanden sein. Außerdem zersetzt sich Lava erst nach 15 000 Jahren, demzufolge muß der mittelatlantische Rücken vor diesem Zeitpunkt noch eine Landmasse gewesen sein. Diese Theorie wurde 1977 durch eine sowjetische Expedition bestätigt, die nördlich der Azoren aus über 2000 Metern Tiefe Gesteinsbrocken barg, die vor etwa 17 000 Jahren unter atmosphärischem Druck – also auf der Erdoberfläche – entstanden sind.

Schon Plato wußte, daß die Katastrophe von Atlantis in einer der vielen drastischen Veränderungen der Erde ihren Ursprung hatte, die immer wieder den Aufstieg und Untergang ganzer Zivilisationen bewirkten. So schreibt der Philosoph: »Viele und mannigfaltige Vernichtungen der Menschen haben stattgefunden und werden stattfinden, die bedeutendsten durch Feuer und Wasser, andere, geringere, durch tausend andere Zufälle, nach denen die Menschheit vom Anbeginn wiederum gewissermaßen zum Jugendalter zurückkehrt, ohne von dem etwas zu wissen, was sich zu den alten Zeiten begab.«

Dieses zyklische Modell der Evolution finden wir nicht nur bei Plato, sondern auch in den Kosmologien aller Hochkulturen, seien es die der Maya, der Azteken oder der alten Inder. So ist die brahmanische Zeitrechnung in Zyklen eingeteilt, die selbst das von modernen Kosmologen geschätzte Alter des Universums übertreffen. Ein solcher Zyklus oder Maha-Yuga umfaßt 4 320 000 Jahre und setzt sich aus vier Evolutionsstufen oder Yugas zusammen: dem Krita-Yuga, Treta-Yuga, Dvapara-Yuga und Kali-Yuga (entsprechend dem goldenen, silbernen, bronzenen und eisernen Zeitalter der Griechen). In das »Dunkle Zeitalter«

der Todesgöttin Kali war unsere Welt im Jahr 3102 v. Chr. eingetreten.

Die Regierungszeit eines Manu, eines Weltenlehrers, dauert 71 Maha-Yugas oder 306 720 000 Jahre. 14 Manu-Perioden oder 4 294 080 000 Jahre zuzüglich der Morgen- und Abenddämmerung eines jeden Manu, weitere 25 920 000 Jahre entsprechen einem Tag Brahmas oder 4 320 000 000 Jahren. Die Nacht Brahmas ist ebensolang. 360 dieser »Tage und Nächte Brahmas« machen ein »Brahma-Jahr« oder 3 110 400 000 000 Jahre aus. Und 100 dieser Jahre sind ein Brahma-Leben – die Lebensphase unseres Universums, das mit Brahma stirbt und in einem neuen Mega-Zyklus, in 311 040 000 000 000 Jahren, wiedergeboren wird. Zum Vergleich: Nach heutigen kosmologischen Vorstellungen fand der letzte »Urknall« vor etwa 20 Milliarden Jahren statt. Die Inder lehren uns die Ehrfurcht vor der Ewigkeit! Die Herrschaft des letzten Manu begann vor rund 18,5 Millionen Jahren, und nach brahmanischer Überlieferung ist er der zweite Manu. Die Herrschaft des ersten Manu auf der Erde – und damit das Zeitalter des Menschen – begann danach vor (unfaßbaren) 325 Millionen Jahren!

Auch das »Buch des Dzyan«, eine uralte Chronik der Menschheit, basiert auf dieser Chronologie. Helena Petrowna Blavatsky versucht in »Die Geheimlehre«, diese Daten mit den naturwissenschaftlichen Erkenntnissen ihrer Zeit in Einklang zu bringen.

Gegner der »Geheimlehre« machen den Fehler, ihren Text allzu wörtlich zu deuten, und disqualifizieren das Ganze als okkulten Blödsinn, statt die »Geheimlehre« als profunde Symbolsprache der »Eingeweihten« zu begreifen. Nach der »Geheimlehre« sieht die Entwicklung der Menschheit folgendermaßen aus:

»Zuerst kamen die Selbstexistierenden auf diese Erde...

Aus ihnen ging die Erste Rasse hervor, die Selbstgeborenen als astrale Schatten ihrer Vorfahren ... Aus der Ersten Rasse ging die Zweite hervor – die sogenannten im Schweiß Geborenen und die ›Knochenlosen‹ ... begabt mit dem ursprünglichen Funken, dem Keim der Intelligenz ... Und aus diesen ging die Dritte – die ›Wurzelrasse‹ hervor, die ›Zweifältigen‹ oder ›Eingeborenen‹« – eine Frühform der Menschheit. Im »Buch Dzyan« werden sie als die »Mächtigen, die Starken mit Knochen, die Herren der Weisheit« bezeichnet. Sie schufen »Söhne von Wille und Yoga ... die heiligen Väter«. Von ihnen weiß die Geheimlehre, daß sie zu Zeiten der Dinosaurier gelebt haben. Den kriechenden Wesen wurden die »Drachen der Tiefe und fliegende Sarpas hinzugefügt. Die auf dem Boden Kriechenden bekamen Schwingen. Und die mit den langen Hälsen im Wasser wurden die Ahnen der Vögel.« Das geht mit der Evolutionstheorie konform, denn die Vögel haben sich allem Anschein nach aus dem Flugsaurier entwickelt. Zudem wird im »Buch Dzyan« »eine Rasse von krummen, mit rotem Haar bedeckten Ungetümen« erwähnt, die »auf allen Vieren gingen. Eine stumme Rasse, auf daß die Schande nicht offenbar werde.« Die hominiden Frühmenschen? Diese Rasse lebte auf dem Kontinent Lemuria, der Ostafrika mit Indien und Australien verband. Nur wenige Stämme der Dritten Rasse überlebten den Untergang des lemurischen Kontinents und das Erdmittelalter. Als die »Söhne der Weisheit«, die »Herren der Flamme« vor 18,5 Millionen Jahren auf die »weiße Insel« inmitten jenes Meeres herabkamen, das inzwischen zur Wüste Gobi geworden ist, entstand aus der Dritten die Vierte Rasse. Diese Vierte Rasse besiedelte Atlantis. »Sie bauten große Städte, die sie aus seltenen Erden und Metallen errichteten. Aus den ausgespieenen Glutmassen, dem weißen Gestein der Berge und dem schwarzen Stein schufen sie Bilder ihrer selbst, nach ihrer Größe und Gestalt, und verehrten sie«, heißt es im »Buch des Dzyan«.

Dazu Helena P. Blavatsky: »In dieser Periode ist das Auftreten jener zu suchen, die als die ältesten Völker der Welt bezeichnet werden – die Sumerer, Chaldäer und Phönizier. Sie wurden von den göttlichen Dynastien und Königen beherrscht, deren körperliches Erscheinungsbild dem des Menschen ähnlich war. Aber die Wesen kamen von Welten, die höher entwickelt waren als unsere eigene Welt.«

Zu den »sieben Unterrassen« zählten die Rmoahals, die Tlavatli und die Tolteken als Urväter der roten Rassen; die Turanier, Ursemiten, Akkadier und die Mongolen gehörten den gelben und braunen Rassen an.

Nach der »Geheimlehre« fand der Untergang von Atlantis 9564 v. Chr. statt: »Die ersten großen Wasser kamen. Sie verschlangen die sieben großen Inseln. Alle Heiligen wurden gerettet, die Unheiligen vernichtet... Wenige blieben übrig – einige gelbe, einige braune und schwarze und einige rote Menschen... Die aus dem heiligen Stamme entsprungene Fünfte (Rasse) verblieb; sie wurde von den ersten göttlichen Königen beherrscht... den ›Schlangen‹, die wieder herabstiegen, die Frieden machten mit der Fünften, die sie lehrten und unterwiesen.«

Die »Söhne der Weisheit«? Wird hier auf die Bewohner von Adams geheimnisvollem fünften Planeten angespielt – auf die Anunnaki, wie sie von den Sumerern genannt wurden? Auf »jene, die vom Himmel zur Erde gekommen sind«? Uralten Überlieferungen zufolge sollen sie die Evolution der Menschheit über Zeitalter hinweg beeinflußt haben.

Es gibt einen Schlüssel zu den Ereignissen der Vergangenheit – ein Bauwerk, das die Erde mit dem Mars und dem untergegangenen fünften Planeten der Anunnaki verbindet: die Pyramide. Denn die Erde ist von einem Pyramiden-Gürtel umgeben.

In uralten Zeiten waren Pyramiden oft der astronomisch ausschlaggebende Mittelpunkt großartig angelegter Städte. So gab es mitten in Mexiko eine Stadt, die später von den Azteken Teotihuacan genannt wurde – »der Ort, an dem die Götter wohnen«. Vor 2100 Jahren wurde der Dschungel gerodet, um sie »nach dem Reißbrett« zu errichten. Sie war wie das moderne New York angelegt, hatte 45 Meter breite Boulevards, die sich rechtwinklig schnitten, Hotels und Wohnhäuser für 200 000 Menschen. Dazu Herrensitze mit 2000 Quadratmetern Wohnfläche. Delikatessengeschäfte, in denen es Truthahn, Ente, Kürbis, Avocados und vieles andere mehr gab. Da es Bauland in Hülle und Fülle gab, waren Hochbauten nicht nötig. Das höchste Gebäude endete bei 63 Metern. Arbeiter rackerten sich 850 Jahre ab, um die Stadt in 2400 Metern Höhe zu bauen. Doch kaum war sie fertiggestellt, verschwand sie wieder im Dschungel der Geschichte. Forschern gelang es erst vor kurzem, das Rätsel um die geheimnisvolle Stadt zu lösen. Denn die französische Völkerkundlerin Laurette Sejourne entdeckte, daß diese 40 Kilometer nördlich des heutigen Mexico-City gelegene Metropole einst zu Ehren des Gottes Quetzalcoatl – »gefiederte Schlange« – errichtet worden war. An einer im Zentrum der Stadt gelegenen Pyramide fanden sich 365 Skulpturen dieses aus Vogel und Schlange bestehenden Wesens – für jeden Tag des Jahres eine andere. Der Gott verkörperte den Morgen- und den Abendstern. Er war der Hüter allen Wissens zwischen Himmel und Erde. Die ganze Stadt war ein Planetarium, wie sich inzwischen herausgestellt hat.

Mit Ausnahme der »Sonnenpyramide« im Stadtkern sind

alle Bauten westöstlich ausgerichtet. Nur die auf einer Fläche von 220 mal 225 Metern errichtete Pyramide weicht um 17 Grad ab. Dadurch aber peilt sie genau die beiden Punkte an, an denen die Sonne beim Durchlaufen des Zeniths auf- und untergeht.

Als Bauwerk ist die »Sonnenpyramide« eine Meisterleistung. Dreißig Jahre lang haben sich tagtäglich 3000 Menschen abgemüht, um eine Million Ziegel bis zu 63 Metern Höhe aufzutürmen, sie mit Mörtel zu verputzen und schließlich farbig zu bemalen. Eine Prachtstraße führte von dort zu einem viereckigen Kultzentrum von jeweils 400 Metern Länge, mit kleineren Pyramiden in den Ecken. Neben einem prächtig verzierten Tempel lagen die Häuser der Priester.

Die zu Ehren der »Gefiederten Schlange« abgehaltenen Prozessionen mit ihren zahlreichen Pilgern wurden von den Priestern angeführt. Den auswärtigen Besuchern standen danach bequeme Hotels zur Verfügung, deren Zimmer alle mit fließendem Wasser ausgestattet waren.

Dieser hohe Lebensstandard war allgemein gültig. Die Wohnungen waren ebenso an eine Kanalisation angeschlossen wie die Betriebe der Handwerker, ob Weber, Töpfer, Edelsteinschleifer, Bildhauer, Färber oder Werkzeugmacher. Verrottete Häuser gab es nicht. So fand Professor Rene Millon von der Universität Rochester heraus, daß sich unter jeder bisher ausgegrabenen Wohnsiedlung ehemalige Häuserreste befanden. Denn alle 52 Jahre wurden die Wohnhäuser abgerissen und wieder aufgebaut. In Mittelamerika entsprach dieser Zeitraum früher einem Jahrhundert.

Eine weitere sensationelle Entdeckung konnte aus dem damals gebräuchlichen Maß, dem teotihuacanischen Meter (= 1,059 m) abgeleitet werden. Nachdem der US-Archäologe Hugh Harleston alle freigelegten Bauten vermessen hatte, fütterte er seinen Computer mit diesen Daten. Zu seiner Verwunderung stellte sich heraus, daß die wichtigsten Gebäude der Stadt, vom Zentrum ausgehend, maßstabsgetreu die Abstände der Erde von den anderen Planeten unseres Sonnensystems markierten.

Die Stadt war also von den Architekten jener Zeit als steinernes Modell des Sonnensystems geplant und erbaut worden. Doch nicht nur das – ihnen waren bereits Planeten bekannt, von denen wir erst »seit kurzem« wissen. So wurde Uranus 1781 entdeckt, Neptun 1846 und der kleine Pluto erst vor rund 60 Jahren, nämlich 1930.

Warum die 200000 Einwohner ihre Stadt aufgegeben haben und wohin sie verschwunden sind, liegt noch im Dunkel der Zeiten. Bisher gibt es weder Hinweise auf Kriege noch Seuchen, die dafür verantwortlich sein könnten. Die Ausgrabungen gehen weiter. Neun Zehntel haben die Forscher noch zu bewältigen. Wer weiß, welche Entdeckungen noch auf sie warten.

9

Zurück zum Mars

Aufstieg und Untergang scheinen ein Hauptproblem der Menschheit zu sein. Wann sind wir an der Reihe? Sind wir doch ständig mit der Möglichkeit des Untergangs konfrontiert! Wir leben in Unsicherheit und unter drohenden Gefahren wie Umweltzerstörung, nuklearen Katastrophen, Krankheiten und Überbevölkerung.

Heute befindet sich die Menschheit in der umfassendsten und schnellsten Urbanisierungsphase ihrer gesamten Entwicklungsgeschichte. Noch vor 135 Jahren gab es lediglich vier Großstädte, deren Einwohnerzahl die Millionengrenze gerade erreicht oder überschritten hatte. Doch bereits um die Jahrhundertwende, fünfzig Jahre später, war die Zahl der Millionenstädte auf neunzehn angewachsen. Und Anfang der sechziger Jahre gab es auf unserem kleinen Planeten schon 141 solcher Steinwüsten.

Die holländischen Wissenschaftler Edgar de Vries und J. P. Thysse vom Institut für Sozialwissenschaften in Den Haag kamen zum Ergebnis, daß sich die Stadtbevölkerung weltweit jährlich um 6,5 Prozent vermehrt. Statistisch gesehen bedeutet das innerhalb von elf Jahren eine Verdoppelung der Bevölkerung in den Städten.

Mit Sicherheit wird die Bevölkerungsexplosion auf einem immer »kleiner« werdenden Planeten in den kommenden Jahrzehnten große Probleme, wenn nicht katastrophale Folgen auslösen. Zumal sich die Bevölkerung in den sogenannten unterentwickelten Ländern mit minimalem techni-

schen Fortschritt heute explosionsartig vermehrt. Um eine Überlebenschance wahrzunehmen, ist also der Vorstoß der Menschheit in den Weltraum vorprogrammiert. Und hier schließt sich der Ring zwischen Vergangenheit und Zukunft.

Aus einer bereits 1976 durchgeführten NASA-Studie (»On the Hability of Mars« = Über die Bewohnbarkeit des Mars) geht hervor, daß es keine grundsätzliche unüberwindbare Barriere gibt, die eine zukünftige Bewohnbarkeit des Mars durch irdische Lebewesen ausschließt.

Auch Fortschritte in der Fusions-, Strahlen- und biophysikalischen Technologie innerhalb der nächsten Dekaden werden zu neuen Möglichkeiten für eine Marskolonisierung beitragen.

Wir dürfen gespannt sein, welche Abenteuer irdische Astronauten erwarten, die früher oder später auf dem roten Planeten landen werden, um ihn zu erkunden. Was hält der Mars für sie bereit? Künstlich geschaffene Monumente, die Überreste einer einstigen Zivilisation, einer Kolonie?

Mars 1976. 20. Juli. 9.50 Uhr.
Der »Viking-1«-Lander koppelt von seinem Orbiter ab und beginnt mit dem riskanten Abstiegsmanöver zur Marsoberfläche. Die Retrodüsen zünden planmäßig, um die Geschwindigkeit des Landeroboters auf 160 Meter pro Sekunde abzubremsen. Etwa drei Stunden später taucht die Kapsel mit dem Landegerät 244 Kilometer über der Planetenoberfläche in die Marsatmosphäre ein. Bis zur Landung sind es noch knapp neun Minuten. Wenig Zeit, um die Geschwindigkeit von 16 000 Stundenkilometern auf Null zu reduzieren. Obwohl die Atmosphäre des roten Planeten rund 100mal dünner ist als die irdische, erhöht sich dabei die Temperatur des Aluminium-Silikon-Hitzeschildes auf 1500 Grad Celsius. Am stärksten wirkt sich die Bremswirkung auf die Kapsel zwischen 30,5 und 24,4 Kilometern Höhe aus. Als sie in 5,8 Kilometern Höhe auf Schallgeschwindigkeit abgesunken ist, entfalten sich auf Befehl des Bordcomputers die Bremsfallschirme. Prompt schießt ein im Oberteil der Kapsel plazierter Mörser den 50 Kilogramm schweren Dacron-Polyester-Bremsfallschirm von 16 Metern Durchmesser heraus. Nach sieben Sekunden wird der untere Teil der Schutzkapsel abgesprengt, und kurz darauf fahren die drei Teleskopbeine für die in knapp 90 Minuten erfolgende Landung aus. In 1200 Metern Höhe zünden die 18 Düsen der Landetriebwerke, und zwei Sekunden danach wird das Oberteil der Kapsel abgesprengt.

Die Landetriebwerke reduzieren die Sinkgeschwindigkeit mit einer Bremsdauer von zirka 30 Sekunden auf 2,4 Meter pro Sekunde. Die letzten 17 Meter legt der Landeroboter mit konstanter Fallgeschwindigkeit senkrecht zurück. Zwischen dem Lander und seinem Orbiter besteht während des gesamten Landeanflugs Radiokontakt. Denn beim Überfliegen der Landezone alle 24,6 Stunden stehen dem Orbiter zum Empfang von Radiosignalen des Landers jeweils rund 20 Minuten zur Verfügung. Zur Abdämpfung des Aufpralls waren die Landebeine mit aus Aluminium bestehenden, 7,5 Zentimeter breiten zylindrischen Wabenstrukturelementen ausgestattet worden.

Drei Stunden und 21 Minuten nach der Absprengung setzt der Lander auf dem sandigen Marsboden auf. Sensoren an den Fußtellern schalten die Landetriebwerke automatisch ab. Fünfzehn Minuten später entfalten sich die 74-Zentimeter-Parabolantenne und der Ausleger mit meteorologischen Instrumenten.

Es war 13.12 Uhr MEZ, als die »Viking-1«-Landekapsel am 20. Juli 1976 in der Chryse-Region auf 22,5 Grad nördlicher Breite problemlos auf dem Mars aufsetzte. Für das Gelingen dieses phantastischen wissenschaftlichen Abenteuers – die 815 Millionen Kilometer lange Reise der »Viking-1«-Mission in 334 Tagen um die Sonne – zeichnet ein Team von 780 Spezialisten der NASA und des zugehörigen Jet-Propulsion-Laboratoriums in Pasadena verantwortlich. Noch am Tag der Landung traf auf der Erde das erste Bild von der Marsoberfläche ein. Es war eine über den Orbiter nach Pasadena gefunkte Schwarzweißaufnahme vom Landeteller, von etwas Sand, kleineren Steinen und einem der Teleskopbeine des Landers.

Das Bild war mit Hilfe hochempfindlicher Lichtsensoren der Fernsehkamera des Landeroboters aufgenommen wor-

den. Es wurde in Form einzelner Bildelemente zum Orbiter gefunkt, die dort in sogenannten Pixels auf Band aufgenommen und zwanzig Minuten später zur Erde abgestrahlt wurden. Nach weiteren 20 Minuten erreichten sie
Pasadena, wo sie – wie bei einem Puzzle – in einem komplexen Computer-Bildverarbeitungsverfahren streifen-
weise wieder zu Bildern zusammengesetzt wurden. Die
ersten eintreffenden Farbaufnahmen zeigten eine sanft ge-
wellte Wüstenlandschaft in rötlichen, bräunlichen und
gelblichen Farbtönen, die übersät war von Geröll und
Steinen. Sie hatte einen recht irdischen Anstrich und erinnert ebenso an australische Gebiete wie an Landstreifen
im amerikanischen Arizona. Der Marshimmel ist allerdings nicht blau wie der irdische. Durch den ständig in
die Marsatmosphäre aufgewirbelten, wahrscheinlich
eisenoxidhaltigen Staub wölbt er sich rötlich über dem
Planeten.
»Viking-2« landete am 3. September 1976 weich im Uto-
pia-Gebiet, um – ebenso wie »Viking-1« – Lebensnach-
weis-Experimente durchzuführen.

Insgesamt gesehen ist der Mars ein recht unwirtlicher Planet. Er ist kalt. An der Landestelle wurden tagsüber Temperaturen von -10 Grad Celsius gemessen, die nachts bis
auf -90 Grad absinken. Am Marsäquator kann die Temperatur allerdings schon einmal bis auf $+20$ Grad anstei-
gen. Die rötliche Färbung des Planeten ist auf den eisenoxidhaltigen Sand, die Felsen und das Geröll zurückzuführen.
Mit seiner dünnen Kohlendioxidatmosphäre und den aus-
gedehnten Permafrostgebieten ist der Mars heute ein lebensfeindlicher Planet. Dennoch muß er nach geologischen Erwägungen vor noch nicht allzu langer Zeit relativ

angenehme Jahreszeiten erlebt haben – fließende Gewässer, Ozeane und blauen, wolkenbedeckten Himmel; möglicherweise gab es sogar einfache pflanzliche Lebensformen.

Einer Reihe von Untersuchungsergebnissen zufolge befindet sich der Mars heute in einer Eiszeitphase, wie sie die Erde immer wieder durchlaufen hat. Eiszeiten können durch die verschiedensten Ursachen ausgelöst werden, so zum Beispiel durch zyklische Veränderungen der elliptischen Umlaufbahn eines Planeten um die Sonne. In anderen Worten: Seine Entfernung von der Sonne variiert. Außerdem kann auch die Veränderung der Achsenneigung einen drastischen Klimasturz verursachen. Je größer die Achsenneigung eines Planeten ist, um so extremer unterscheiden sich die Jahreszeiten. Die Erdachse hat derzeit beispielsweise einen Neigungswinkel von 23,5 Grad. So wie die Erde unterliegt auch der Mars zyklischen Veränderungen seiner Umlaufbahn und Achsenneigung – mit den entsprechenden klimatischen Auswirkungen.

Mit der nächstfälligen Bahn- beziehungsweise Achsenveränderung müßte also auf dem Mars wieder eine Zwischeneiszeit – eine Wärmeperiode – einsetzen. In den jetzt ausgetrockneten Flußbetten wird es dann wieder Wasser geben, riesige Seen werden sich bilden, die klirrende Kälte wird milderen Temperaturen weichen und die Kohlendioxidatmosphäre allmählich wieder mit Sauerstoff angereichert werden. Da die verheerenden Sandstürme auf dem roten Planeten das weitverzweigte Netz von Rillen und Furchen der heute wasserlosen Flußläufe und die Konturen ehemaliger Küstenlinien nicht begraben haben, kann die letzte Zwischeneiszeit nicht allzu weit in der Vergangenheit liegen. Zudem gäbe es dann auch weniger Wasserdampf in der Atmosphäre.

Nach neuesten Analysen gibt es wenige Zentimeter unter

212

der Marsoberfläche ausgedehnte Reservoire flüssigen Wassers. Darüber hinaus sind große Wassermengen im Eis, vor allem der nördlichen Polarkappe, gebunden. Am Rand schmilzt ein Teil davon während des nördlichen Polarsommers und färbt den Boden auf diese Weise dunkel. Der beobachtete Kältedunst spricht ebenfalls für den Feuchtigkeitsgehalt der Atmosphäre.

Der rote Planet hat eine Reihe gewaltiger Vulkane. Der herausragendste unter ihnen ist der über 27 Kilometer aufragende Olympus Mons mit seiner mehr als 80 Kilometer breiten Krateröffnung. Dieser Gigant reduziert jeden irdischen Vulkan auf das Format eines Winzlings, so beispielsweise den immerhin 11 Kilometer hohen Mauna Loa in Hawaii, den größten Vulkan der Erde. Neben den Vulkanen rechtfertigen erkaltete Lavaströme die Vermutung, daß der Planetenkern heiß ist. Das wäre möglicherweise mit einer stellenweisen warmen Oberfläche, mit heißen Quellen und anderen Phänomenen verbunden, die durch Hitze erzeugt werden.

Alles in allem ist der Mars in vieler Hinsicht ein erdähnlicher Planet. So hat ein Marstag etwa die gleiche Länge wie ein Erdentag. Die Jahreszeiten des roten Planeten sind allerdings doppelt so lang wie die der Erde. Aber ebenso wie diese hat auch der Mars einen Äquator, einen Nord- und einen Südpol.

Als die Wissenschaftler nach Leben auf dem Mars suchten, gingen sie von irdischen Voraussetzungen aus, insbesondere davon, daß Kohlenstoff die Grundlage allen irdischen Lebens ist. Und als weit verbreitetes Element kommt Kohlenstoff beispielsweise auch in der Marsatmosphäre vor.

Die Temperaturspanne auf unserem Nachbarplaneten gestattet eine ganze Reihe organischer Reaktionen. Doch abgesehen davon ist der Mars erdähnlich genug, um auf Kohlenstoff basierende Lebensformen zu ermöglichen. So hatte jedes einzelne der drei mikrobiologischen Experimente der »Viking«-Mission die Aufgabe, im Zusammenhang mit dem Stoffwechselvorgang eventueller Mikroorganismen im Marsboden ganz spezielle Fragen zu klären. Denn falls es sie geben sollte, müßten sie nach der Nahrungsaufnahme Gase absondern. Aber sie könnten der Atmosphäre auch Gase entziehen und diese gegebenenfalls durch Photosynthese in nützliche Stoffe – »Nahrung« – umsetzen. Für den Fall, daß die Bodenproben tatsächlich Mikroorganismen enthalten sollten, hatten die Minilabors von »Viking-1« und »Viking-2« eine Nährlösung, eine Art »Gaumenschmaus« an Bord, um sie zum Verzehr anzuregen. Aus den abgesonderten Gasen könnte dann der »Verdauungsprozeß« und damit Leben nachgewiesen werden. Da die Bodenproben in den Minilabors zudem mit radioaktiven Gasen versetzt werden konnten, ließ sich aus einer eventuellen Umwandlung in organische Stoffe ein Rückschluß auf Leben in Kleinstform ziehen.

Bedauerlicherweise blieben die Resultate der Lebensnachweisexperimente von »Viking-1« und »Viking-2« widersprüchlich. Denn bis heute blieb ungeklärt, ob die ausgelösten Reaktionen der zusammengescharrten Bodenproben organischer, chemischer, biologischer oder unbelebter Natur waren. So ist es nicht überraschend, daß amerikanische, sowjetische und europäische Wissenschaftler im Verlauf einer in Tallahassee, Florida im Oktober 1990 einberufenen internationalen Konferenz das Problem erörterten. Der in Washington für die NASA arbeitende Biologe John Rummel forderte dazu auf, bei der Suche nach Leben auf dem roten Planeten nunmehr originelle Wege einzuschlagen. Im übrigen vertraten die Konferenzteilnehmer einhellig die

Meinung, daß es auf dem Mars wahrscheinlich schon irgendwann einmal Leben gegeben habe – oder daß es möglicherweise in einer uns unbekannten Form immer noch existiert.

Imre Friedmann von der Staatsuniversität Florida machte klar, daß Gründe für die ernsthafte Suche nach vergangenen oder noch vorhandenen Lebensformen auf unserem Nachbarplaneten gegeben seien, selbst wenn exakte wissenschaftliche Daten zur Rechtfertigung einer solchen Suchaktion nicht geliefert werden können. Da sich Friedmann auf die Erforschung lebensfeindlicher Regionen auf der Erde spezialisiert hat, zu denen auch die antarktischen Felsengebirge zählen, weiß der Wissenschaftler, wovon er spricht. In unserem Sonnensystem ist der unwirtliche Mars nämlich der erdähnlichste Planet.

Rummel ist der Ansicht, daß bei der weiteren Erforschung des roten Planeten insbesondere schwer zugängliche Gebiete »unter die Lupe« genommen werden sollten, da sie vielleicht gerade deswegen irgendwann einmal irgendwelche Lebensformen hervorgebracht haben könnten. Zudem müßte in tieferen Schichten des Marsbodens nach Leben gesucht werden, da sie wärmer sind als die Oberfläche, und zwar dort, wo möglicherweise noch Spuren von Wasser zu finden seien.

Inzwischen wurden der Marsboden und die Umweltbedingungen des Planeten in Laborversuchen nach bestem Vermögen simuliert. Dabei kam es zu Hinweisen auf biologische Reaktionen. Von besonderem Interesse dürften die im Weltraumlaboratorium für biologische Forschung der Moskauer Universität durchgeführten Experimente sein. Denn hier wurden irdische Lebensformen einer simulierten Marsumwelt ausgesetzt: Säugetiere und Vögel gaben innerhalb weniger Sekunden den Geist auf. Schildkröten und

Frösche überlebten viele Stunde, und Insekten widersetzten sich der lebensfeindlichen Umwelt sogar viele Wochen. Dagegen vollzog sich bei Fungi, Algen, Flechten und Moosen ein schneller Anpassungsprozeß. Getreide wie Hafer und Roggen, auch Bohnen keimten und wuchsen zwar, waren aber nicht mehr reproduktionsfähig.

Der Mars gibt uns viele Rätsel auf. Dazu gehören auch die auf der Erde entdeckten mysteriösen Gesteinsbrocken, deren Ursprung auf den Mars zurückgeführt wird. So wurden von den Tausenden auf der Erde niedergegangenen Meteoriten zwischen 1815 und 1865 acht der sogenannten SNC-Gruppe in Frankreich, Ägypten und Indien gefunden. Sie sind insofern einzigartig, als sie »nur« 1,3 Milliarden Jahre alt sind. Denn im allgemeinen haben Meteoriten ein Alter von etwa 4,5 Milliarden Jahren. Als im Jahr 1979 in der Antarktis weitere SNC-Steine entdeckt wurden, war bereits bekannt, aus welchen Gasen sich die Marsatmosphäre zusammensetzt. Nach Analysen stellte sich dann heraus, daß in den angeblichen SNC-Meteoriten Spuren von Nitrogen-14, Argon-40 und Argon-36 sowie Neon-20, Krypton- und Xenon-13 enthalten sind – seltene Edelgase, die praktisch mit denen in der Marsatmosphäre identisch sind.
Hier stellt sich nun die Frage, auf welche Weise diese Marssteine zur Erde gelangt sein könnten. Schließt sich hier etwa der Ring Phaethon – Mars – Erde? Und wäre des Rätsels Lösung vielleicht in der sonderbaren Form dieser in der Antarktis entdeckten Gesteinsbrocken zu suchen? Die »New York Times« veröffentlichte am 1. September 1987 ein von der NASA freigegebenes Photo, das einen aus vier künstlich zugehauenen Steinquadern zusammengesetzten, auseinandergebrochenen Steinblock zeigt. Dazu lautet ein Kommentar von Zecharia Sitchin: »Ein Fund dieser Art

wäre eher in den peruanischen Prä-Inka-Ruinen des Heiligen Tals zu vermuten als auf dem Mars.« Doch alle Analysen dieser Steine ließen keine Zweifel offen, daß sie vom roten Planeten stammen. Deswegen werden sie seither auch nicht mehr als Meteoriten registriert.

Vielleicht spielen ja auch in diesem Zusammenhang die von der Marssonde »Mariner-9« photographierten rechteckigen und quadratischen – wie Mauern anmutenden – Strukturen eine Rolle, die von NASA-Wissenschaftlern spontan »Inka-Stadt« getauft wurden. Sie liegen nicht weit vom Mars-Südpol entfernt. »Diese ohne Unterbrechung fortlaufenden Strukturen heben sich von der Ebene und den niederen Hügeln ringsum wie die Mauern antiker Ruinen ab«, sagte der NASA-Geologe John McCauley dazu.

Derweilen hält die Diskussion um das von den »Viking«-Orbitern aufgenommene Marsgesicht und die Pyramiden an. Während einige NASA-Wissenschaftler das Ganze als Witz abtun und natürliche Ursachen für die Entstehung dieser mysteriösen Gebilde verantwortlich machen, behaupten andere, nicht weniger ernstzunehmende Spezialisten, es handele sich um künstlich errichtete Monumente beziehungsweise Bauwerke einer uralten Zivilisation.

Unter den Namen »Das Marsprojekt« kam ein Team von Wissenschaftlern unter der Leitung von Richard Hoagland zum Resultat, daß zwischen dem rund 1500 Meter langen Marsgesicht in der Cydonia-Region und den offenbar künstlichen Strukturen ringsum eine geometrische Beziehung besteht. So würde eine vom Zentrum der »Mars-City« über das »Fort« bis zum Gesicht gedachte Linie genau mit dem Sonneneinfallswinkel zum Zeitpunkt der Mars-Sommer-Sonnenwende vor rund 500 000 Jahren übereinstimmen. Zudem stellt Hoagland eine strenge Nordsüd- und Ostwest-Ausrichtung der Pyramidenachse unter Beweis. So sind die Mittelachsen des City-Kerns und der großen Pyramide direkt auf das Marsgesicht ausgerichtet.

»Entweder sind die Strukturen auf dem roten Planeten natürlichen Ursprungs, und die Forschungsarbeit ist Zeitverschwendung – oder aber sie wurden künstlich errichtet«, stellt Hoagland lakonisch fest. »Das wäre natürlich eine der wichtigsten Entdeckungen für die Menschheit. Doch das Gesicht ist nun einmal da . . ., und falls es künstlicher Natur sein sollte, es sich also tatsächlich um ein humanoides Produkt handelt und nicht um ein verdammtes Trugbild aus einem uns unerklärlichen geologischen und meteorologischen Prozeß, wie läßt sich dann seine Existenz im Rahmen moderner Wissenschaft erklären? Für mich gibt es nur eine mit all unserem Wissen übereinstimmende Hypothese, wenn es sich dabei auch um die am liebsten ignorierte Hypothese handelt: Irgendwie hat es einmal eine direkte Verbindung zur Erde gegeben«, folgert Hoagland.

Die Aufzeichnungen der Sumerer über die Anunnaki weisen auf diese Verbindung hin. So stimmt der Zeitpunkt ihrer Ankunft auf der Erde verblüffend mit dem von Hoagland auf rund 500 000 Jahre datierten Alter der Marsmonumente überein.

Wenn es also wirklich schon einmal Leben auf dem Mars gegeben haben sollte – intelligentes Leben –, könnten es dann vielleicht Phaethonianer beziehungsweise Anunnaki gewesen sein? Eine Reihe von Wissenschaftlern ist davon überzeugt, daß der rote Planet nicht nur irgendwann schon einmal lebensfreundlich gewesen ist, sondern es durch sogenannte Terraforming-Techniken auch wieder werden könnte. Durch die Bevölkerungsexplosion auf der Erde zurecht beunruhigt, haben sich Spezialisten schon mit Plänen für eine Ausweichwelt zum Überleben der Menschheit beschäftigt. In ihren kühnen Visionen sehen sie bereits Kolonien auf dem Mars – Auswanderer auf der Suche nach einer neuen Heimat.

Terraformer widmen sich vor allem dem Problem, wie die lebensfeindlichen Umweltbedingungen des Planeten in erd-ähnliche umgewandelt werden könnten. Einige Umfor-mungsideen mußten von vornherein ad acta gelegt werden, da sie zu unpraktisch oder unökonomisch wären oder dem Mars für zu lange Zeit Schaden zugefügt würde. Andere in Erwägung gezogene Pläne würden die technologischen Möglichkeiten einer noch nicht lange etablierten Marsbasis weit überschreiten. So beispielsweise die Schöpfung einer Minisonne auf dem Marsmond Phobos durch einen Kernfu-sionsprozeß. Eine Idee aus Utopia, da ein solcher Prozeß bisher noch nicht einmal in Laborversuchen gelungen ist.

Es wurde auch schon in Erwägung gezogen, von den Saturn-ringen zum Mars transportierte Eisberge auf die Planeten-oberfläche herunterprasseln zu lassen. Schließlich würde ein Eisberg von rund 70 Kilometern Durchmesser einen etwa 45 Kilometer tiefen Krater schlagen und dabei am Kraterboden einen atmosphärischen Druck von fast 500 Millibar erzeugen – immerhin das Doppelte von dem, was der Mensch zu seinem Wohlbefinden (wenigstens in bezug auf den Luftdruck) benötigt.

Befürworter des Saturn-Eisberg-Plans argumentieren, daß die Eisberge beim Aufschlag in Stücke gehen und der dabei in die Atmosphäre geschleuderte Wasserdampf mit den Gasen einen zunehmenden Netzeffekt zur Folge hätte. Au-ßerdem würden durch den Aufprall auch noch die im Permafrost gebundenen flüchtigen Stoffe sowie Wasser-dampf freigesetzt und in die Atmosphäre geschleudert. Für Kolonisten, die wegen des Luftdrucks dazu verdammt wä-ren, auf dem Boden des Kraterlochs ihr Leben zu fristen, kein sehr erstrebenswerter Wunschtraum einer neuen Heimat, und vom Sonnenlicht wären sie jedenfalls weiter entfernt als je zuvor.

Die Marsvulkane durch Atombomben zum »Leben zu erwecken«, um den Planeten lebensfreundlich zu gestalten, war eine im Jahr 1976 ausgeheckte »Schnapsidee«. Durch atomaren Beschuß sollten die Vulkane zur Eruption gebracht, sozusagen zu planetarischen »Bäuerchen« veranlaßt werden, wie sie bei jungen Planeten üblich sind. In der Folge würden die damit verbundenen Gaskonzentrationen zur Verdichtung der Atmosphäre und damit zur Speicherung der Sonnenwärme beitragen. Die auf diese Weise erreichte Erwärmung des Planeten würde wiederum den Permafrost zum Schmelzen bringen. Der so zusätzlich entstehende Wasserdampf trüge zu einer weitere Verdichtung der Atmosphäre bei. Folglich würde noch mehr Wärme gehalten und somit die Wachstumsrate erhöht, mit der Kohlendioxid von den Eiskappen der Pole freigegeben und in die Atmosphäre aufsteigen würde.

Auch dieser Plan wurde verworfen. Ganz zu schweigen davon, daß wahrscheinlich eine ganze Reihe von Atombombenangriffen auf die Marsvulkane erforderlich gewesen wären, die sich todsicher negativ auf die Gegenwart und Zukunft des Planeten ausgewirkt hätten. Zudem konnte nicht einmal ausgeschlossen werden, daß die Marsvulkane schon seit Milliarden Jahren erloschen sind. Außer dem Resultat einer von unten zu oberst gekehrten und strahlenverseuchten Marsoberfläche wären Atombombeneinsätze also unter Umständen »für die Katz« gewesen.

Offensichtlich braucht der rote Planet eine dichtere Atmosphäre, um einen Erwärmungsprozeß zu gewährleisten. Dieser sogenannte Treibhauseffekt käme durch bestimmte

Gase zustande, unter anderem durch Kohlendioxid und Wasserdampf, die von der Planetenoberfläche Wärme absorbieren, die wieder zu Boden sinkt und damit für eine weitere Erwärmung des Planeten sorgt. Der durch Wasserdampf ausgelöste Treibhauseffekt wäre recht beachtlich, während Kohlendioxid keine große Rolle spielt.

Auf welche Weise könnte die Atmosphäre nun mit genügend Wasserdampf angereichert werden, um dem Mars »auf die Sprünge« zu verhelfen? Gelänge es, auch nur ein Prozent der Sonnenstrahlen, die jetzt den Mars erreichen, in zusätzliche Wärmeenergie umzuwandeln, wäre er in rund 300 Jahren von einer ausreichenden Atmosphäre umgeben. Sollte es allerdings durch einen (bisher noch in den Sternen stehenden) Kunstgriff gelingen, eine dem Sonnenlicht auf Mars entsprechende Wärmemenge zu produzieren, um damit Wasserressourcen zu erschließen, könnte der atmosphärische Umwandlungsprozeß in drei Jahren abgeschlossen sein – wenn auch mit unliebsamen Nebenwirkungen. Denn die Wasserverdampfung wäre in diesen drei Jahren so hoch, daß sie eine etwa drei Meter hohe Überschwemmung der gesamten Planetenoberfläche bewirken würde. Allerdings käme es dabei zu einer Freisetzung des im Boden gebundenen Sauerstoffs.

Neben all den utopisch anmutenden Plänen zur Bewohnbarmachung des Mars gibt es auch solche, die auf realistischen Möglichkeiten beruhen. Denken wir beispielsweise an die in der Hauptsache aus Wassereis bestehenden Marspole, die 77 Prozent der Sonneneinstrahlung reflektieren. Bei entsprechender Erwärmung würde das schmelzende Eis in Form von Wasserdampf in die Atmosphäre aufsteigen. Und genau das ist notwendig. Offensichtlich sind die Polkappen des Mars strahlend weiß, genau wie die der Erde. Wären sie aber dunkler, würden sie mehr Sonnenlicht und damit Wärme absorbieren. Auf diese Weise würde das Eis schmelzen und als Wasserdampf in die Atmosphäre aufsteigen. Wenn nun die Sonnenreflexion der Polkappen von 77 auf 73 Prozent reduziert werden könnte, würde allein schon diese geringfügige Veränderung nach etwa 100 Jahren zu einem Treibhauseffekt mit einer dichteren Atmosphäre führen. Eine »Verrußung« der vereisten Polkappen, das heißt die Abdeckung des Eises mit einer einen Millimeter dicken Ruß- oder Staubschicht, läge hier durchaus im Bereich des Möglichen. Denn dadurch würden die Polkappen vom absorbierten Sonnenlicht aufgeheizt und das Eis schmelzen.

Auch die Idee, das Eis der Pole durch Spiegelreflektoren im Mars-Orbit zum Schmelzen zu bringen, wäre realisierbar. Das Rohmaterial zur Herstellung solcher Spiegel gibt es auf dem roten Planeten, und angefertigt werden könnten sie in einer auf dem Mars errichteten Basis. Im Mars-Orbit plaziert, würde die von den Spiegeln gesammelte Sonnenenergie dann gezielt auf die Pole abgestrahlt, um das Eis zu schmelzen.

Wissenschaftler sind der Ansicht, daß selbst der relativ hohe Salzgehalt des Bodens kein unüberwindliches Hindernis darstellt. Denn das Salz könnte zumindest soweit mit Wasser ausgewaschen werden, daß sich der Boden wenigstens stellenweise zum Pflanzenanbau in Treibhäusern nutzen ließe. Damit könnte der örtliche Anbau von Nahrungsmitteln, insbesondere von Getreide- und Gemüsearten, die von Natur aus widerstandsfähig gegen Salz sind, ermöglicht werden. Der für Pflanzen und Düngemittel notwendige Stickstoff fehlt auf dem Planeten fast ganz. Allerdings enthält die zu 95 Prozent aus Kohlendioxid bestehende Atmosphäre fast drei Prozent Stickstoff. Treibhäuser wären aus aufblasbarem Plastikmaterial zu errichten. Der Strom dafür

müßte solargespeisten Batterien entnommen und die Mars-
vehikel auf die gleiche Weise betrieben werden. Selbst die
Gentechnologie könnte für Zwecke des Terraforming eingesetzt werden. Speziell für den Mars gentechnisch entwik-
kelte Blaugrünalgen könnten zum Beispiel das Kohlendioxid der Atmosphäre in Sauerstoff umwandeln.

Das Interesse für den Mars und seine sonderbaren Monde –
Phobos und Deimos – hat seit einiger Zeit wieder merklich
zugenommen. Das wurde auch durch die unter internatio-
naler Beteiligung durchgeführte »Phobos-Mission« deutlich. Während Franzosen und Deutsche mit Ausrüstungs-
material dazu beitrugen, stellte die NASA ihr Parabolanten-
nen-Netz zur Verfügung. Merkwürdigerweise ging die
»Phobos-1«-Sonde der Mission angeblich »durch einen
falschen Knopfdruck« verloren – wenn auch hinter vorge-
haltener Hand gemunkelt wurde, sie habe ihr Ziel erreicht.
»Phobos-2« kam jedenfalls an ihrem Bestimmungsort an
und machte Farb- und Infrarotaufnahmen der Marsoberfläche. Auf den letzteren waren große Gebiete mit beinahe
geometrischen Strukturen zu sehen, die zwar auch auf den
Normalaufnahmen auszumachen, aber infrarot photographiert viel deutlicher zu erkennen waren. Danach funkte
»Phobos-2« unerwartet die Bilder eines elliptischen Objekts
zur Erde. Die mit der Begutachtung befaßten Wissenschaftler stimmten darin überein, daß da ein unbekanntes Objekt
war, das dort nichts zu suchen hatte. Das mit Spannung
erwartete nächste Bild kam nicht mehr: Ende der Vorstellung. Die Sonde war ausgefallen. Ihr letzter Auftrag, den
Marsmond Phobos mit Laserstrahlen abzutasten, wurde
nicht mehr ausgeführt.
Vor allem sowjetische Wissenschaftler vermuten seit einiger
Zeit in Phobos einen künstlichen Himmelskörper. Auf sei-

ner Oberfläche ist eine nahezu perfekt geformte »Krateröffnung« erkennbar, zudem wurden parallel verlaufende Linien photographiert, die wie künstliche Fahrspuren aussehen. Da der Mond Phobos nach Berechnungen sowjetischer
und amerikanischer Wissenschaftler im Verhältnis zu seiner
Größe zu leicht ist, liegt die Vermutung nahe, daß er hohl
ist. Als die »Phobos-2«-Sonde 150 Meter über dem Marsmond schwebte, um ihn mit Laserstrahlen abzutasten, raste
etwas auf sie zu. Noch vor Beendigung des automatisch
aufgenommenen und zur Erde gefunkten letzten Bildes
begann die Sonde – auch nach den Daten anderer Instrumente – zu rotieren. Das führte zur Schlußfolgerung, etwas
müsse die Sonde getroffen und außer Betrieb gesetzt haben.
Einige der letzten »Phobos-2«-Aufnahmen wurden von den
Sowjets freigegeben, aber die allerletzte rückten sie trotz
mehrfacher Zusagen nicht mehr heraus. Fazit: »›Phobos-2‹
wurde von etwas getroffen, was dort eigentlich nicht sein
durfte.‹« So formulierte es wenigstens ein Wissenschaftler...

10

Geheime Testflüge in der
Schwarzen Welt

Am 1. Juli 1991 strahlte der US-Nachrichtensender CNN (»Cabel News Network«) weltweit sensationelle neue Erkenntnisse über den sogenannten Roswell-Zwischenfall aus, der sich im Juli 1947 unweit der Army Air Base von Roswell zugetragen hatte. In der Wüste von Neu-Mexiko war ein unidentifiziertes Flugobjekt abgestürzt. Nach Augenzeugenberichten soll es sich um ein von Außerirdischen pilotiertes fremdes Raumschiff gehandelt haben. Die US-Army bezeichnete das Objekt in ihrer ersten Stellungnahme als »fliegende Scheibe«, behauptete aber später, es sei nur ein Wetterballon gewesen.

Kevin Randles, ein ehemaliger Geheimdienstoffizier der amerikanischen Luftwaffe, behandelt diesen Vorfall in seinem sensationellen Report »UFO-Absturz in Roswell«, berichtete CNN. Nach zehnjährigen Recherchen trat Randles mit so aufsehenerregenden Fakten an die Öffentlichkeit, daß er von CNN eingeladen wurde, live an der »Larry King-Show« teilzunehmen – einer Magazinsendung, die sonst ausschließlich politischen und sozialen Themen vorbehalten ist: »Der Rancher Bill Brazel entdeckte die Wrackteile auf seinem Ranchgelände bei Corona, Neu-Mexiko. Er meldete den Fund dem zuständigen Sheriff, der seinerseits die Roswell Army Air Base unterrichtete. Im Verlauf einer großangelegten Suchaktion wurden das Hauptwrack und die Leichen von vier kleinen, offenbar außerirdischen Piloten sichergestellt«, faßte Randles den Vorfall zusammen.

»Bis jetzt ist es gelungen, über 350 Zeugen für die Bergungs-aktion ausfindig zu machen, auf deren Aussagen mein Bericht beruht.«

Während der ebenfalls ins CNN-Studio geladene UFO-Kritiker Phil Klass eisern die Wetterballon-Theorie vertrat, präsentierte CNN zwei Augenzeugen, die Randles' Bericht bestätigten: Lt.Col.ret. Walter Haut, damals Presseoffizier der Roswell Army Air Base, und Dr. Jesse Marcel, Chefarzt einer Klinik in Austin, Texas – den Sohn des einstigen Leiters der Bergungsaktion, Major J. M. Marcel. Dieser hatte Randles noch kurz vor seinem Tod ein Interview gegeben. Dr. Marcel jr. berichtete, daß ihm sein Vater als Elfjährigem von dem Fund erzählte und ihm sogar – vor der Absperrung – Wrackteile gezeigt hatte. »Sie bestanden aus einem rosagetönten, enorm widerstandsfähigen, mit seltsa-men Hieroglyphen bedeckten Material. Mein Vater war bis zu seinem Tod fest davon überzeugt, daß dieses Objekt kein herkömmliches Flugzeug – und nicht irdischer Herkunft war«, sagte der Arzt aus. Der mittlerweile weißhaarige Lt.Col. Haut stimmte mit Randles darin überein, daß die Wetterballon-Version lediglich zur Tarnung in die Welt gesetzt wurde.

Sind die Amerikaner also tatsächlich im Besitz von Wrack-teilen eines außerirdischen Raumschiffs? Und fließen die daraus gewonnenen Erkenntnisse in ihr supergeheimes »Schwarze-Welt-Programm«?

Flach wie ein Teufelsrochen, nur von einem kaum hörba-
ren Summen begleitet, schwebt es heran: ein silbrigglän-
zendes, abgerundetes Dreieck, eine Kuppel auf der Ober-
seite, ein ausfahrbares Fahrgestell unten . . .« Science-fiction
oder der jüngste UFO-Bericht? Keines von beiden. Es ist der
Auszug eines Berichts aus der amerikanischen Fachzeit-
schrift »Aviation Week and Space Technology« vom 1. Oktober 1990, in dem es um ein »völlig neuartiges« Militär-
flugzeug geht, das auf dem strenggeheimen Luftwaffenver-
suchsgelände Groom Lake »äußerst erfolgreichen Testflü-
gen unterzogen wurde.«
Vor drei Jahren wurde auch der so lange für eine Legende
gehalten, fledermausähnliche »Stealth«-Bomber »F-117«
bei einem Demonstrationsflug durch die US-Luftwaffe in
Groom Lake vorgeführt. Inzwischen absolvierte der sogenannte Tarnkappenbomber seine ersten Einsätze im Golfkrieg. Allem Anschein nach hat Groom Lake noch eine
Reihe weiterer Überraschungen auf Lager, und damit bliebe
der fast lautlose »Teufelsrochen« wohl kaum die einzige
»Legende«. »Zahlreichen Berichten zufolge soll in den frühen Morgenstunden des vergangenen Jahres immer wieder
ein Flugzeug mit dumpfröhrendem, pulsierendem Klang
über dem Osten von Nevada beobachtet worden sein«,
berichtete »Aviation Week«. So stieg ein solches Objekt in
den frühen Morgenstunden des 18. Oktober 1989 über der
Edwards-Luftwaffenbasis am Rand der Mojave-Wüste steil

in den Himmel auf. »Der Blick versuchte dem Geräusch zu folgen – irgend etwas flog steil aufwärts. Erst als der glitzernde Punkt längst nicht mehr zu sehen war, verebbte das donnernde Dröhnen«, erklärte ein Augenzeuge. Und der »Spiegel« berichtete (47/1990): »Seit Monaten häufen sich die Berichte über utopisch anmutende Fluggeräte, die von den streng abgeschirmten Testbasen in Nevada und Kalifornien aufsteigen. Beobachter nahmen im Mondlicht leuchtende Überschalljets wahr, andere sahen, wie ›Dreiecke‹ oder bauchige ›Surfbretter‹ am Wüstenhimmel umherhuschten.«

Die aus den »Stealth«-Forschungen hervorgegangenen Daten eines bisher strenggeheimen Flugzeugtyps gab jetzt auch die US-Marine für die Öffentlichkeit frei. Dieser neue Jagdbomber »A-12« wird in Fachkreisen bereits das »Fliegende Dreieck« genannt. Ein Dreieck mit pfeilförmig zulaufenden Flügelvorderkanten und einer Flügelspanweite von 20 Metern, darüber das Cockpit unter einer länglichen Glaskuppel. Sechs dieser sogenannten Navy-Flundern sind von den 620 vorbestellten bereits im Bau.

Doch das ist nur der Anfang. Die Fachjournalisten von »Aviation Week« vermuten sogar weit mehr. »Dort draußen in Nevada ist eine ganze Menge Aufregendes in Arbeit«, erklärte ein Insider. Zum Beispiel der »Aurora-Luftatmer«, ein unbemanntes Robotflugzeug mit einer Spitzengeschwindigkeit, die bei 10000 Stundenkilometern liegen soll, wie gemunkelt wird. Darüber hinaus ist auch von »exotischen Antrieben und aerodynamischen Formen« die Rede, die bisher nicht richtig erklärt werden können. Der »Spiegel« vermutet in den Wüstenbasen gar »ein ganzes Arsenal schwarzer Prototypen«. Einem Eingeweihten zufolge sind »einige von ihnen so geheim, daß eine Sirene aufheult, sobald sie aus ihrem Hangar rollen oder zum Landeanflug ansetzen. Bis auf wenige Ausnahmen muß sich dann das gesamte Bodenpersonal mit dem Gesicht nach unten auf den Boden werfen, damit keine Einzelheiten zu erkennen sind.« Vielleicht stimmt ja auch, was ein Journalist aus Las Vegas von einem ranghohen Militär erfahren haben will: »Wir haben dort Dinger, die so futuristisch sind, daß George Lucas (der geistige Vater von »Krieg der Sterne«) vor Neid erblassen würde, wenn er sie zu sehen bekäme.«

Die als super-strenggeheim eingestuften sogenannten »black world aircrafts« (»Schwarze-Welt-Flugzeuge«) unter dem Codenamen »Aurora« werden vorwiegend in dunkler Nacht getestet. Daraus ist wohl auch der Name »black world aircraft« abgeleitet worden. Die mit neuartigen Pulstriebwerken ausgestatteten Maschinen wurden von Fluglinienpiloten in über 16000 Metern Flughöhe als leuchtende Punkte beobachtet. Sein revolutionäres Triebwerk hat diesem Flugzeugtyp auch den Namen »Pulser« eingebracht. Nach Augenzeugenberichten muß seine Steigrate geradezu phantastisch sein. Aber auch die Flugzeughersteller Northrop, McDonell-Douglas und General Electric sind mit der Entwicklung eines runden, mit einer Kuppel ausgestatteten Flugobjekts beschäftigt, das guten Gewissens als »fliegende Untertasse« bezeichnet werden könnte.

Ist es nicht auffallend, daß ausgerechnet in letzter Zeit völlig neuartige Flugmaschinen entwickelt werden? Und woher kam der Anstoß für diese revolutionären Technologien?

Ein junger amerikanischer Wissenschaftler, der sowohl in den geheimen Los Alamos-Laboratorien als auch an einigen Groom Lake-Projekten mitgearbeitet hat, wartete in diesem Zusammenhang mit sensationellen Enthüllungen auf. In einer Sendung des KLAS-TV in Las Vegas behauptete der 31jährige Physiker und Forschungsingenieur Robert Lazar nämlich, daß diese jüngsten Produkte der US-Luftfahrttechnologie nicht allein auf die Forschungsergebnisse amerikanischer Spezialisten zurückzuführen seien, sondern in erster Linie den Untersuchungsergebnissen unbekannter Flugobjekte zu verdanken wären, die sich seit den vierziger und fünfziger Jahren im Besitz der US-Luftwaffe befinden.

»Wir haben die damals abgestürzten Objekte geborgen«, erklärte Lazar. »Seit vierzig Jahren haben sich unsere Spitzenwissenschaftler darum bemüht, ihren Antriebsmechanismus zu entschlüsseln. Aber die wissenschaftliche Grundlagenforschung ist erst seit einem knappen Jahrzehnt weit genug, um wenigstens das Antriebsprinzip zu verstehen.«

Lazar nahm seine Tätigkeit im Bereich S 4 der Area 51 von Groom Lake, einem ausgetrockneten Salzsee in der Wüste von Nevada, auf, der mitten im militärischen Sperrgebiet dieses Staates mit seinen 8000 Einwohnern liegt. Auf älteren Landkarten von Nevada ist der See noch verzeichnet. Neuerdings ist das gesamte »Groom Lake-Gebiet« nur noch ein weißer Fleck auf der Landkarte. Allerdings hat dieses Gebiet den Code-Namen »Dreamland« – »Land der Träume.« Und was für Träume!

Lazar war zur Mitarbeit bei der Entwicklung »fortgeschrittener Antriebssysteme« angestellt worden. Als er auf die Geheimhaltung eingeschworen wurde, war sich Lazar nicht im geringsten darüber im klaren, wie »fortschrittlich« sein neuer Arbeitsbereich sein würde. Am ersten Arbeitstag erhielt er einige Geheimberichte zum sorgsamen Studium. Es ging darin um einen Antimateriereaktor als Energiequelle. Laut Lazar wurden »Schwerkraft-Verstärker« (»gravity amplifier«) beschrieben. Es war die Rede von einem zweiteiligen (!) Antriebsaggregat, einer bizarren Technologie. Es gab keinerlei sichtbare Verbindung zwischen beiden Teilen. Soviel zu entnehmen war, spielte beim Antriebssystem Gravitationsmanipulation eine Rolle. In

einem der Diensträume hing ein Poster mit einem scheibenförmigen Flugkörper, der etwa einen Meter hoch über dem
Gebiet des Trockensees schwebte. Ein neues Testflugzeug,
dachte Lazar. Verwirrend für ihn war nur die Unterschrift
des Posters: »Sie sind hier.«

Als sich Lazar mit seinem neuen Arbeitsbereich vertraut
gemacht hatte, wurde er von Kollegen zu eben diesem
Flugkörper in einen Hangar geführt und aufgefordert, sich
das mysteriöse Objekt auch von innen anzusehen. Nach
Lazars Worten waren die Pilotensitze zu klein für normale
Menschen. Da sei ihm schlagartig bewußt geworden: »Das
Ding war nicht von dieser Welt.« In den später besichtigten
benachbarten Hangars hätten sie dann alle gestanden. In
jedem der miteinander verbundenen Hangars sei eine andere Scheibe untergestellt gewesen, insgesamt neun und alle
von unterschiedlichem Aussehen. Drei der Objekte waren
zu Analysezwecken auseinandergenommen worden. Eines
war erst im August 1981 abgestürzt und das andere beschädigt. Die übrigen vier waren – nach Lazar – intakt. Das
beschädigte, anscheinend von einem Projektil getroffene,
hatte im Boden und in der Kuppel ein großes Loch, so als sei
es von einem großen Geschoß durchlöchert worden. »Zur
Differenzierung gab ich ihnen ihrer Form entsprechende
Namen – ›Hut‹, ›Kuchenform‹ . . ., ein wie poliert aussehen-
des nannte ich ›Sportmodell‹. Es sah brandneu aus, besser
gesagt, es wirkte so, wie ich mir eine Fliegende Untertasse
eigentlich vorstellte«, ließ Lazar verlauten.

Nach eigenen Aussagen will Lazar den von ihm als »Sportmodell« bezeichneten Flugkörper während des Flugs
gründlich studiert haben. »Als er startete, begann seine
Unterseite zu glühen und leicht zu zischen, ähnlich wie
Starkstrom auf einer Kugel«, beschrieb Lazar den merk-
würdigen Vorgang. »Im Flug beobachtet, wußte ich, daß

dieses Objekt ohne jeden Zweifel nicht von hier war«, erklärte er später vor den laufenden Kameras von KLAS-TV. »Sein Flugverhalten unterschied sich grundsätzlich von dem herkömmlicher Flugzeuge. Sein Antrieb war unkonventioneller Art, da es keinen Gasausstoß wie zum Beispiel bei einem Jet gab, keinen Propeller und keinen Triebwerkslärm. Mir kam es wie Magie vor.«

Bei einem kurzen Flug der »Scheibe« zur Demonstration ihrer Flugcharakteristiken soll sie »sanft und leise vom Boden abgehoben haben, in der Luft stehengeblieben sein, dann bis auf etwa zehn Meter gestiegen sein, um dort reglos in der Luft zu verweilen«, behauptet Lazar.

Bewohner des Ortes Lancaster im östlichen Kalifornien haben von ähnlichen Beobachtungen berichtet. Manchmal über der Edwards-Luftwaffenbasis in der Mojave-Wüste – dem zweiten, strenggeheimen Testgelände der US-Luftwaffe – auftauchende leuchtende Flugobjekte hätten in der Luft stehenbleiben oder dahingleiten können, als habe die Schwerkraft keine Bedeutung für sie.

Lazar behauptet, ihm sei dann der Antrieb vorgeführt worden. Ein Antimateriereaktor aus einer etwa 45 Zentimeter breiten Platte mit einer Kugel im Zentrum, deren Abdeckung entfernt werden konnte. Er war in der Mitte des scheibenförmigen Flugkörpers untergebracht. »Im Reaktor befindet sich ein Chip des ›Elements 115‹«, wußte Lazar zu berichten – ein superschweres Element, das auf der Erde nicht existiert und auch nicht herzustellen ist. »Unter Protonenbeschuß verändert sich das ›Element 115‹ durch Desintegration und setzt dabei Antimaterie und ›Gravitationswellen‹ frei. Die durch ›Wellenleiter‹ und ›Schwerkraftverstärker‹ kanalisierten Gravitationswellen bauen gezielt ein starkes Gravitationsfeld in Flugrichtung auf. Der Flugkörper erreicht auf diese Weise enorme Geschwindigkeiten, kann seine Flugrichtung unvermittelt ändern oder übergangslos aus dem Flug stoppen.« Das sind Flugcharakteristiken, wie sie bei authentischen Sichtungen unbekannter Flugobjekte seit Jahrzehnten beobachtet werden.

Bei der ersten Inbetriebnahme unterzog Lazar den Reaktor verschiedenen Experimenten. So sah er die Scheibe bei einer Demonstration »wegen der gebogenen Lichtstrahlen nur noch als kleines schwarzes Feld«. Bei einem weiteren Versuch stellten die Wissenschaftler eine brennende Kerze in das Gravitationsfeld. Solange sie dort stehenblieb, brannte sie »wegen der stark abgebremsten Zeit praktisch nicht herunter«, sagte Lazar.

Lazar ist der Meinung, diese Technologie würde einerseits geheimgehalten, um sie für militärische Zwecke auszuwerten, andererseits, um die Weltwirtschaft zu schützen. Denn diese neue Technologie hätte umwälzende Auswirkungen auf ganze Industriezweige. Firmen, denen die Umstellung nicht schnell genug gelingt, würden auf der Strecke bleiben, desgleichen Zulieferbetriebe und die gesamte Energiewirtschaft. Die Folge wäre Massenarbeitslosigkeit. Staaten, die heute von ihren exportierten Bodenschätzen leben, wären ohne Einnahmequelle. Das könnte zu einer unübersehbaren Welt-Wirtschaftskrise führen.

Nachdem Lazar mit seinen unglaublichen Behauptungen an die Öffentlichkeit getreten war, wurde er massiven Einschüchterungsversuchen ausgesetzt. »Immer wieder wurde ich an den abgelegten Geheimhaltungseid erinnert. Mit dem Tod bedroht, wenn ich reden würde. Mein Telefon wurde abgehört. Bis ich dem ständigen Streß nicht mehr gewachsen war.«

KLAS-TV ließ Lazar im Rahmen seiner Recherchen von Psychologen und Psychiatern untersuchen. Sie schlossen nicht aus, daß der Wissenschaftler unter geistiger Beeinflussung gestanden haben könnte, wenn nicht gar unter Drogen gesetzt wurde. So sagte der Hypnotherapeut Layne Keck: »Natürlich können Menschen unter Hypnose lügen. Wenn ich auch überzeugt bin, daß Lazar im Unterbewußtsein glaubt, was er erzählt. Der Mann steht unter gewaltigem Druck. Offenbar war er längere Zeit massivem Psychoterror ausgesetzt.«

Nach Recherchen der Fernsehreporter war Lazar anscheinend zur »Unperson« erklärt worden. Denn sein Name war an den Universitäten, wo er sein Studium absolviert hatte, unbekannt. Die Los Alamos-Laboratorien verneinten kategorisch, »je einen Robert Lazar angestellt zu haben«. Selbst das Krankenhaus, in dem er zur Welt gekommen war, wußte nichts von seiner Geburt. War Lazar ein Schwindler?

Doch die Journalisten ließen sich nicht entmutigen. Schließlich gruben sie ein altes Exemplar der internen Telefonanschlüsse der Physikalischen Fakultät der Los Alamos-Laboratorien aus. Und hier war Lazar plötzlich eingetragen. Im übrigen fand sich ein Artikel im »Los Alamos Monitor«, in dem über die Konstruktion eines Autos mit Düsenantrieb von Lazar berichtet wurde und er als »Physiker an der Physikalischen Fakultät der Los Alamos-Nationallaboratorien« bezeichnet wurde, der an diesem Projekt gemeinsam mit NASA-Wissenschaftlern gearbeitet habe.

Ist Robert Lazar also wirklich, der er zu sein vorgibt? Nach den von ihm vorgelegten W-2-Einkommensteuerformularen, die ihn als Angehörigen des Marine-Geheimdienstes klassifizieren, stimmt es offenbar.

Nach seiner Kündigung in Groom Lake gründete Lazar eine private Beratungsfirma für Elektroingenieurswesen. Im Januar 1990 stand er als Angeklagter vor Gericht, weil er für ein illegales Bordell in der Nähe von Las Vegas ein Computersystem und eine Alarmanlage entwickelt hatte. Nach mehrmonatiger Untersuchungshaft wurde er »wegen Unterstützung illegaler Prostitution« zu drei Jahren auf Bewährung verurteilt. Trotz der Argumentation seines Anwalts, es sei nicht Lazars Aufgabe, seine Auftraggeber daraufhin zu überprüfen, ob seine technischen Beratungen und Installationen für illegale Zwecke benutzt würden, bekannte sich der Anklagte – in Aussicht einer Strafmilderung – schuldig. Seine Gegner hatten nun endlich einen Aufhänger gefunden, um Lazar in Mißkredit zu bringen.

Im KLAS-TV erklärte Lazar: »Auch nach meiner Kündigung in Groom Lake hörte der Druck nicht auf. Verschiedene Male tauchten sie überraschend in unserem Haus auf und bedrohten mich und meine Frau. Um den Druck loszuwerden, mußte ich reden. Jetzt haben sie zumindest keinen Grund mehr zu Drohungen. Ich habe bereits alles gesagt – das kann nun niemand mehr verhindern.« In einer vorhergegangenen Fernsehsendung war Lazar anonym interviewt, im Schatten und mit verzerrter Stimme aufgenommen worden. Dann erfuhr er, daß überall seine Daten gelöscht wurden. Da sagte er sich: »Es muß etwas getan werden, bevor die mich völlig verschwinden lassen.«

KLAS-TV-Reporter George Knapp stieß bei seinen Recherchen auf andere in Groom Lake beschäftigte Wissenschaftler, die Lazars Angaben grundsätzlich bestätigten: »Wir wissen von einem Techniker in einer hochsensiblen Position, daß alle Mitarbeiter der höchsten Geheimhaltungsstufe über die Sicherstellung von auf dem Testgelände abgestürzten außerirdischen Scheiben unterrichtet sind.« Von einem als Soldat auf dem Testgelände stationierten Geschäftsmann aus Las Vegas erfuhren die Reporter, er habe außerhalb der Area 51 eine »fliegende Untertasse« landen sehen, die sofort von Sicherheitskräften umringt wurde, während er festgenommen und verhört worden sei. Und nach Ausstrahlung der KLAS-TV-Sendung meldete sich dort ein Mann, der als Techniker in Groom Lake gearbeitet hatte: Er habe einmal aus Versehen einen falschen Hangar betreten und dabei Männer in Laborkitteln beobachtet, die offensichtlich mit der Untersuchung einer großen, metallischen Scheibe unter einer Plane beschäftigt waren. Zudem verfolgte ein Fluglotse der benachbarten Nellis-Luftwaffenbasis auf Radar an fünf aufeinanderfolgenden Nächten ungewöhnliche Flugobjekte über den Groom-Bergen, die bis auf 13 000 Stundenkilometer beschleunigen, dann abrupt stoppen und schweben konnten. Als der Fluglotse die Ortung meldete, beantwortete sie sein Vorgesetzter mit einem Geheimhaltungsbefehl. Für KLAS-TV und seinen Reporter George Knapp bestand damit kein Zweifel mehr, daß Lazar die Wahrheit gesagt hatte.

Was aber macht Lazar so sicher, daß nicht nur havarierte außerirdische Flugobjekte entdeckt und geborgen wurden, sondern bereits eine Kontaktaufnahme mit den Fremden stattgefunden hat? »Das Element 115 muß von irgendwem gebracht worden sein«, sagt Lazar. »Denn Berichten zufolge hat die Regierung davon eine Menge von über 500 Pfund in Besitz. Element 115 ist nirgends registriert, ist ein superschweres Element und kann nur in Bleibehältern transportiert werden. Es läßt sich nicht synthetisch herstellen. Alles was über 103 und Plutonium (96) hinausgeht, desintegriert zu schnell. So ist beispielsweise Element 106 nur begrenzte Zeit verfügbar. Wissenschaftler vermuten, daß sich die Elemente um 113 und 116 wieder stabilisieren. Element 115 ist dafür der Beweis«, behauptet Lazar.

Darüber hinaus glaubt Lazar, als »natürliche Quelle für Element 115 käme nur ein massereicher Stern kurz vor der Supernova-Explosion in Betracht oder ein System von Doppelsternen, deren Kollaps große Energiemassen freisetzen und die Entstehung schwererer Elemente ermöglichen würde. Und darauf deuten ja die Berichte über die Außerirdischen hin«, so Lazar.

George Knapp, seinem Interviewer im KLAS-TV, erklärte Lazar, daß in den Berichten »alle möglichen Einzelheiten über die Fremden festgehalten waren, sogar in bezug auf ihre religiöse Einstellung. Sie waren gespickt mit Informationen und enthielten neben Autopsieberichten auch Photographien der Außerirdischen. Ihre Größe war zwischen 1,10 und 1,40 Meter festgehalten, ihre Haut als bräunlichgrau beschrieben. Die Köpfe wurden als groß und haarlos bezeichnet, die Augen groß, schwarz und geschlitzt...« Sie sollen vom 37 Lichtjahre entfernten vierten Planeten des Zeta-Reticuli-Systems stammen.

In Verbindung mit unbekannten Flugobjekten taucht der Name Zeta Reticuli immer wieder auf. Und die angeblich aus diesem Doppelsternsystem stammenden Wesen werden von Beobachtern stets gleich beschrieben: etwa zwischen 1,10 bis 1,40 Meter groß, mit sehr langen Armen, einer bräunlich-grauen Haut, einem großen Kopf und riesigen, schwarzen Augen.

Schon 1988 hatten zwei Mitarbeiter des amerikanischen Geheimdienstes CIA bestätigt, daß die US-Regierung abgestürzte UFOs und die Leichen ihrer Besatzung sichergestellt habe. In der am 14. Oktober 1988 vom US-Fernsehen der CBS landesweit ausgestrahlten Sendung »UFO Cover-up: Live« erklärte einer der CIA-Agenten: »Die Außerirdischen stammen aus dem Zeta Reticuli-System. Seit 1948 oder 1949 bis heute waren bei der amerikanischen Regierung drei außerirdische Besucher zu Gast.« Während der zweistündigen Live-Sendung aus Washington D. C. wurde erstmals der Schleier der Geheimhaltung gelüftet, der die UFO-Politik der Vereinigten Staaten bis zum heutigen Tag kennzeichnet. Der im Schatten aufgenommene CIA-Agent unter dem Decknamen »Falcon« enthüllte den perplexen Zuschauern mit elektronisch verzerrter Stimme schier Unglaubliches:

»Der erste Fremde wurde in der Wüste von New Mexico nach dem Absturz seines Raumschiffs entdeckt. Wir gaben ihm den Namen »EBE« (»Extraterrestrische Biologische Entität«). Er blieb bis 1952 bei uns. Von ihm erfuhren wir viel über die Fremden, ihre Kultur und ihre Raumschiffe. Der zweite Außerirdische kam im Rahmen eines Austauschprogramms zu uns, ebenso der dritte. Er ist seit 1982 Gast der Regierung der Vereinigten Staaten«, so Falcon.

Seinen Aussagen zufolge sollen diese Wesen 300 bis 400 Erdenjahre alt werden und ihr IQ (Intelligenz-Quotient) sehr hoch sein. In ihrem Glauben verehren sie das Universum als höchste Wesenheit. Wie Falcon behauptet, kommen sie in friedlicher Absicht zur Erde und halten es nicht für richtig, direkt in unsere Evolution einzugreifen, sondern wollen nur indirekt Einfluß darauf nehmen, wie es schon geschehen ist.

»Auf einem geheimen Testgelände in der Wüste Nevada, der Area 51, werden in Zusammenarbeit mit den außerirdischen Besuchern Experimente durchgeführt«, bestätigte »Falcon« die Aussage von Lazar. »Unsere Piloten haben dort gelernt, ihre Raumschiffe zu fliegen. Derzeit versuchen wir, sie nachzubauen.«

So phantastisch diese Aussagen Falcons auch klingen mögen, gibt es doch gute Gründe, sie nicht unbedingt als Science-fiction abzutun. Denn Peter Leone, der Nachrichtenchef von CBS, bestätigte in »UFO Cover-up: Live«, Falcon sei tatsächlich der, für den er sich ausgibt, und seine Stellung erlaube ihm Zugang zu den höchsten Regierungskreisen. »Ich war in der Lage, Falcons Angaben und Beglaubigungen auf ihre Richtigkeit hin zu überprüfen«, sagte Leone.

Falcon setzte sich bereits 1983 mit dem amerikanischen UFO-Forscher William L. Moore in Verbindung, spielte diesem diverse Geheimdokumente zu und stellte den Kontakt mit weiteren US-Geheimdienstlern her. In einem Dokument, angeblich einer »Top secret«-Instruktion für US-Präsident Carter bei seiner Amtseinführung, ist von einem »Project Aquarius« die Rede, in dem alle Aktivitäten der US-Regierung in bezug auf außerirdische Raumschiffe und ihre Insassen koordiniert werden. Dieses Geheimprojekt untersteht einer 1947 von Präsident Truman ins Leben gerufenen Geheimkommission unter dem Codenamen »Majestic 12« beziehungsweise »MJ 12«. In der Reagan-Ära wurde »MJ 12« ausgebaut und agiert heute unter der Bezeichnung »PI 40«, gleichbedeutend mit »Presidental Intelligence« (Präsidial-Nachrichtendienst).

Im »Aquarius-Geheimbericht« geht es um zwei Geheimprojekte, die sich mit der »Auswertung aller wissenschaftlichen, technologischen, medizinischen und nachrichtendienstlichen Informationen über ›IAC‹ (›Identified Alien Craft‹ = ›Identifiziertes außerirdisches Raumschiff‹)-Sichtungen und Kontakte mit außerirdischen Lebensformen befassen«.

»Das ursprünglich als Teil eines anderen (Name zensiert) 1956 ins Leben gerufene Projekt SIGMA wurde 1976 zum eigenständigen Projekt, mit dem Ziel, Kommunikation mit den Außerirdischen aufzunehmen. Der erste Erfolg wurde bereits 1959 durch eine einfache Kommunikation zwischen den Vereinigten Staaten und den Fremden erzielt. Am 25. April 1964 fand ein Treffen zwischen einem US-Luftwaffennachrichtendienstoffizier und zwei Außerirdischen an einer in der Wüste von Neu-Mexiko dafür vorbereiteten Stelle statt. In der dreistündigen Kontaktaufnahme gelang es dem Luftwaffenoffizier, grundlegende Informationen mit den Fremden auszutauschen. Das Projekt wird auf einer Luftwaffenbasis in Neu-Mexiko fortgeführt. – ›Projekt SNOWBIRD‹ wurde 1972 eingerichtet. Es hatte den Testflug eines geborgenen außerirdischen Flugobjekts zum Ziel. Das Projekt wird in Nevada fortgeführt.«

Entsprechen Lazars Enthüllungen also tatsächlich der Wahrheit? Der Artikel in der Luftfahrtzeitschrift »Aviation Week« erwähnte jedenfalls, daß einige Flugzeuge bereits mit Antriebstechnologien ausgestattet seien, die weit über die in der heutigen Luftfahrt verwendeten hinausgehen. Erstaunlicherweise ist die amerikanische Raumfahrtbehörde NASA gerade in jüngster Zeit besonders an »Antimaterie-Reaktoren« interessiert. So wurden mit wichtigsten Regierungsprojekten beauftragte Physiker im August 1990 durch ein Rundschreiben dazu aufgefordert, ihre Forschungen in bezug auf »fortgeschrittene Antriebstechnologien, inbesondere im Zusammenhang mit Antimaterie-Reaktoren, kalter Fusion... und Antigravitationsantrieben« unverzüglich mit einer NASA-Dienststelle zu koordinieren. Auch in der Wochenausgabe 38/1990 der »Aerotech News and Review« wurde verlautbart, daß die US-Luftwaffe jetzt an Antimaterie-Antriebssystemen arbeitet. In einem Bericht für die Zeitschrift »UFO Universe« beweist der Fachautor William F. Hamilton III., daß verschiedene in Regierungsprojekte verwickelte namhafte Firmen und Universitäten seit 1955 auf den Gebieten Gravitation und Gravitationsantriebe forschen, so zum Beispiel die Glenn L. Martin Company in Baltimore, Convair in San Diego, Bell Aircraft in Buffalo und die Sikorsky-Abteilung von United Aircraft.

Das erste Untersuchungsergebnis der – nach den Geheimberichten und Aussagen Falcons – Ende der vierziger und Anfang der fünfziger Jahre vorwiegend im Südwesten der Vereinigten Staaten entdeckten UFO-Wracks führte zur Schlußfolgerung, daß sie wahrscheinlich durch künstlich erzeugte Gravitationsfelder angetrieben wurden und wahrscheinlich aufgrund eines neuen Radarsystems abgestürzt waren, das ihre Gravitationsfelder störte. In einem Memorandum des »Majestic 12«-Geheimkomitees an US-Präsident Dwight D. Eisenhower aus dem Jahre 1952 heißt es, die erste dieser Scheiben sei am 2. Juli 1947 in der Nähe der Roswell-Luftwaffenbasis in New Mexico abgestürzt. »Nachdem ein ansässiger Rancher den Fund gemeldet hatte, wurde sofort eine Bergungsaktion der US-Luftwaffe in die Wege geleitet, um die Wrackteile dieses Objektes zum Zweck wissenschaftlicher Untersuchungen abzutransportieren.« Zudem hieß es: »Die Versuche, die Antriebsmethode oder die Natur der Energieübertragung und der Energiequelle zu bestimmen, bleiben erfolglos. Durch das völlige Fehlen identifizierbarer Flügel, Propeller, Düsen oder anderer konventioneller Antriebs- und Steuerungssysteme sowie durch fehlende Drähte, Röhren oder ähnliche erkennbare elektronische Komponenten wurden die Untersuchungen zusätzlich erschwert.« Der Fund weiterer Wracks, aber auch die Kommunikation mit den »EBEs« scheint die Forschung in den folgenden vier Jahren auf die richtige Spur gebracht zu haben.

Auch die mit dem Wrack entdeckten Außerirdischen, laut »Majestic 12«-Geheimbericht »vier kleine menschenähnliche Wesen«, wurden zur Durchführung medizinischer Untersuchungen abtransportiert. Ergebnis: »Trotz des humanoiden Erscheinungsbildes dieser Kreaturen unterscheiden sich ihre biologischen und evolutionären Prozesse offenbar

völlig von denen des Homo sapiens«, so der »M 12«-
Bericht.

Im November 1949 erhielt der Photograph Nicholas von
Poppen, Nachkomme eines alten estländischen Adelsge-
schlechts, von der US-Luftwaffe einen Geheimauftrag. Als
Experte auf dem Gebiet der metallurgischen Photographie
hatte von Poppen schon oft Aufträge von großen Flugzeug-
firmen, aber auch für militärische Projekte erhalten. Kurz
vor seinem Tod wurde von Poppen von Dr. Eric Wang von
der Universität von Cincinatti angerufen. Wang gehörte zu
den Beratern des Luftfahrt-Entwicklungszentrums, Abteilung für Aerodynamisches Metallurgisches Design der
Wright Patterson-Luftwaffenbasis in Dayton/Ohio – dem
Sitz des Luftfahrttechnischen Nachrichtendienstes der US-
Air Force. Wang bat seinen Freund von Poppen, sich »für
einen Auftrag« bereit zu halten. Doch wegen der hohen
Geheimhaltungsstufe sagte er ihm nicht, um was es ging,
sondern nur, daß er abgeholt würde. Wenige Tage später
erschienen zwei Geheimdienstler bei von Poppen, die ihn
zum Flugplatz brachten und mit ihm nach Los Alamos, zu
den streng geheimen US-Nationallaboratorien flogen. In
einem Hangar innerhalb des Komplexes erfuhr von Poppen,
was von ihm erwartet wurde. Er wurde zu seinem »Arbeits-
feld« geführt – einer nahezu zirkusartigen Umgebung, wie
sich von Poppen später erinnerte. In einem riesigen Hangar
standen überall große und kleine Zelte sowie Tische voller
wissenschaftlicher Instrumente. Und in der Mitte lag, streng
bewacht, ein silbrig schimmerndes, scheibenförmiges Objekt, das von Poppen bis in die kleinsten Einzelheiten zu
photographieren hatte. In den nächsten zwei Tagen hielt er
das Objekt in über 200 Photographien fest. Vorwiegend
waren es Mikroaufnahmen der Oberflächenstruktur des

Metalls, aus dem die Scheibe gefertigt war. Ihm wurde erlaubt, jedes Detail des Flugkörpers zu studieren – bis auf einen im Schiffsinneren befindlichen Mechanismus, bei dem es sich um das Antriebssystem zu handeln schien. Später erklärte von Poppen dem mit ihm befreundeten Dr. Tyler: »Mir wurde klar, daß dieses von wem auch immer entwickelte Objekt unserer Technologie um Jahrtausende voraus sein mußte.«

Dann wurden von Poppen die in diesem technischen Meisterwerk vorgefundenen Wesen gezeigt. »Der Größte mit seinen 1,40 Meter war offenbar der Kommandant, er wog etwa 35 Pfund und war sehr schmal. Der Kleinste maß 80 Zentimeter und hatte ein Gewicht von rund 22 Pfund. Alle wirkten intellektuell, hatten eine helle Haut und stammten ohne jeden Zweifel nicht von der Erde.« Nur wenige Jahre nach seinem geheimnisvollen Auftrag starb von Poppen. Sein mysteriöser Tod konnte nie aufgeklärt werden. Seine Wohnung wurde in durchwühltem Zustand aufgefunden, aber nichts war entwendet worden. Hatte jemand sichergehen wollen, daß von Poppen keine Aufzeichnungen oder bestimmte Aufnahmen in Besitz hatte?

Bevor William English auf den NATO-»Lauschposten Chicksands« nahe der Luftwaffenbasis Bentwaters an der englischen Ostküste versetzt wurde, war er Hauptmann der US-Eliteeinheit »Green Berets«. Seine neue Aufgabe war die Informationsauswertung. In Chicksands wurden Radiosendungen der Warschauer-Pakt-Staaten empfangen, abgehört, übersetzt und ausgewertet. English arbeitete in der Hochsicherheitszone. Es durfte weder etwas mit hineingenommen noch herausgebracht werden. Auf dem Schreibtisch von English gab es zwei Ablagekörbe, einen für Eingänge, den anderen für Ausgänge. Morgens fand English sein Tagespensum im Eingangskorb vor und legte es abends bearbeitet in den für Ausgänge. Von dort wurde es weitergeleitet. Im Juli 1977 befand sich – laut English – unter den Eingängen ein versiegelter Briefumschlag, den er öffnete. Er enthielt eine 624 Seiten lange Akte mit dem Titel »GRUDGE-Bericht Nr. 13 – streng geheim – nur zur Einsichtnahme«. Als English zu begreifen begann, was er las, verschlug es ihm den Atem. Der »GRUDGE-Report« behandelte abgestürzte Raumschiffe, tote Außerirdische und Kontakte der US-Regierung mit den Bewohnern fremder Planeten. Doch da es in erster Linie zu seinem Aufgabenkreis gehörte, den Bericht auszuwerten, machte sich English an die Arbeit. Diesmal schrieb er einen vierseitigen Abriß statt wie üblich einen einseitigen, machte zwei Durchschläge, steckte den Abriß zusammen mit dem Report in den Umschlag zurück und legte diesen in den Ausgangskorb.

Bill English ließ diese Geschichte nicht mehr los. Wieder in seiner Heimat Arizona zurück, erfuhr er von der ältesten amerikanischen Forschungsorganisation für Luftphänomene – der »Aerial Phenomena Research Organisation« (APRO). 1979 lernte er dort Oberstleutnant Wendelle C. Stevens kennen, einen ehemaligen Angehörigen des Luftfahrttechnischen Nachrichtendienstes APRO und der US-Luftwaffe. Colonel Stevens, der unbeirrt von seinen Erlebnissen mit unbekannten Flugobjekten während seiner Dienstzeit berichtete, vertraute sich English 1979 schließlich an. Doch erst durch die Sendung »UFO Cover-up: Live« mit »Falcon« und Lazar 1989 ermutigt, wandte sich English nun selbst an die Öffentlichkeit.

Der »GRUDGE Report Nr. 13« (noch nach dem zweiten offiziellen UFO-Untersuchungsprojekt der US-Luftwaffe »Projekt Grudge« benannt) umfaßte drei Teile. Der erste behandelte UFO-Aktivitäten zwischen 1942 und 1951. Er betraf Landungen, Kontakte und Entführungen sowie nahe Begegnungen im Zusammenhang mit sensiblen militärischen Einrichtungen und Fälle abgestürzter UFOs. Der zweite Teil enthielt Photographien, sensationelle Nahaufnahmen von UFOs im Flug, bei der Landung und abgestürzte Objekte nach der Bergung nebst lebenden und toten Besatzungsmitgliedern. Im dritten Teil wurden die beobachteten unterschiedlichen Typen und Gruppen der Außerirdischen behandelt sowie Autopsie-Ergebnisse der Leichen, Beispiele ihrer Schrift sowie Protokolle über Kommunikationsversuche mit diesen »EBEs«.

»Es waren durchweg Farbaufnahmen im Format von 20 mal 25 Zentimeter. Bergungsort oder Jahr waren nicht angegeben. Das erste Photo zeigte eines dieser fremden Wesen auf einem Metall- beziehungsweise Autopsietisch von etwa zwei Meter Länge. Es war etwa 1,30 Meter groß und nackt«, so English. »Der Kopf war etwas größer als ein menschlicher, die Augen waren mandelförmig, der Mund extrem klein und anstelle der Nase waren zwei Löcher. Genitalien waren nicht sichtbar. Die langen Arme endeten in einem winzigen Handteller mit drei oder vier sehr langen Fingern. Die Hautfarbe des EBEs war bläulich-grau. Weitere Aufnahmen zeigten es in verschiedenen Autopsiestadien... Es gab auch Aufnahmen von toten Außerirdischen in einem gläsernen Schrein, in dem sie allem Anschein nach konserviert waren«, vermutet English.

Als mir die russische Testpilotin Oberst Marina Popovich, in ihrer Heimat unter dem Kosenamen »Gosposa MiG« bekannt, im Juni 1990 zwei Photos überreichte, die angeblich einen toten Außerirdischen zeigen, war ich zugegebenermaßen etwas skeptisch. Frau Popovich erklärte mir, sie habe die Aufnahme vor Jahren von Professor Felix Zigel vom Institut für Luft- und Raumfahrt in Moskau erhalten. Er selbst habe sie von einem kanadischen Kollegen bekommen. Auf den Aufnahmen ist ein Wesen mit großem Kopf abgebildet, mit riesigen Augen, einem winzigen Mund und zwei Löchern anstelle der Nase. Rätselhafterweise tauchte nur zwei Monate nach der Erstveröffentlichung dieser Aufnahmen in meinem Buch »Drachenwege« und der »Bild«-Zeitung ein weiteres Photo mit – aller Wahrscheinlichkeit nach – demselben Wesen auf. Diesmal war es eine Farbaufnahme bester Qualität, direkt aus den Vereinigten Staaten.

Im Dezember 1990 wurde dieses Photo ohne jeden Kommentar erstmals in der amerikanischen UFO-Fachzeitschrift »Orbiter« veröffentlicht. Nach telefonischer Rücksprache mit dem Herausgeber, Jim Melescius, erfuhr ich, daß er seiner Quelle Anonymität zugesichert habe. Er könne lediglich sagen, daß sein Gewährsmann Mitarbeiter eines geheimen Forschungsprojekts der US-Regierung sei. Von Marina Popovich und dem aus ihrem Besitz stammenden Photo war ihm nichts bekannt.

Etwa zur gleichen Zeit hatte der britische UFO-Experte und ehemalige Polizeioffizier Anthony Dodd gleich drei Photos dieses Wesens erhalten. Dodd, der bereits 1989 mit der Enthüllung des »Kalahari-Zwischenfalls« weltweit Schlagzeilen gemacht hatte, in denen es um den angeblichen Abschuß und die Bergung eines UFOs und seiner beiden lebenden Insassen durch die südafrikanische Luftwaffe ging, erzählte mir, die Bilder seien ihm von einem »Wissenschaftler im Dienste der US-Regierung« zugespielt worden. Darauf war der in drei Teilen photographierte Körper des Wesens zu sehen. »Die Aufnahmen sind offensichtlich in einem kleinen, engen Raum entstanden«, folgerte Dodd.

»Denn da dieses Wesen nur in drei Abschnitten photographiert werden konnte, muß es mindestens einen Meter groß gewesen sein.«

Damit käme ein kleines Modell wohl kaum in Frage. Würde es sich aber dennoch um einen Schwindel handeln, wäre er hervorragend ausgeführt worden. Die Farben entsprechen denen früher Farblithos aus den fünfziger Jahren. Eine leichte Spiegelung weist darauf hin, daß die »Leiche« hinter Glas liegt. Rätselhaft ist, warum Hand- und Fußgelenke mit Manschetten an den Tisch gefesselt sind. Mit der Zeit wird sich herausstellen, ob das Photo echt ist. Wegen seiner Qualität kann es sich kaum um eine Amateuraufnahme handeln. Ist es Zufall, daß dieses Bild zwei Monate nach der Erstveröffentlichung der Marina Popovich-Aufnahme in Deutschland freigegeben wurde? Dieses »Parallelphoto« existiert aber nachweislich schon seit Ende der siebziger Jahre und befand sich bis dahin im Besitz von Professor Felix Zigel. Die schlechte, überdunkelte Qualität der Schwarzweiß-Kopie von Marina Popovich weist auch darauf hin, daß es sich im Original um eine Farbaufnahme gehandelt hat.

Kein »gewöhnlicher« Schwindler würde ein Photo in die UdSSR schicken, 15 Jahre warten, bis es irgendwo im Westen veröffentlicht wird, und dann – anonym – ein Parallelphoto präsentieren. Bleiben nur zwei Möglichkeiten: Entweder ist das Farbphoto authentisch, oder es ist getürkt – »EBE«-Leiche oder raffiniert angefertigtes Modell. Die Möglichkeit ist natürlich nicht auszuschließen, daß ein »Jemand« bewußt auf die falsche Fährte lockt, durch gezielte Desinformation Verwirrung stiften will.

Möglich ist aber auch, daß eben dieser »Jemand« versucht, die Öffentlichkeit langsam auf die Anwesenheit der Außerirdischen vorzubereiten. Denn die Enthüllungen der letzten

Jahre – allen voran die Aussagen von Leuten wie Robert Lazar, Bill English und »Falcon« – beweisen, daß kein Geheimnis so geheim ist, daß nicht irgendwann doch etwas durchsickern würde . . .

Im Oktober 1990 erhielt das von mir gegründete »IFEC-Institute for Extraterrestrial Communication« eine offizielle Einladung in die Sowjetunion. Sie kam von Dr. Thales Shonya, dem Präsidenten der Untersuchungskommission für »Anomale Atmosphärische Phänomene« der Akademie der Wissenschaften der Georgischen Sowjetrepublik. Eine internationale Wissenschaftlerkonferenz, in der es um das UFO-Phänomen und Kontakte mit außerirdischen Lebensformen gehen sollte, war ihr Anlaß. Zudem die Gründung des »Zentrums für wissenschaftliche UFO-Forschung« mit Sitz in Rustavi, einem Vorort der georgischen Hauptstadt Tblissi, früher Tiflis. An der fünftägigen Konferenz vom 3.–7. Dezember 1990 beteiligten sich rund hundert Experten – vorwiegend honorige Professoren und ihre Assistenten – aus allen Teilen von Gorbatschows Riesenreich. Aus Leningrad und Riga, aus Moskau und Krasnador, sogar aus Tomsk in Sibirien und Vladivostok im Fernen Osten waren sie gekommen. Und während »IFEC« noch von »Möglichkeiten und Chancen der Kontaktaufnahme mit Außerirdischen« sprach, behaupteten diese seriösen älteren Herren, daß sie solche Kontakte bereits erforscht oder sogar schon erlebt hätten. War da eine Gruppe von Phantasten versammelt, oder waren wir auf einem anderen Planeten gelandet statt im malerischen Hochland Transkaukasiens?

Mitnichten. Immer häufiger berichtet die sowjetische Presse über Kontakte, ja Kommunikationen mit Außerirdischen. »Kontakt? Es gibt Kontakt!« war die Überschrift eines Berichtes von Alexander Cholin in einer so seriösen Quelle wie der russischen Oppositionszeitung »Demokratiskaya

Rossija« (»Demokratisches Rußland«). »Was teilten uns die Vertreter anderer Welten über die Erde und den Menschen mit?« fragte die Zeitung und stellte fest: »Es ist heute kein Geheimnis mehr, daß es sich bei den UFOs weder um einen Mythos noch um eine kollektive Halluzination psychisch labiler Menschen handelt.«

Dr. Mark Milkhiker aus Moskau war Sprecher auf Dr. Shonyas Konferenz. Er wurde mir von verschiedenen Seiten als Experte in bezug auf außerirdische Kontakte empfohlen. Milkhiker ist ein Mann mit einer interessanten, farbigen Vergangenheit. Er entstammt einer alten, jüdisch-russischen Familie von Künstlern und Wissenschaftlern. Sein Urgroßvater, Tevje Milkhiker, wurde sogar zur Hauptfigur des Broadway-Musicals »Anatevka« (»Fiddler on the Roof«), das nach einem bekannten russischen Roman eben über diesen ukrainischen Musiker geschrieben wurde. Eine Cousine seiner Mutter war die bekannte Vera Slutskaya, zeitweise Lenins Lebensgefährtin, die dem Begründer der KPdSU ins Exil folgte und selbst zur »First Lady« der russischen Kommunisten wurde. Eine Tante seines Vaters war das zweifache Akademiemitglied Lina Salomonaja Stern. Sie begründete fünf neue Wissenschaftszweige, darunter Immunologie, jedenfalls nach sowjetischer Lesart. Und sein Onkel war unter Stalin Kommandeur der Luftverteidigung der UdSSR. Mark Milkhiker begann seine Laufbahn als Geologe. In der Ukraine, im Kaukasus und im Ural suchte er im Auftrag der Regierung nach Öl. Doch irgendwann beschloß er, sich seiner großen Leidenschaft, der Astronomie, zu widmen und später der Kosmonautik. Sein Lehrer Aari Abrom Sternfelder brachte ihn auf die Fährte, empfahl ihm die Bücher des Vaters der sowjetischen Raumfahrt, Konstantin Tsiolkowsky. Mark Milkhiker studierte Biologie, Chemie, Physik und Astronomie, dann Kosmo-

nautik. Als Student konstruierte er eine Rakete. Seine ersten
wissenschaftlichen Arbeiten veröffentlichte er zwischen
1953 und 1958 in der Zeitschrift der Astronomisch-Geodä-
tischen Gesellschaft der AdW und der UdSSR. Auf Empfeh-
lung des Akademiemitglieds Gabriel A. Tichow, des Be-
gründers der sowjetischen Astrobiologie, erhielt er schließlich eine Anstellung am Institut für Kosmonautik. Er hat
bewegliche Gelenke für Raumanzüge erfunden und kon-
struiert, Befestigungen für Geräte in der Schwerelosigkeit,
Schutzschirme gegen die kosmische Strahlung für die
Raumkapseln, die Visiere für Helme sowjetischer Kosmonauten, um sie vor dem ungefilterten Sonnenlicht im All zu
schützen. Dazu eine Duschvorrichtung für Kosmonauten
auf langen Flügen und ein Gerät zur Feststellung chemischer
Komponenten von Meteorpartikeln durch ihr Farbspek-
trum. Von Carl Zeiss, Jena, in der damaligen DDR unter
dem Namen »Puma« gebaut, kam es in den sowjetischen
Marssonden »Phobos-I« und »Phobos-II« und in der russischen Sonde zur Erforschung des Halleyschen Kometen
zum Einsatz. Derzeit richtet Dr. Milkhiker im Auftrag der
Regierung ein Kosmonautik-Museum in Moskau ein.
»Unser Ziel ist es, eine effektive Gruppe von Wissenschaftlern aufzubauen, die interdisziplinäre Untersuchungen von
UFO-Vorfällen in Angriff nehmen können. Seit der Gründung der Untersuchungskommission für anomale atmosphärische Phänomene vor ein paar Jahren ist es uns gelungen, einige Kapazitäten für diese Aufgabe zu gewinnen. Aus
diesen Bemühungen heraus entstand jetzt das »Soyusufot-
sentr«, die »Unionsweite Vereinigung für interdisziplinäre
wissenschaftliche UFO-Forschung«. Ihr Präsident ist der
Kosmonaut General Pavel Popovich, dessen Frau Sie ja
bereits kennengelernt haben. Unser Führungsausschuß besteht aus 30 Mitgliedern, die meisten davon hochkarätige

Wissenschaftler und Mitglieder der Akademie der Wissenschaften. Sie leiten Komitees in allen Teilen der Sowjetunion, darunter in Leningrad, Kiew, Riga, Minsk, Woronesch, Tomsk, Vladivostok und zahlreichen anderen Städten«, erzählte mir der Wissenschaftler.

»Meinen Informationen zufolge haben Sie persönliche Kontakte und UFO-Landungen miterlebt?« frage ich ihn. »Für unsere Leser im Westen klingt das unglaublich. Wie gehen Sie in Ihren Untersuchungen vor?«

»Zuerst suchen wir natürlich die angeblichen Landeplätze auf. Wir entnehmen Bodenproben, benutzen verschiedene Meßgeräte, um eine mögliche Radioaktivität oder elektromagnetische Energien festzustellen und zu photographieren. In vielen Fällen arbeiten wir mit kriminologischen Laboratorien zusammen, denen wir unser Material zur Analyse übergeben. Bevor wir den angeblichen Kontaktler aufsuchen, holen wir erst einmal Informationen über ihn in seinem sozialen Umfeld ein. Erst wenn wir sichergehen können, daß es sich um einen absolut psychisch stabilen und zuverlässigen Menschen handelt, interviewen wir ihn und unterziehen ihn mit seinem Einverständnis einer Hypnose. Die meisten Kontaktler stimmen diesem Experiment zu. Auf diese Weise erhalten wir sehr viel direktere und außerdem zusätzliche Informationen über ihn als im Interview. Sie sehen also, wir gehen beim besten Willen nicht blauäugig vor. Wir sind Wissenschaftler, und viele unserer Mitglieder sind äußerst kritische Menschen.«

»Welche Art Informationen erhalten Sie von den Kontaktlern?« will ich wissen.

»Die Außerirdischen warnen – gehen wir einmal davon aus, daß es Bewohner anderer Welten sind –, daß die Menschheit Gefahr läuft, einen kollektiven Selbstmord zu begehen, denn sie hat die Ökologie der Erde in einen äußerst bedrohlichen Zustand gebracht. Und sie weisen darauf hin, daß es 1991 zu großen Hungersnöten kommen werde, daß von 1993 bis 1996 globale Katastrophen eintreten und zwischen 1992 und der Jahrtausendwende die akute Gefahr einer Zerstörung der Zivilisation auf der Erde besteht. Wenn es bis etwa Mitte 1992 nicht gelingen würde, der Weltbevölkerung das Ausmaß der Bedrohung klarzumachen und die Ökologie unseres Planeten zu verbessern, die uns die Luft zum Atmen, das Wasser zum Trinken und unsere Nahrung liefert, bestehe wenig Hoffnung. Wir alle wissen, daß die Atomkatastrophen von Harrisburg/USA und Tschernobyl/UdSSR, die Atomversuche der Franzosen im Pazifik, der Chinesen in der Wüste Gobi die ganze Erde betreffen. Wir wissen, daß unterirdische Atombombenversuche die Kontinentalschollen in leichte Schwingungen versetzen, die dann an einer Verwerfungslinie zu einem Erdbeben führen – zu einer schrecklichen Katastrophe wie in Spitak, Armenien. Spitak war übrigens vorausgesagt worden. Die nächsten Erdbeben werden im Iran und in Afghanistan stattfinden.«

Das Interview wurde am 5.12.1990 geführt. Tatsächlich meldete die Presse am 18.12.1990 ein Erdbeben der Stufe 5,6 im Nordiran; im Februar 1991 in Afghanistan!

»Sie kritisieren unsere Zivilisation, daß wir uns seit Anbeginn unserer Geschichte gegenseitig umbringen. Sie behaupten, der Mensch setze sich aus zwei Komponenten zusammen: aus dem physischen Körper, der aus Atomen und Molekülen besteht, rund 80 Jahre lebt und dann stirbt, und einer geistig-energetischen Substanz, die den Tod überlebt und sich immer wieder inkarniert. Unser individuelles Gedächtnis sei Teil dieser energetischen Substanz, die mit dem globalen Gedächtnis, dem Informationsfeld des Planeten, in Interaktion treten kann, zu dem jeder von uns mit dem entsprechenden Bewußtsein Zugang haben und seine ganz persönliche Matrix, seine Vergangenheit, Gegenwart und Zukunft, finden könnte. Wenn wir sterben, werde die ›Kapsel‹ unserer geistigen Substanz zur Reinkarnation freigesetzt. Sie könne durch extremen Energiebeschuß zerstört werden, wenn er stärker ist als die eigene Energie. Das wäre der Fall bei einer Atomexplosion. Die Menschen in Hiroshima und Nagasaki seien endgültig gestorben – auch ihre ›Seele‹ wurde zerstört. Nach den Worten höherer Zivilisationen lautet ein kosmisches Gesetz: ›Du sollst nicht töten!‹ Denn Mord sei die widersinnigste Handlung, die ein Wesen begehen könne. Geburt und Tod sind nur Illusion. Allein die Körper unserer Kinder würden von uns geboren, die geistig-energetische Substanz aber würde vor der Geburt in den Körper eintreten.«

»In den letzten 3000 Jahren unserer Geschichte hat es über 12500 Kriege gegeben, eine absolute Absurdität. Denn wenn du einen Menschen tötest, kann es vorkommen, daß er sich im Körper deines Kindes inkarniert. So können unsere Todfeinde morgen unsere Kinder sein«, erzählte mir Dr. Milkhiker.

Ob von Außerirdischen oder nicht – wir sollten diese Warnung annehmen. Ähnlich müssen es die Abgesandten Henoch, Ezechiel oder Johannes gesagt haben. Wir müssen wieder lernen, mit dem Herzen zu denken und mit dem Verstand zu fühlen. Ich nenne dies den »Merlin-Effekt« – die Wiederverzauberung der Natur: Mit den Bäumen fühlen, mit den Steinen reden. Unsere Vorfahren haben ihre Welt – Phaethon – vor Jahrtausenden zerstört. Es liegt jetzt an uns, dieses Schicksal von der Erde abzuwenden. Erst wenn uns das gelingt, können wir die nächste Evolutionsstufe erreichen, den kosmischen Menschen.

11

Die Große Mauer

Die Naturwissenschaftler vertreten zu recht den Standpunkt, es sei von unserer Welt aus völlig unmöglich, objektive Aussagen über ebendiese Welt zu machen, weil nämlich der ihr unmittelbar zugehörige Beobachtende diese Welt nur von innen heraus, aber nicht von außen her beobachten kann. Als Bestandteil dieser Erscheinungswelt fehlt ihm im Grunde genommen jede Möglichkeit der objektiven Beobachtung durch seine Sinnesorgane. Der Beobachter müßte sich außerhalb des Raumzeitsystems befinden, um dessen Ereignisse zu beobachten und objektiv darüber auszusagen – obwohl auch dann allein der Akt des Beobachtens einen beeinflussenden Eingriff darstellt. Da aber der Mensch seine Raumzeit nicht verlassen kann, um sie von außen her zu beurteilen, ist ihm auch eine objektive Aussage über ihre Wirklichkeit verwehrt. So stellt der Wissenschaftsphilosoph Sir Karl Popper in seiner Erkenntnistheorie lakonisch fest: »Wir ›wissen‹ nicht, sondern wir raten.«

Die Naturwissenschaftler erforschen Zusammenhänge, um Abhängigkeiten, Funktionen und denkbare Kausalreihen als solche zu erkennen, darzustellen und diese Abhängigkeiten dann so treffend wie möglich zu beschreiben. Diese Beschreibungen aber stellen stets nur das Abbild einer möglichen Wirklichkeit dar.

Popper teilt das Universum in drei Welten auf: in die
– Welt Nummer 1: die physikalische mit belebten und unbelebten Substanzen;

– *Welt Nummer 2: mit ihren bewußten Erlebnissen, Gefühlen, Absichten, Träumen und subjektivem Wissen;*
– *Welt Nummer 3: mit ihren logischen Gehalten von Aufzeichnungen und Speicherungen intellektueller Bemühungen und theoretischer Systeme in Datenverarbeitungsanlagen, Facharbeiten, Büchern und dergleichen mehr.*
Zwischen diesen drei Welten besteht eine Interaktion mit einer gegenseitigen Beeinflussung von Welt 1 und 2 sowie einer Wechselwirkung zwischen Welt 2 und 3. Es gibt jedoch keine direkte Beeinflussung der Welten 1 und 3 untereinander. »Wissenschaft ist Wahrheitssuche: nicht der Besitz von Wissen, sondern das Suchen nach Wahrheit«, sagt Popper.

Im Oktober 1989 entdeckten die amerikanischen Astronomen Margaret Geller und John P. Huchra in einem kleinen Ausschnitt unseres Universums eine gigantische Anhäufung von Galaxien, die alle bisherigen Theorien über die Entstehung und Beschaffenheit des Kosmos in Frage stellen. Den Erkenntnissen zufolge sind diese zusammengeballten Milchstraßen mindestens 500 Millionen Lichtjahre lang und 15 Millionen Lichtjahre dick. Dagegen ist unsere Erde in einer Milchstraße beheimatet, die mit ihren »nur« 0,1 Millionen Lichtjahren Durchmesser wie eine Nadel im Heuhaufen anmutet.

In weiten Regionen des Kosmos ballen sich Galaxien zu gigantischen Haufen zusammen, von denen jede einzelne aus bis zu Tausenden von Sternensystemen besteht. Diese Haufen vereinen sich wiederum zu Superclusters beziehungsweise Superhaufen.

Als die Verteilung der Materie im Kosmos mit Hilfe von Großrechnern simuliert wurde, kamen die Experten zu einem verblüffenden Ergebnis: In der Raumzeit klumpen sich die Galaxienhaufen zu Strukturen zusammen, die denen im mikrokosmischen Bereich von Körperzellen überraschend ähnlich sind. Darüber hinaus befinden sich diese Supergalaxienhaufen gewissermaßen auf der Oberfläche von riesigen, unsichtbaren Hohlkugeln oder »Blasen«.

Das Universum besteht anscheinend aus einer Unzahl solcher materieloser Hohlkugeln, deren jede einen Durchmesser von bis zu 150 Millionen Lichtjahren hat. Nach John P. Huchra vom Harvard Smithsonian Center für Astrophysik breiten sie sich im Universum wie Seifenblasen in einem Spülbecken aus. An den Berührungspunkten dieser gigantischen »Blasen« – der sogenannten »Großen Mauer« – vollzieht sich eine Zusammenballung der Galaxien-Cluster.

Unerklärlich ist das bei Sternensystemen festgestellte dynamische Verhalten untereinander. Denn die Vehemenz, mit der sie sich aufeinander zu bewegen, kann nicht allein durch ihre gegenseitige Massenanziehung erklärt werden, sondern wird auf eine gewaltige unsichtbare Materiemenge zurückgeführt – und zwar hauptsächlich auf Neutrinos.

Als das Universum vor etwa 20 Milliarden Jahren aus dem – inzwischen durch die ungleichmäßige Materieverteilung – umstrittenen »Big Bang« entstand, müßte die auseinandergesprengte Materie durch die Schwerkraft dazu angeregt worden sein, sich zusammenzuballen, um die Entstehung von Galaxien zu ermöglichen. Doch durch die Schwerkraft allein läßt sich dieses neue, kosmische Blasenmodell nicht erklären. Denn dazu wäre nicht nur ein Big Bang nötig gewesen, sondern vielmehr ein ganzes »Big Bang-Trommelfeuer«. Eine revolutionäre Idee, die mit der neuen kosmischen Evolutionstheorie der amerikanischen Astronomen Jeremiah P. Osteriker und Lennox L. Cowie von der Princeton-Universität im Einklang steht. Sie glauben nämlich, daß der Kosmos ursprünglich eine Ansammlung von riesigen Gestirnen aus dem Urknall war, die nach kurzer Zeit einem Schwerkraftkollaps erlagen und als Supernovae explodierten. Wo immer solche kosmischen Bomben benachbart waren, kam es zu Kettenreaktionen reihenweise explodierender Ur-Sterne. Die dabei ausgelösten Schockwellen erschütterten das ganze Universum und führten letztlich zur Bildung der rätselhaften Blasen. Die Materie um die Supernovae-Explosionsherde herum wurde durch die Schockwellen weggefegt, und leere Regionen waren die Folge.

Die in Aufruhr geratene Materie kam erst zur Ruhe, nachdem sie enorme Entfernungen zurückgelegt hatte. Sie sammelte sich auf den Oberflächen der Blasen zu neuen, langgestreckten Feldern – Filamenten, aus denen sich Sternensysteme formten. Da allem Anschein nach auch heute noch die Blasen sowie das gesamte Universum expandieren, könnte das durch den Urknall ausgelöste kosmische »Feuerwerk« für diese Ausdehnung verantwortlich sein. Vorausgesetzt, die Big Bang-Theorie würde tatsächlich stimmen, dann müßten natürlich die kosmische Hintergrundstrahlung und die zusammengeballten Galaxienhaufen – die Große Mauer – und eine mögliche Große Einheitliche Feldtheorie miteinander in Einklang gebracht werden. Denn Physiker und Kosmologen bemühen sich schon seit langem, alle Erscheinungen der unbelebten Natur durch eine einheitliche Theorie zu beschreiben und vorauszusagen. Im Zusammenhang mit einer solchen Weltformel greifen Wissenschaftler immer mehr auf die Geometrie zurück; das heißt sie versuchen, Materie und Energie – die vier Naturkräfte: Schwerkraft, die elektromagnetische Kraft, die starke und die schwache Wechselwirkung – mit den Dimensionen der Raumzeit »unter einen Hut« zu bringen. Die geometrische Beschreibung führt die Wissenschaftler allerdings zu mehr als nur vier Dimensionen – drei Raum- und einer Zeitdimension. So haben der polnische Mathematiker Theodor Kaluza und der schwedische Physiker Oskar Klein in ihre Modellvorstellung des Kosmos überzeugend verborgene Zusatzdimensionen einbezogen.

Da die neue Theorie der Superstrings, nach der die Welt nicht aus punktförmigen Teilchen, sondern Elementarteilchen aus superfeinen und superschweren schwingenden

Schlingen beziehungsweise Fäden (»strings«) besteht, muß inzwischen mit zehn Dimensionen der Raumzeit gerechnet werden. Dieses »neue Universum« bringt faszinierende Konsequenzen mit sich: exotische Phänomene wie paranormale Ereignisse oder beispielsweise auch die rätselhaften Kornfeldkreise in aller Welt.

Eine Große Einheitliche Feldtheorie, auch »GUT« (»Grand Unified Theorie«) genannt, würde bei einer theoretischen Rekonstruktion des Urknalls, mit dem unser Universum begonnen haben soll, sicherlich von Nutzen sein. Dieser Rekonstruktion zufolge war das noch raum- und zeitlose Ur-Universum viel kleiner als ein Atomkern und weit über 10 Billiarden (!) Grad heiß. Unsagbar kurz nach dem Big Bang – und zwar 10^{-43} Sekundenbruchteile »später« – waren alle Naturkräfte noch in einer *einzigen* Superkraft vereint, Energie und Materie noch bis zur Unkenntlichkeit verzerrt. Eine unbegreiflich kurze Zeitspanne später entstand in einigen »Regionen« des aberwinzigen Ur-Universums eine Art Ausdehnungsdruck. Das Ur-Universum blähte sich schlagartig auf, und damit entstanden auch Raum und Zeit. Dort, wo sich unser Universum entwickeln sollte, bildete sich plötzlich eine Blase von etwa einem Zentimeter Durchmesser. Während dieser *»Inflationsphase«*, wie sie ihr Erfinder, Professor Alan Guth vom MIT in Boston, USA, nennt, lösten sich zuerst die Ecksteine aus der Supersymmetrie: Masse und Gravitation. Nach 10^{-35} Sekundenbruchteilen, als das Ur-Universum 1000millionenmal älter und um das 10000fache kälter war, verließ die starke Wechselwirkung den Verbund. Nun begann der große Vernichtungsschlag zwischen Materie und Antimaterie. Am Schluß blieb nur etwa ein Milliardstel der ursprünglichen Materie übrig. 10^{-15} Sekunden nach dem Urknall war das Ur-Universum während der »Inflationsphase«

schon auf die Größe eines Tennisballs angewachsen und die Temperatur auf 10^{15} Grad gesunken. Hier machten sich die Schwache Wechselwirkung und anschließend die elektromagnetische Kraft selbständig.

Im Universum entstand praktisch alle Energie und Materie während der »Inflationsphase«. Der Großen Einheitlichen Feldtheorie zufolge mußten gleichzeitig auch magnetische Monopole, also Teilchen mit nur einem Magnetpol, entstanden sein. Als Begründung für die bislang erfolglose Suche danach wird die »Inflationsphase« angeführt, in deren Verlauf diese Teilchen stark »ausgedünnt« wurden und daher heute kaum mehr auffindbar sind. Als weitere Konsequenz der »GUT« ergibt sich – zusätzlich zu den Gluonen – der Rückschluß auf die Existenz äußerst schwerer Austauschteilchen mit minimalster Reichweite. Sollten sie tatsächlich existieren, würden sie den Protonenzerfall bewirken. Die durchschnittliche Lebensdauer von Protonen beträgt allerdings 10^{31} Jahre, eine Zeitspanne, die unvorstellbar größer ist als die bisherige Lebensdauer unseres Universums. Den Berechnungen einiger Forscher zufolge muß es kurz nach dem Urknall zu sogenannten Schwerkraftverwerfungen gekommen sein, die bis heute überdauert haben. Ähnlich wie beim Einfrieren von Wasser Risse entstehen, wenn es nicht gleichmäßig erstarrt, sollen sich beim Symmetriezusammenbruch der Superkraft »Risse« gebildet haben, die schmaler als ein Atom sein sollen, unendlich lang und so schwer, daß allein ein Zentimeter auf der Erde viele Tonnen wiegen würde.

Mark Morris von der Universität Kalifornien in Los Angeles glaubt, solche kosmischen Risse mit dem bei Socorro, New Mexico, stationierten Radioteleskop entdeckt zu haben. Er spürte hundert Lichtjahre lange, schnurgerade kosmische »Risse« auf, die zwar an sich unsichtbar sind, aber die sie umgebenden Gaswolken durch ihre enorme Schwer-kraft zur Abgabe von Radiowellen angeregt haben. Je mehr also der Kosmos während und nach der »Inflationsphase« abkühlte, um so vielschichtiger wurde seine Struktur. Nach-dem sich Energie beziehungsweise Materie herauskristalli-siert hatten – gewissermaßen »herausgefroren« waren –, bestanden die Voraussetzungen für unser heutiges Univer-sum. Mit der Ausdehnung und zunehmenden Abkühlung setzte sozusagen der Ausbau ein, die Differenzierung und Komplizierung, die schließlich zur Bildung von Galaxien mit Planetensystemen und auch zu Leben führen sollte. Die von uns heute registrierte Hintergrundstrahlung von drei Grad Kelvin soll ein Relikt jener enormen Strahlungsmenge sein, die aus der anfänglichen Vernichtungsschlacht zwi-schen Materie und Antimaterie übrigblieb.

Für den Russen Andrej Linde vom Lebedew-Institut in Moskau ist unser Universum – unsere kosmische Blase – kein Einzelfall. Seiner »chaotischen Inflation« zufolge ist sie vielmehr in ein größeres Universum eingebettet, das zwar nicht direkt wahrzunehmen ist, in dem jedoch noch viele andere Blasen – Universen – vorhanden sind. Sie entstehen dort wie in einem vor Energie nur so sprudelnden Schaum-bad. Einige blähen sich auf, andere fallen wieder in sich zusammen. In weiteren Blasen – wie in unserer – kommt die ruckartige Inflation zum Stillstand und wandelt sich zu einem Glutball, um dann als Big Bang in blendendem Licht zu explodieren. Im restlichen, größeren Teil des überdimen-sionalen »Mega-Universums« nimmt dagegen die inflatio-näre Aufblähung ihren Fortgang.

Linde kommt also zu dem Ergebnis, daß sich dieses überge-ordnete All aus ständig in Aufruhr befindlichem Raumzeit-Schaum unentwegt in Form neu entstehender und wieder zusammenbrechender Mini-Universen reproduziert. Eines dieser Mini-Universen ist unser 40 Milliarden Lichtjahre großer Kosmos. So bilden sich unaufhörlich neue Universen, die so stark differieren können, daß sie nicht nur anderen physikalischen Gesetzen unterworfen sind, sondern auch mehr beziehungsweise weniger Dimensionen haben können als unser Universum. Wie viele andere Kosmologen meint auch Linde, daß es unsinnig sei, schon kurz nach dem Urknall von Raum und Zeit zu sprechen, da beides noch nicht existiert habe. Seiner Ansicht nach träfe in diesem Stadium viel eher die Vorstellung eines aus Raum/Zeit bestehenden, fluktuierenden – überall vorhandenen, zufälligen Schwankungen unterworfenen – »Schaums« zu, der zu Beginn in chaotischer Unordnung verteilt war. Bestimmte Gegebenheiten könnten sozusagen zum teilweisen »Einfrieren« einer solchen Fluktuation geführt haben. Aus diesem Teil würde dann ein neues Universum entstehen, während der übrige Teil unentwegt weiterwachse, neue Fluktuationen erzeuge, aus denen auch wieder neue Universen entstehen könnten. Solch ein Universum tauche aus dem Raumzeit-»Schaum« wie eine hochgepeitschte Blase auf. Zufällig von der sie abstoßenden Kraft aufgebläht, würden damit auch Raum und Zeit beginnen. Das Mega-All wäre also eine Ansammlung unzähliger Mini-Universen, sozusagen ein »Multiversum«.

»Bisher war vor dem Urknall das Nichts, danach alles. Jetzt ist die Annahme hinfällig, daß es ein einmaliges, aus dem Nichts entstandenes Universum gibt, das den Beginn aller Raumzeit verkörpert«, erklärt Linde sein Modell.

Was geschähe nach dieser Modellvorstellung mit den Mini-Universen, käme es da nicht zu Kollisionen? Nach der Allgemeinen Relativitätstheorie dehnen sie sich räumlich auf Kosten ihrer Nachbarn aus. Im Gegenteil. Denn unabhängig von den Vorgängen ringsum expandiert nur ihr eigener Raum. Aus diesem Grund können Mini-Universen nicht zusammenstoßen. Wo liegt nun der Ursprung des Mega-Universums, in dem unser Universum also nur eine kleine »Blase« ist – vielleicht nur eine von vielen? Darauf haben auch die Inflationsphysiker keine Antwort. So wurde die eigentliche Frage nach der Schöpfung nur unter den Teppich des Multiversums gekehrt.

Der geniale englische Mathematiker Roger Penrose arbeitet in seiner Raumzeit-Geometrie mit »nur« acht Dimensionen, von denen allerdings vier rein imaginäre Größen sind. Das Universum von Penrose besteht also aus vier Raum- und vier Zeitdimensionen, in dem die uns bekannte Kausalität nicht existiert. Damit sind alle Möglichkeiten offen.
Der deutsche Physiker Burkhard Heim endet bei seiner Vereinigung der Quantenphysik und Allgemeinen Relativitätstheorie mit sechs Dimensionen, drei darunter sind imaginär. Seine fünfte und sechste Dimension sind weder Raum noch Zeit, sondern vielmehr geistige Dimensionen für Informationsprozesse. Dort nehmen Strukturen Form an, werden Wahrscheinlichkeiten gegeneinander abgewogen und die Vorgänge in unserer Welt eingeleitet.
Der englische Biochemiker und Zellbiologe Professor Rupert Sheldrake geht von ähnlichen Zusammenhängen aus. Er spricht allerdings nicht von Dimensionen, sondern von Feldern, genauer gesagt von morphogenetischen Feldern. »Morphische Felder sind nicht, wie die bekannten Felder der Physik, materielle Kraftzonen, die sich im Raum ausbreiten und in der Zeit andauern«, sagte er mir im Verlauf eines Gesprächs. »Sie befinden sich innerhalb und in der Umgebung des von ihnen organisierten Systems. Wenn die Existenz eines derartigen Systems endet – etwa bei der Spaltung eines Atoms, dem Schmelzen einer Schneeflocke,

dem Tod eines Tieres –, verschwindet das organisierte Feld von dem Ort, an dem sich das System befand. In anderer Hinsicht jedoch verschwinden morphische Felder nicht: Es handelt sich hier um potentielle Organisationsmuster, die sich zu einer anderen Zeit an einem anderen Ort unter den entsprechenden physikalischen Bedingungen wieder materialisieren können. Wenn sie sich erneut manifestieren, beinhalten sie eine Erinnerung an ihre frühere physische Existenz. Den Prozeß, durch den Vergangenheit innerhalb eines morphischen Feldes zur Gegenwart wird, nenne ich *morphische Resonanz«.*

Nach Rupert Sheldrake bestimmen also raum- und zeitübergreifende morphogenetische Felder Gestalt und Verhalten allen Lebens und auch aller anorganischen Materie. Sheldrake setzt ein morphogenetisches Feld mit einer Art Kollektivbewußtsein gleich, das neu erworbene Fähigkeiten einzelner auf eine Gruppe, Gesellschaft oder Art übertragen kann. So würde auch in der anorganischen Welt beispielsweise die Form eines bestimmten Kristalls zur gleichen Formgebung bei Kristallen gleicher Art führen.

Diese überall im Universum vorhandenen morphogenetischen Felder sollen Ideen, Gedanken und Formen empfangen, verstärken und übertragen. Sheldrake erklärt damit unter anderem den wissenschaftlichen und gesellschaftlichen Aufstieg der Menschheit, aber auch paranormale Ereignisse.

Sollte sich herausstellen, daß Sheldrakes Theorie den Tatsachen entspricht, ließe sich vielleicht auch ein Phänomen erklären, das Wissenschaftler seit Jahrzehnten zu enträtseln suchen. Den ersten Hinweis erhielt der Biologe Lyall Watson 1952, als er auf der isoliert gelegenen japanischen Insel Koshima eine Affenkolonie beobachtete. Die Tiere lebten vorwiegend von Süßkartoffeln, die ihnen von den an einem Forschungsprojekt beteiligten Wissenschaftlern spendiert wurden. Die mühsame Arbeit, vor dem Essen Sand und Steinchen von den Kartoffeln zu entfernen, muß das anderthalb Jahre alte Affenweibchen Imo auf die pfiffige Idee gebracht haben, die Süßkartoffeln vorher in einem nahegelegenen Fluß zu waschen. »Vom Affenstandpunkt aus muß es sich hier um eine kulturelle Revolution gehandelt haben, die etwa der Erfindung des Rades beim Menschen entspricht«, kommentiert Watson.

Die »Kartoffelwäsche« wurde sehr schnell von anderen Affen übernommen. 1958 wußte Watson zu berichten, daß alle Jungaffen ihr Futter säuberten, bevor sie es verzehrten. Allerdings beteiligten sich von den über fünf Jahre alten Affen nur diejenigen an der Kartoffelwascherei, die ihre Sprößlinge nachahmten. Danach kam es zu einem außergewöhnlichen Vorfall: Durch Imo angestiftet, reinigte eine Affenhorde unbestimmter Zahl im Herbst 1958 ihre Kartoffeln plötzlich im Meer. Wahrscheinlich hatten sie entdeckt, daß sie im Salzwasser nicht nur sauberer wurden, sondern durch das Salz auch besser schmeckten, vermutet Watson.

Zur Beweisführung seiner Spekulation legte Watson die Zahl der Affen, die an einem Dienstagmorgen um 11 Uhr Kartoffeln wuschen, mit 99 fest. Beteiligte sich ein weiterer Affe an der Zeremonie, war das Hundert voll. Aber mit diesem hundertsten Affen vollzog sich sozusagen ein Quantensprung. Denn am Abend des gleichen Tages wusch ausnahmslos die gesamte Affenkolonie ihre süßen Kartoffeln im Salzwasser. Anscheinend fiel durch diesen hundertsten Affen zudem eine natürliche Barriere: Denn die auf dem Festland und anderen Inseln lebenden Affen begannen spontan, die Süßkartoffeln zu waschen.

Watson ist fest davon überzeugt, daß die Menschheit aufgrund eines »hundertsten Affen«, sprich Menschen, zahllose solcher Kultursprünge durchgemacht hat. In Fossilien sei in dieser Hinsicht genügend Beweismaterial entdeckt worden. Er verweist auf eine explosionsartige Verbreitung in bezug auf den Lebensstil und die Komplexität menschlicher Kulturen vor 100 000 Jahren und zweifelt nicht im geringsten daran, daß mit dem ersten Quantensprung – der Herstellung von Werkzeugen und künstlerischen Entwürfen – das Auftauchen eines neuen Faktors in der Evolution bewiesen sei.

»Wenn Art- und Formgebung durch morphogenetische Felder beziehungsweise morphische Resonanz hervorgerufen werden, müßte diese Interaktion dann nicht auch die Entstehung und Fortentwicklung von Leben auf anderen geeigneten Planeten im Universum beeinflussen?« frage ich Rupert Sheldrake.

»Es könnte sehr wohl Wechselwirkungen zwischen dem morphischen Feld unseres Planetensystems und denen anderer Systeme geben. Die Möglichkeit der Existenz erdähnlicher Planeten gibt natürlich Anlaß zu weiteren Spekulationen. Dann wäre nämlich denkbar, daß die Erde einem bereits vorhandenen und durch morphische Resonanz stabilisierten Entwicklungsschema folgt und die biologische Evolution somit einem ausgetretenen Pfad folgt«, schließt Sheldrake. »Aber ebenso könnte die Erde auch der erste Planet mit einer derartigen Lebensentwicklung sein. Dann gäbe es kein vorgeprägtes Evolutionsschema, sondern ein gerade in der Entstehung Begriffenes. Würden sich nun auf anderen Planeten ähnliche Lebensformen bilden, könnte deren Evolution durch morphische Resonanz vom Entwicklungsprozeß auf der Erde mitbestimmt sein. – Angenommen, auf der Erde würde irgendein neues Organisationsmuster entstehen, zum Beispiel eine neue Art von Molekülen oder ein neues Verhaltensmuster bei einer Tierart. Wenn dieses neue Muster anderswo schon unzählige Male aufgetreten wäre, müßten sich seine morphogenetischen Felder bereits stabilisiert haben. Natürlich unter der Voraussetzung, daß diese Annahme tatsächlich zutrifft und die morphische Resonanz auch durch astronomische Entfernungen nicht beeinträchtigt wird. Diese Hintergrundresonanz würde alle örtlichen Resonanzphänomene und die durch sie ausgelösten Veränderungen übertönen.«

Sheldrake meint, es deute alles darauf hin, daß sich in den Weiten des Universums immer wieder die gleichen Organisationsmuster wiederholen, ganz gleich, ob es sich dabei um Moleküle, Kristalle, Sterne, Galaxien oder Lebensformen handelt. Es liege nahe, im Universum ein kosmisches Resonanzgeflecht zu vermuten, und es sei nicht abwegig, sich das Universum als einen allumfassenden Organismus mit eigenem morphischen Feld vorzustellen, das alle untergeordneten Felder umschließt, beeinflußt und verbindet.

Da sich Wissenschaftler über die Beschaffenheit unseres Universums Gedanken machen, über seinen Anfang und seine Fortentwicklung, ist es auch verständlich, daß sie Spekulationen über seine Zukunft und sein mögliches Ende anstellen. So hängt es nach der Allgemeinen Relativitätstheorie von der vorhandenen Masse ab, ob sich das Universum bis in alle Ewigkeit ausdehnt oder nicht. Denn obwohl die Galaxienhaufen durch die Expansion der Raumzeit einander entfliehen, ist fraglich, ob ihre Geschwindigkeit letztlich ausreicht, um sich aus der gegenseitigen Schwerkraft zu lösen – oder ob sie, wie ein hochgeworfener Stein, an einem bestimmten Punkt zurückfallen, also umkehren. Unter diesen Umständen würde sich nämlich der durch die Schwerkraft abgebremste Expansionsprozeß verlangsamen, umkehren und das Universum schließlich zum Schwarzen Loch kollabieren.

Vier Astronomen – Richard Gott III und James Gunn vom California Institute of Technology sowie N. Schramm und Beatrice Tinsley von der Universität von Texas – veröffentlichten in einer ausführlichen Arbeit die These, unser Universum sei offen und würde für immer und ewig weiterexpandieren. Ihrem Beweismaterial nach, dem Arbeiten von 64 Astronomen zugrunde liegen, hängt das weitere Schicksal des Universums von seiner Materiedichte ab.

Unter einem offenen Universum ist ein sogenanntes sattelförmiges, sich endlos erstreckendes, immer größer und gleichzeitig immer kälter werdendes Universum zu verstehen. Dagegen ist ein geschlossenes Universum eine Art endliche, aber unbegrenzte Superkugel.

Die Frage ist nun, ob es im Universum genügend Masse zur Erzeugung von Schwerkraft gibt, um eine weitere, zukünftige Expansion zu verhindern. Das amerikanische Team errechnete, daß selbst die Gesamtmasse aller Galaxien nicht für ein geschlossenes Universum ausreicht. Trotz der vielen kosmischen Staub- und Gaswolken zwischen den Galaxien wäre es zu wenig, um die Expansion aufzuhalten. Die Gott-Gruppe überlegte nun, wo sich die fehlende Masse befinden könnte. Etwa in Schwarzen Löchern? Wenn auch die Berechnung von verlorengegangener Masse in Schwarzen Löchern schwierig ist, ergab sich überschlägigen Kalkulationen zufolge, daß auch diese Masse nicht gereicht hätte, um die fehlende aufzuwiegen. Selbst wenn die Masse von Schwarzen Minilöchern, Schwarzen Superlöchern in Kugelhaufen und den Zentren vieler Galaxien zugerechnet würde, reicht es nicht. Abgesehen davon, taucht diese Masse wahrscheinlich ohnehin in Weißen Löchern wieder auf.

Aus all diesen Erwägungen heraus tendieren viele Kosmologen zu einem offenen Universum. Aber welches Schicksal wäre ihm dann in ferner Zukunft beschieden? Ein Alptraum! Denn selbst wenn das Universum durch die sich immer weiter voneinander entfernenden Galaxien größer und leerer würde, blieben die durch Gravitation zusammengehaltenen Sternensysteme selbst für sehr lange Zeit unverändert. Aber sie hätten ein schreckliches Schicksal vor sich. Sterne, die sich heute bilden, würden in 10^{14} Jahren verlöschen und schließlich zu schwarzen Zwergen, Neutronensternen oder gar Schwarzen Löchern werden. Aber Materie, aus der sich neue Sternengenerationen bilden könnten, gäbe es nicht mehr. Unsere Sonne, die Sterne, ja die ganze Milchstraße und andere Sternensysteme würden langsam verlöschen, das Weltall in Schwärze tauchen.

Doch selbst *diesem* Universum stünde eine Weiterentwicklung bevor. Denn nach 10^{64} Jahren würden sich die Galaxien auflösen, und ihre Strahlung würde auf den absoluten Nullpunkt absinken. Supermassive Schwarze Löcher, Neutronensterne und schwarze Zwerge trieben zwischen intergalaktischem Staub und Gas in vollkommener Finsternis dahin. Im Lauf der Zeit vollzöge sich eine Kernfusion aller Elemente zu schweren Atomen, bis hin zum Eisen als letztem. Alle Elemente, die schwerer als Eisen sind und als »stabil« gelten, sind letztlich radioaktiv. Sie spalten sich oder geben Alpha-Partikel ab, bis nur noch Eisen übrigbleibt.

Der Princeton-Physiker Freeman Dyson errechnete den Halbzeitwert von Eisen mit etwa 10^{500} Jahren. Wenn es aber noch etwas länger dauert – sagen wir 10^{600} Jahre –, würde diese Zeitspanne genügen, um auch noch die restlichen Sterne zerfallen zu lassen, alle Materie in nuklearen Staub aufzulösen – ausgenommen die der Neutronensterne und der Schwarzen Löcher. Doch nach unvorstellbar langer Zeit würden selbst die großen Schwarzen Löcher zerstrahlen. Leben gäbe es in *diesem* kalten, trostlosen Universum wohl schon lange nicht mehr. Wenn aber Neutrinos tatsächlich über soviel Masse verfügen, wie nach neuerlichen Erkenntnissen vermutet wird, könnten sie die Expansion in ferner Zukunft abbremsen. Denn den Löwenanteil aller Teilchen im Universum machen Neutrinos aus. Sie würden zwar die Expansion zum »Kältetod« des Universums aufhalten, dafür aber den Kollaps, das Zusammenziehen des Universums, einleiten und schließlich eine unvorstellbar heiße Implosion auslösen, die bis zur Singularität – bis zum Schwarzen Loch – führen würde. Und dann könnte sich im Multiversum aus dem Raumzeit-Schaum wieder eine kleine Blase zu einem Universum entwickeln, in dem lebende Winzlinge – Forscher – Antworten auf fundamentale Fragen suchen. Sie werden erkennen müssen, daß es nicht nur *eine* Wirklichkeit gibt, sondern eine Vielfalt von Realitäten neben unzähligen Welten.

Und die Menschheit? Haben die Geschöpfe der Anunnaki eine Überlebenschance? Werden sie ihre hausgemachten Probleme meistern, und wird es ihnen gelingen, Adams neuen Planeten wieder zu einem Garten Eden für eine lebenswerte Zukunft zu gestalten?

Der durchschnittliche gelbe Stern Sonne im Orion-Arm der Milchstraße überschüttet die Erde seit rund fünf Milliarden Jahren mit seiner Energieausstrahlung. Erst in weiteren fünf Milliarden Jahren wird sich die Sonne zu einem roten Riesen aufblähen und dabei den Planeten Erde verschlucken. Es ist also noch viel Zeit für die Erdlinge, um sich zu bessern. Andere Zivilisationen warten ungeduldig auf das Gelingen dieses ungewöhnlichen Experiments!

Literaturverzeichnis und Quellennachweis

1   Das Geheimnis des zehnten Planeten
Buttlar, Johannes von: »Leben auf dem Mars«, München 1987
Dalley, Stephanie (Hrsg.): »Myths from Mesopotamia«, Oxford 1989
Haas, Volker: »Magie und Mythen in Babylonien«, Gifkendorf 1986
Heidel, Alexander: »The Babylonian Genesis«, Chicago 1942
Herodot: »Neun Bücher der Geschichte«, Essen 1984
Kramer, Samuel Noah: »History Begins at Sumer«, London 1959
Kramer, Samuel Noah, und Maier, John: »Myths of Enki, The Crafty God«, Oxford 1989
Klingholz, Reiner: »Marathon ins All«, München 1990
Luckenbill, Daniel David: »Ancient Records of Assyria and Babylonia«, Bd. 1, 2, London 1989
McCall, Henriette: »Mesopotamian Myths«, London 1990
Oates, Joan: »Babylon«, London 1979
Pritchard, James B.: »The Ancient Near East«, Princeton 1975
Sitchin, Zecharia: »Der Zwölfte Planet«, Unterägeri 1979
–: »Götter, Mythen, Kulturen, Pyramiden«, München 1990
–: »The Wars of God and Men«, New York 1985
–: »The Lost Realms«, New York 1990
–: »Genesis Revisited«, New York 1990
Uhlig, Helmut: »Die Sumerer«, Bergisch-Gladbach 1988
Woolley, C. Leonard: »The Sumerians«, New York 1965

Zeitschriften:
Hesemann, Michael: »Krieg im Garten Eden«, in: »Magazin 2000«, Nr. 84/85, München 1991

2   Adam kam von Phaethon
Blavatsky, Helena Petrowna: »Die Geheimlehre«, Den Haag o. J.
Bramley, William: »The Gods of Eden«, San José, CA 1990
»Die Heilige Schrift«, Aschaffenburg 1976
Ford, Julian: »The Story of Paradise«, Bucks 1981

Heidel, Alexander: »The Babylonian Genesis«, Chicago 1942
Kish, C.: »Creations Dawn«, Haymarket 1908
Pritchard, James B.: »The Ancient Near East«, Princeton 1975
Sitchin, Zecharia: »Der Zwölfte Planet«, Unterägeri 1979
—: »Genesis Revisited«, New York 1990
Stollberger, Edmond: »The Babylonian Legend of the Flood«, London 1962
Woolley, C. Leonard: »The Sumerians«, New York 1965

3 Raumfahrt vor der Steinzeit
Boulay, R. W.: »Flying Serpents and Dragons«, Clearwater/Fl. 1990
Childress, David H.: »Lost Cities and Ancient Mysteries of Africa and Arabia«, Stelle/Ill. 1990
Dalley, Stephanie (Hrsg.): »Myths from Mesopotamia«, Oxford 1989
»Das Gilgamesch-Epos«, Stuttgart 1958
»Die Heilige Schrift«, Aschaffenburg 1976
Drake, W. Raymond: »Gods and Spacemen in the Ancient East«, London 1968
—: »Gods and Spacemen in Ancient Israel«, London 1976
Grant, Michael: »Das Heilige Land«, Bergisch-Gladbach 1976
Gurdjieff, George I.: »Meetings with Remarkable Men«, London 1963
Hapgood, Charles H.: »Maps of the Ancient Seakings«, Philadelphia 1966
Herodot: »Neun Bücher der Geschichte«, Essen 1984
Keller, Werner: »Und die Bibel hat doch recht«, Düsseldorf 1949
Lurker, Manfred: »Lexikon der Götter und Symbole der alten Ägypter«, Bern, München 1987
Sitchin, Zecharia: »Götter, Mythen, Kulturen, Pyramiden«, München 1990
—: »Der Zwölfte Planet«, Unterägeri 1979
—: »The Wars of God and Men«, New York 1985
Sollberger, Edmond: »The Babylonian Legend of the Flood«, London 1982
Stöber, Harald: »Herr der Götter«, Düsseldorf 1987
Tompkins, Peter: »Cheops«, Bern-München 1976

Zeitschriften:
Fiebag, Peter: »Der Obelisk – Symbol für ein Raumfahrzeug?«, in: »Ancient Skies«, Nr. 5, Feldbrunnen 1990
Sachmann, Hans-Werner: »Verborgene Kammern in der Cheops-Pyramide« in: »Sign«, Nr. 11, Basel 1991

4 Der Gott der Bibel kam aus Nippur

Barthel, Manfred: »Was wirklich in der Bibel steht«, Düsseldorf 1991
Boulay, R. A.: »Flying Serpents and Dragons«, Clearwater/Fl. 1990
Childress, David H.: »Lost Cities of China, Central Asia, and India«, Stelle/Ill. 1987
–: »Lost Cities and Ancient Mysteries of Africa and Arabia«, Stelle/Ill. 1990
–: »Vimana Aircraft of Ancient India and Atlantis«, Stelle/Ill. 1991
Dalley, Stephanie (Hrsg.): »Myths from Mesopotamia«, Oxford 1989
»Die Heilige Schrift«, Aschaffenburg 1976
Drake, W. Raymond: »Gods and Soacemen in Ancient Israel«, London 1976
Falk-Rønne, Arne: »Auf Abrahams Spuren«, Graz 1971
Fiebag, Peter und Johannes: »Aus den Tiefen des Alls«, Tübingen 1985
Hamblin, Dora Jane: »Die ersten Städte«, Reinbek 1977
Keller, Werner: »Und die Bibel hat doch recht«, Düsseldorf 1949
Sitchin, Zecharia: »The Wars of Gods and Men«, New York 1985
Stöber, Harald: »Herr der Götter«, Düsseldorf 1987

Zeitschriften:

Dmitriew, Michail: »Schernoie Molnii nad Mohendscho-Daro«, in: »Fenomen«, Nr. 1, Moskau 1989
Hesemann, Michael: »Weltweiter Atomkrieg vor 4000 Jahren«, in: »Das Neue Zeitalter«, Nr. 3, München 1982
–: »Krieg im Garten Eden«, in: »Magazin 2000«, Nr. 84/85, München 1991

5 Der Ninive-Effekt

Allgeier, Kurt: »Die Prophezeiungen des Nostradamus«, München 1989
Cheetham, Erika: »The Prophecies of Nostradamus«, London 1973
»Die Heilige Schrift«, Aschaffenburg 1976
Fontbrune, Max de: »Was Nostradamus wirklich sagte«, Wien 1981
Greene, Liz: »Nostradamus, Magier und Prophet«, München 1980
Hesemann, Michael: »Findet der Weltuntergang statt?«, Göttingen 1984
Hogue, John: »Nostradamus – Jahrtausendwende«, Vaduz 1988
Jamblichus: »Über die Geheimlehren«, Leipzig 1922
Schnyder, Henri: »Wie überlebt man den III. Weltkrieg?«, München 1991

Zeitschriften:

Hesemann, Michael: »Harmageddon – Der Krieg um Israel«, in: »Magazin 2000«, Nr. 84/85, München 1991

Schnyder, Henri: »Nostradamus über den Golfkrieg«, in: »Magazin 2000«, Nr. 84/85, München 1991

–: »Die drei dunklen Tage«, in: »Magazin 2000«, Nr. 84/85, München 1991

6 Die Erben der Bundeslade

Andreas, Peter/Davies, Rose Lloyd: »Das verheimlichte Wissen«, Interlaken 1984

Biedermann, Hans: »Das verlorene Meisterwort«, Graz 1986

Blavatsky, Helena Petrowna: »Die Geheimlehre«, Den Haag o. J.

Boulay, R. A.: »Flying Serpents and Dragons«, Clearwater/Fl. 1990

Buttlar, Johannes von: »Drachenwege«, München 1990

Charles, Robert H.: »The Book of Henoch«, London 1917

Charpentier, John: »Die Templer«, Berlin 1981

Charpentier, Louis: »Macht und Geheimnis der Templer«, Olten 1978

»Die Heilige Schrift«, Aschaffenburg 1987

Fiebag, Johannes und Peter: »Die Entdeckung des Heiligen Grals«, Luxemburg 1983

Horneffer, August: »Symbolik der Mysterienbünde«, Heidelberg 1924

Jamblichus: »Über die Geheimlehren«, Leipzig 1922

Laurence, Richard: »The Book of Henoch The Prophet«, London 1883

Lincoln/Baigent/Leigh: »Der Heilige Gral und seine Erben«, Bergisch-Gladbach 1984

–: »Das Vermächtnis des Messias«, Bergisch-Gladbach 1987

MacKenzie, Norman: »Geheimgesellschaften«, Genf 1969

Patrian, Carlo: »Nostradamus«, Fribourg 1982

Schick, Hans: »Das ältere Rosenkreuzertum«, Struckum o. J.

Scott, Ernest: »Die Geheimnisträger«, München 1989

Sitchin, Zecharia: »Götter, Mythen, Kulturen, Pyramiden«, München 1990

–: »Genesis Revisited«, New York 1990

Wegner, Helena: »Beiträge zur Geschichte der Weisheitsreligion«, Pforzheim o. J.

Wehr, Gerhard: »Rosenkreuzerische Manifeste«, Schaffhausen 1980

7 Saurier – Haustiere der Menschen?

Bergier, Jacques: »Le livre de l'inexplicable«, Paris 1972

Berlitz, Charles: »Geheimnisse versunkener Welten«, Frankfurt/M. 1973

–: »Der achte Kontinent«, Wien, Hamburg 1984

Buttlar, Johannes von: »Leben auf dem Mars«, München 1987

–: »Zeitriß«, München 1989

Charroux, Robert: »Das Rätsel der Anden«, Düsseldorf 1978

Childress, David H.: »Lost Cities and Ancient Mysteries of South America«, Stelle/Ill. 1988

Churchward, Hames: »Mu – Der versunkene Kontinent«, Aitrang 1990

Gheorghita, F.: »Besuche auf dem Blauen Planeten« (unveröffentlichtes Manuskript)

Petratu, C., Roidinger, B.: »Berichte über eine andere Menschheit« (unveröffentlichtes Manuskript)

Rome, Lisa: »Marcahuasi!« (unveröffentlichtes Manuskript)

Tomas, Andrew: »Wir sind nicht die Ersten«, Bonn 1972

Zeitschriften:

Hesemann, Michael: »Mensch und Dinosaurier – waren sie einst Zeitgenossen?«, in: »Das Neue Zeitalter«, Nr. 29, München 1980

8 Erinnerungen an Atlantis

Berlitz, Charles: »Der achte Kontinent«, Wien, Hamburg 1984

Buttlar, Johannes von: »Leben auf dem Mars«, München 1987

–: »Zeitriß«, München 1989

–: »Drachenwege«, München 1990

Blavatsky, Helena Petrowna: »Die Geheimlehre«, Den Haag o. J.

Braghine, Anthony: »Atlantis«, Stuttgart 1939

Cayce, Edgar: »Edgar Cayce on Atlantis«, New York 1968

Churchward, James: »Mu – Der versunkene Kontinent«, Aitrang 1990

Donnelly, Ignatius, und Sykes, Egerton: »Atlantis, the Antediluvian World«, New York 1949

Drake, W. Raymond: »Gods and Spacemen in the Ancient West«, London 1974

Holbe, Rainer: »Wir von Atlantis«, München 1989

Kirchner, Gottfried: »Terra X – Von Atlantis zum Dach der Welt«, Bergisch-Gladbach 1988

Leonard, R. Cedric: »Quest for Atlantis«, New York 1979

Muck, Otto: »Alles über Atlantis«, Düsseldorf 1976

Platon: »Politikos, Philebos, Timaios, Kritias«, Reinbek 1959

Shcherbakov, Vladimir: »Why did Atlantis Sink?«, in: Antonio Huneeus (Hrsg.), »A Study Guide to UFOs, Psychic and Paranormal Phenomena in the USSR«, New York 1990
Tomas, Andrew: »Das Geheimnis von Atlantiden«, Stuttgart 1971
Zink David: »The Stones of Atlantis«, Toronto 1978

Zeitschriften:
Hesemann, Michael: »Atlantis, der versunkene Kontinent«, in: »Das Neue Zeitalter«, Nr. 2, München 1983
–: »Ein Hai von Atlantis«, in: »Magazin 2000«, Nr. 86/87, München 1991

9   Zurück zum Mars
Buttlar, Johannes von: »Leben auf dem Mars«, München 1987
–: »Zeitriß«, München 1989
Hoagland, Richard C.: »The Monuments of Mars«, Berkeley/CA, 1987
Powers, Robert M.: »Mars – Our Future on the Red Planet«, Boston/Mass. 1986
Sitchin, Zecharia: »Genesis Revisited«, New York 1990

Zeitschriften:
Darrach, Brad, Petranek, Steve: »Mars – Our Next Home?« in: »Life«, Nr. 5, New York 1991

10   Geheime Testflüge in der Schwarzen Welt
Beckley, Timothy Green: »MJ 12 and the Riddle of Hangar 18«, New York 1989
Blum, Howard: »Out There«, New York 1990
Buttlar, Johannes von: »Zeitriß«, München 1989
–: »Drachenwege«, München 1990
Good, Timothy: »Jenseits von Top Secret«, Frankfurt 1991
–: »UFO-Report 1991«, London 1990
–: »Alien Liaison«, London 1991
Hamilton, William F.: »Cosmic Top Secret«, New York 1991
Hesemann, Michael: »UFOs: Die Beweise«, München 1991
Lindemann, Michael: »UFOs and the Alien Presence«, Santa Barbara/CA 1990
Majestic 12: »Project Aquarius (TS) – Executive Briefing Paper«, Washington D. C. 1976
Popovich, Marina: »UFO-Glasnost«, München 1991

jSteinman, William S., Stevens, Wendelle C.: »UFO Crash at Aztec«, Tucson/AZ 1986

Valerian, Valdemar: »Matrix II«, Las Vegas/NV 1990

Zeitschriften:

Dennet, Preston: »Exposed! Project Redlight«, in: »UFO-Universe«, Nr. 5, New York 1990

Ecker, Don: »The Saucers and the Scientist«, in: »UFO«, Nr. 6, Los Angeles 1990

Gonsalves, Tony: »The Secret Version of ›Stealth‹«, in: »UFO«, Nr. 6, Los Angeles 1990

Hamilton, William F.: »UFOs and the Aerospace Connection«, in: »UFO Universe«, Nr. 6/7, New York 1991

Hesemann, Michael: »Operation Majestic 12«, in: »Das Neue Zeitalter«, Nr. 35–38, Hamburg 1989

–: »Projekt Aquarius: US-Wissenschaftler untersuchen abgestürzte UFOs«, in: »Magazin 2000«, Nr. 86/87, München 1991

»Black Programs Must Balance Cost, Time Savings with Public Oversight«, in: »Aviation Week and Space Technology«, 18. 12. 1990

»Secret Advanced Vehicles Demonstrate Technologies For Future Military Use«, in: »Aviation Week and Space Technology», 1. 10. 1990

»Multiple Sightings of Secret Aircraft Hint at New Propulsion, Airframe Designs«, in: »Aviation Week and Space Technology«, 1. 10. 1990

»Grollende Drohne«, in: »Der Spiegel«, Nr. 4, Hamburg 1990

11 Die Große Mauer

Brockmann, John: »Die Geburt der Zukunft«, Bern, München 1987

Buttlar, Johannes von: »Supernova«, München 1988

Capra, Fritjof: »The Turning Point«, New York 1982

–: »Das Neue Denken«, Bern, München 1987

Christian, James L.: »Extra-Terrestrial Intelligence: The First Encounter«, Buffalo, N. Y. 1976

Clark, Ronald W.: »Albert Einstein«, München 1974

Feinsberg, Gerald, Shapiro, Robert: »Life Beyond Earth«, New York 1980

Gleick, James: »Chaos – Making a New Science«, London 1988

Hawkins, Gerald S.: »Mindsteps to the Cosmos«, London 1983

Liedtke, D. W.: »Die vierte Dimension«, Essen 1988

Morris, Richard: »The Fate of the Universe«, New York 1982

Peat, F. David: »Superstrings – Kosmische Fäden«, Hamburg 1989

Pfeiffer, John E.: »Aufbruch in die Gegenwart«, Düsseldorf 1981

Rothman, Tony: »Science à la Mode«, Princeton, N. J. 1989

Sagan, Carl: »The Cosmic Connection«, New York 1975

Sheldrake, Rupert: »Das Gedächtnis der Natur«, Bern-München 1990

Soucek, Theodor V.: »Ungleichheit vom Uratom zum Kosmos«, München 1987

Thompson, Richard L.: »Vedic Cosmography and Astronomy«, London 1989

Vallee, Jacques: »Dimensions«, London 1988

Weinberg, Steve: »Die ersten drei Minuten«, München-Zürich 1978

Wicke, Lutz, Hucke, Jochen: »Der ökologische Marshallplan«, Frankfurt 1989

Zeitschriften:

Breuer, R.: »Neue Rätsel um den Urknall«, in: »Bild der Wissenschaft«, Nr. 3, 1990

»The Search For the Beginning of Time«, in: »The New York Times Magazine«, New York, 11. 2. 1990

Register

287